博士论文
出版项目

全民健身公共服务绩效模型构建与实证研究

Empirical Research on the Construction of Performance Model of National Fitness Public Service

史小强　著

中国社会科学出版社

图书在版编目(CIP)数据

全民健身公共服务绩效模型构建与实证研究/史小强著.—北京：中国社会科学出版社，2020.8
ISBN 978-7-5203-6270-2

Ⅰ.①全… Ⅱ.①史… Ⅲ.①全民健身—公共服务—研究—中国 Ⅳ.①G812.4

中国版本图书馆 CIP 数据核字（2020）第 059451 号

出 版 人	赵剑英
责任编辑	高 歌
责任校对	王佳玉
责任印制	戴 宽

出　　版	中国社会科学出版社
社　　址	北京鼓楼西大街甲 158 号
邮　　编	100720
网　　址	http://www.csspw.cn
发 行 部	010-84083685
门 市 部	010-84029450
经　　销	新华书店及其他书店

印刷装订	北京君升印刷有限公司
版　　次	2020 年 8 月第 1 版
印　　次	2020 年 8 月第 1 次印刷

开　　本	710×1000　1/16
印　　张	18.5
字　　数	249 千字
定　　价	108.00 元

凡购买中国社会科学出版社图书，如有质量问题请与本社营销中心联系调换
电话：010-84083683
版权所有　侵权必究

出 版 说 明

为进一步加大对哲学社会科学领域青年人才扶持力度，促进优秀青年学者更快更好成长，国家社科基金设立博士论文出版项目，重点资助学术基础扎实、具有创新意识和发展潜力的青年学者。2019年经组织申报、专家评审、社会公示，评选出首批博士论文项目。按照"统一标识、统一封面、统一版式、统一标准"的总体要求，现予出版，以飨读者。

全国哲学社会科学工作办公室
2020年7月

序

十九大以来，党中央、国务院对于全民健身公共服务事业的重视程度前所未有，习近平总书记的亲自谋划和推动体育事业发展，把全民健身上升为国家战略，把体育作为实现中国梦的重要内容，把全民健身作为人民追求幸福生活的重要举措。"广泛开展全民健身活动、加快推进体育强国建设"成为反映群众体育事业在中国特色社会主义进入新时代后的新的使命和任务。几年来，在全国群体战线的共同努力下，全民健身蓬勃发展，全民健身作为体育产业发展和扩大消费的基础，其社会价值和综合作用得以更加充分地彰显。

史小强博士的著作《全民健身公共服务绩效模型构建与实证分析》就是在此基础上进行的一种突破现有传统论文研究模式的尝试。该研究从理论层面分析新时代我国全民健身公共服务绩效评估的价值取向，进一步探析绩效评估的原则及程序，从技术层面提炼全民健身公共服务绩效评估的理论模型，最后对所构建和开发的全民健身公共服务绩效综合的可操作性与合理性进行实证检验，针对实证调研所得数据预测未来新时代全民健身公共服务的发展形势。该研究对现有西方政府绩效评估的学术成果掌握充分，研究所运用的理论、方法、数据均真实可信，具有较强的前沿意义和实践价值，作为他的博士生导师，倍感欣慰。当然，本书也存在若干不足之处,因为构建一套适用于不同层级地方政府的全民健身公共服务绩效的评估模型需要攻克的关键问题非常多。而本书仅仅是区别了中央政府与地方政府之间的不同,并没有区分地方政府中省级政府、(市)区级政府、县级政府以及乡镇政府全民健身公共服务绩效评估的不同。因此,如何构建一个能综合反映不同层级地方政府全民健身公共服务绩效的评估模型,是后续研究应该努力的方向。

我与史小强博士是在"绿瓦校园"——上海体育学院结下的师生情谊,从2011年他参与我的国家重大哲学社会科学课题《我国公共体育服务体系研究——基于服务型政府和体育强国建设》算起,直至今日已有快10个年头。他的硕士学位论文是研究美国公共体育服务体系,为当时重大课题的完成提供了丰富的第一手素材和最新数据。在攻读博士学位后,我从一开始就鼓励他积极参与服务政府、对接社会的多项国家级全民健身领域的开创性项目规划和评估工作。在此期间,同我多次讨论后确定博士论文的研究内容,并围绕这一方向在读博期间就已经了发表多篇高质量学术论文。作为学生,他始终关心时事,勤于阅读,善于钻研和独立思考,并能够及时和我交流求学时期的一些困惑和想法。这些年来,我所在单位上海体育学院整合学校多方力量,成立"公共体育服务发展研究中心",并以此为平台,陆续承接了国务院《全民健身计划(2016—2020年)》第三方评估、《全民健身计划(2020—2025年)规划》的编写和《全民健身公共服务体系建设指导意见暨基本公共体育服务标准》的研制等国家层面的重要工作。史小强博士也随我奔波践履、四处调研访谈,承担了不少课题研究所必需的基础性工作。他的博士学位论文是他在上海体育学院硕博7年求学生涯的最好总结。

衷心祝贺史小强博士的论文付梓。我非常欣赏他在书中所引用恩格斯的话:"追求幸福,是每个人的意识或感觉中都存在着的东西，它是颠扑不破的原则，是整个历史发展的结果，是无需加以论证的，个人的幸福和大家的幸福是不可分割的。"希望他未来的事业一切顺利，生活幸福，在学术道路上永葆独立、谦虚、谨慎和担当精神，做新时代的追梦人。

是为序。

戴 健

上海体育学院

2019年冬

摘　　要

"拥有健康"是人类追求幸福最本真、最主流、最质朴的价值趋向。构建完善的全民健身公共服务体系是建设"健康中国"的重要组成部分，是率先全面建成小康社会的重要内容。随着我国"服务型"政府建设目标的确立，加强绩效评估工作已经成为地方政府全民健身公共服务推行供给侧结构性改革的主流理念。全民健身公共服务绩效评估作为政府部门职能转变、巩固政府合法性、保障百姓体育健身权利以及促进社会公平正义的现实着力点，已经成为"十三五"时期学界和社会公众普遍关注的焦点问题，也是地方政府深化行政体制改革的前沿课题。目前学界对于体育领域公共服务绩效评估已有不少探索，但专门针对地方政府全民健身公共服务绩效的评估还缺少统一适用的理论模型。纵观现有文献，研究状况参差不齐，普遍认同的研究范式与体系尚待形成，理论成果在学者之间的相互认同度较低，研究缺少对话与争论。

基于此，本书旨在新公共服务理论、国家治理理论以及政府绩效评估理论的指导下，以构建我国地方政府全民健身公共服务绩效评估模型为主要内容，运用结构方程模型方法对我国地方政府在"健康中国"战略背景下全民健身公共服务绩效的现状和问题进行实证分析，以期为提升我国未来地方政府全民健身公共服务绩效提供理论依据和实践策略。

本书在系统梳理和分析国内外公共服务绩效评估研究的基础上，结合我国全民健身公共服务绩效评估的实际情况，提出了地方政府全民健身公共服务绩效结构要素与影响因素之间的假设路径模型。根据理论假设，本书设计开发了地方政府全民健身公共服务绩效评估的问卷量表，然后进行信度和效度检验。此后，笔者选取 12 个省、自治区和直辖市向社会公众进行问卷发放，回收有效调查问卷 2130 份，并运用因子分析的方法，证实地方政府全民健身公共服务绩效结构要素由服务效率、服务质量、服务民主性和服务回应性四个维度组成，影响地方政府全民健身公共服务结构绩效的关键因素包括组织协调、财政支出、设施配置、政策执行和信息技术能力五个方面。

最后，本书围绕影响全民健身公共服务绩效的五个关键因素，分别从拓宽民主渠道、实现公平正义、回应公众关切和提高行政效率等目标出发，提出了今后地方政府提升全民健身公共服务绩效的措施路径：（1）构建地方政府全民健身公共服务组织协调机制；（2）推进地方政府全民健身公共服务资源均衡配置；（3）加强地方政府全民健身公共服务政策执行力度；（4）开发地方政府全民健身公共服务信息技术能力。

关键词：全民健身公共服务；绩效评估；模型构建；实证研究

Abstract

"Being Healthy" is the most authentic, mainstream and unsophisticated value trend in our society. To build a perfect national fitness public service system is an important part of building "healthy China", which is an important part of building a well-off society. With setting up the goal of building "service-oriented" government, strengthening performance evaluation has become the mainstream idea of the supply-side structural reform of the local government's perfect national fitness public service. Public service performance evaluation as the tool of transformation of government function, strengthening the government legitimacy, ensuring the people's sports rights and promoting social equity and justice, has become one of the most popular topic during the 13th five year plan period and the research topic for deepening the revolution of local government in China. Until now, academic circles about the national fitness public service performance evaluation of local government have a lot of exploration and research. But we found that, for the performance evaluation of local governments to the national fitness public service research also lacks of uniform applicable evaluation model, theoretical achievements of performance evaluation has low identification among different scholars.

Thus, under the guidance of New Public Service theory, State Governance theory and Government Performance Evaluation theory, this study takes establishing the fitness public service performance evaluation model of local government as its main topic, using the structural equation model method to analyze the current situation and problems of the fitness public service performance evaluation of local government under the background of building "healthy China", in order to give the suggestion to improve performance of the fitness public service.

Based on the analysis of domestic and international studies on public service performance evaluation, combining with China's national fitness public service performance evaluation of local government's actual situation, this paper put forward the hypothesis of the structure model and relationship model of the influencing factors of the fitness public service performance evaluation. According to the hypotheses, questionnaire was finally designed and its reliability and validate analysis were completed. After that, we selected 12 provinces, autonomous regions and municipalities directly under the central government in China to conduct questionnaires and 2130 valid questionnaires were collected. This study proved that local government national fitness public service structural performance consists of four dimensions: service efficiency, service quality, service democracy and service response by using factor analysis and the key factors affecting the local government national fitness public service structural performance include five aspects: organizational coordination, financial expenditure, facilities configuration, policy implementation and capacity of information technology by using factor analysis.

Finally, focusing on the five key factors of national fitness public service performance, respectively from the objectives of broadening the channel of democracy, reaching the fairness and justice, responding to public concerns and improving administrative efficiency, the author put forward some policy suggestions to promote the performance of local government national fitness public service: (1) constructing organizational coordination mechanisms of local government national fitness the public service; (2) promoting the balanced allocation of resources local government national fitness public service; (3) strengthening the policy implementation of local government national fitness public service; (4) developing information technology ability of the local government national fitness public service.

Key Words: National Fitness Public Service, Performance Evalution, Model Construction, Empirical Study

目　　录

第一章　绪论 …………………………………………………… （1）
　第一节　研究背景 …………………………………………… （1）
　第二节　研究目的及意义 …………………………………… （5）
　第三节　国内外研究及实践现状 …………………………… （7）
　第四节　研究方法与技术路线 ……………………………… （49）
　第五节　研究内容与创新之处 ……………………………… （54）

第二章　地方政府全民健身公共服务绩效评估的
　　　　内涵阐释与理论基础 ………………………………… （57）
　第一节　核心概念界定 ……………………………………… （57）
　第二节　地方政府全民健身公共服务绩效评估的
　　　　　本质与特征 ………………………………………… （72）
　第三节　地方政府全民健身公共服务绩效评估的
　　　　　理论基础 …………………………………………… （81）
　本章小结 ……………………………………………………… （87）

第三章　评估模型构建与研究假设 …………………………… （88）
　第一节　评估模型构建的基本原则 ………………………… （88）
　第二节　结构要素模型的构建 ……………………………… （90）
　第三节　影响因素关系模型的构建 ………………………… （94）
　第四节　评估模型构建的理论研究假设 …………………… （102）

本章小结 ………………………………………………… (121)

第四章　研究问卷量表的设计、执行与优化 ………………… (122)
第一节　"全民健身公共服务绩效评估"问卷设计的
　　　　价值取向 ……………………………………… (123)
第二节　"地方政府全民健身公共服务绩效"的
　　　　变量测量 ……………………………………… (129)
第三节　初始问卷的执行与优化 ……………………… (139)
本章小结 ………………………………………………… (161)

第五章　地方政府全民健身公共服务绩效的评估模型
　　　　检验与修正 ………………………………………… (163)
第一节　正式问卷调查的基本情况 …………………… (163)
第二节　模型检验的方法介绍 ………………………… (167)
第三节　数据分析与模型检验步骤 …………………… (169)
本章小结 ………………………………………………… (189)

第六章　地方政府全民健身公共服务绩效评估的
　　　　实证发现与问题讨论 ……………………………… (191)
第一节　地方政府全民健身公共服务绩效现状的
　　　　统计描述 ……………………………………… (191)
第二节　个体属性对地方政府全民健身公共服务绩效
　　　　评估的影响 …………………………………… (196)
第三节　关键因素对地方政府全民健身公共服务绩效的
　　　　影响路径 ……………………………………… (204)
本章小结 ………………………………………………… (216)

第七章　地方政府全民健身公共服务绩效的提升路径 ……… (218)
第一节　拓宽民主渠道：构建地方政府全民健身
　　　　公共服务组织协调机制 ……………………… (219)

第二节 实现公平正义：推进地方政府全民健身
公共服务资源均衡配置 …………………… (223)
第三节 回应公众关切：加强地方政府全民健身公共
服务政策执行力度 ………………………… (228)
第四节 提升行政效率：开发地方政府全民健身公共服务
信息技术能力 ……………………………… (232)
本章小结 …………………………………………… (237)

第八章 研究结论、局限与未来展望 …………………… (238)
第一节 研究的主要结论 …………………………… (238)
第二节 研究的局限性与未来展望 ………………… (240)

参考文献 …………………………………………………… (242)

附录 ………………………………………………………… (260)
附录1 专家访谈提纲 ……………………………… (260)
附录2 问卷隶属度专家咨询表 …………………… (261)
附录3 研究正式调查问卷 ………………………… (265)

索引 ………………………………………………………… (270)

后记 ………………………………………………………… (274)

Content

Chapter 1 **Introduction** ········· (1)
   Section 1 Research Background ········· (1)
   Section 2 Research Purpose and Significance ········· (5)
   Section 3 Domestic and Foreign Research and Practice ········· (7)
   Section 4 Research Methods and Technical Routes ········· (49)
   Section 5 Research Content and Innovation ········· (54)

Chapter 2 **Connotation Explanation and Theoretical Basis of Local Government's Public Service Performance Evaluation of National Fitness** ········· (57)
   Section 1 Definition of Core Concepts ········· (57)
   Section 2 Nature and Characteristics of the Performance Evaluation of the Public Service of National Fitness of Local Governments ········· (72)
   Section 3 Theoretical Basis for Performance Evaluation of Public Service of National Fitness of Local Government ········· (81)
   Chapter Summary ········· (87)

Chapter 3 **Evaluation Model Construction and Research Hypothesis** ········· (88)
   Section 1 Basic Principles of Evaluation Model Construction ········· (88)

Section 2　Construction of Structural Element Model ……… (90)
Section 3　Construction of Influencing Factor
　　　　　Relationship Model ……………………………… (94)
Section 4　Theoretical Research Hypothesis of Evaluation
　　　　　Model Construction ……………………………… (102)
Chapter Summary ………………………………………… (121)

**Chapter 4　Design, Implementation and Optimization
　　　　　　of the Questionnaire** ……………………… (122)
Section 1　Value Orientation of Designing the Questionnaire
　　　　　"Public Service Performance Evaluation
　　　　　of National Fitness" …………………………… (123)
Section 2　Variable Measurement of "Local Government
　　　　　Public Service Performance of National
　　　　　Fitness" …………………………………………… (129)
Section 3　Implementation and Optimization of Initial
　　　　　Questionnaire …………………………………… (139)
Chapter Summary ………………………………………… (161)

**Chapter 5　Test and Amendment of Evaluation Model of Local
　　　　　　Government's Public Service Performance of
　　　　　　National Fitness** ………………………………… (163)
Section 1　Basic Information of Formal Questionnaire ……… (163)
Section 2　Introduction to Model Inspection Methods ………… (167)
Section 3　Data Analysis and Model Verification Steps ……… (169)
Chapter Summary ………………………………………… (189)

Chapter 6 Empirical Findings and Problem Discussion of Local Government's Public Service Performance Evaluation of National Fitness ……………………… (191)

 Section 1 Statistical Description of the Performance of Public Services for National Fitness of Local Governments ……………………………………… (191)

 Section 2 Impact of Individual Attributes on the Performance Evaluation of Local Government's Public Fitness Service ……………………………………………… (196)

 Section 3 Impact Path of Key Factors on Local Government's Public Service Performance of National Fitness … (204)

 Chapter Summary …………………………………………… (216)

Chapter 7 Improvement Path of Local Government's Public Service Performance of National Fitness ……… (218)

 Section 1 Expand Democratic Channels: Build the Coordination Mechanism of Local Government Public Service Organization for National Fitness ………………… (219)

 Section 2 Achieve Fairness and Justice: Promote the Balanced Allocation of Public Service Resources of National Fitness for Local Governments …………………… (223)

 Section 3 Responding to Public Concerns: Strengthen the Implementation of Public Service Policies for National Fitness of Local Governments …………… (228)

 Section 4 Improve Administrative Efficiency: Develop the Information Technology Capacity of Local Government Public Service for National Fitness ……………………………………………… (232)

 Chapter Summary …………………………………………… (237)

Chapter 8　Research Conclusions, Limitations and Future Prospects ……………………………………… (238)
　Section 1　Main Conclusions of the Study …………………… (238)
　Section 2　Research Limitations and Future Prospects ……… (240)

References ……………………………………………………… (242)

Appendix ………………………………………………………… (260)
　Appendix 1　Outline of Expert Interview …………………… (260)
　Appendix 2　Questionnaire Membership Expert Consultation Form ……………………………………………… (261)
　Appendix 3　Research Formal Questionnaire ………………… (265)

Indexes …………………………………………………………… (270)

Postscript ………………………………………………………… (275)

第一章

绪　　论

第一节　研究背景

笔者认为，任何一篇有质量的学术论文都应该是社会发展需要与时代进步呼唤的产物。恩格斯曾说："追求幸福，是每个人的意识或感觉中都存在着的东西，它是颠扑不破的原则，是整个历史发展的结果，是无需加以论证的，个人的幸福和大家的幸福是不可分割的。"[①] 不可否认，"拥有健康"是人类追求幸福过程中最本真、最主流、最质朴的价值追求。随着我国经济社会不断发展，消费结构升级不断加快，人们对生活质量的要求日益提高，居民健康服务需求已进入快速增长期。此外，随着"服务型"政府建设目标的确立，公共服务已成为政府行政改革的主导价值和核心内容。在体育领域，全民健身公共服务的绩效评估作为体育主管部门职能转变、保障百姓参与体育健身权利、改善居民体质、提升人民生活质量和幸福指数、巩固政府合法性以及促进社会公平正义等方面的现实着力点，也成为我国社会普遍关注和理论研究的热点问题。

---

① 《马克思恩格斯全集》第42卷，中央编译局译，人民出版社1979年版，第373—374页。

一 "全面建成小康社会"和"健康中国"国家战略的时代诉求

当前,我国正处于全面建设小康社会、加快社会主义和谐社会建设的新阶段,要求政府职能实现战略转变。实现职能的转变在一定程度上需要政府重视公共服务的变革与供给效率的提升。2014年10月,国务院出台《关于加快发展体育产业促进体育消费的若干意见》[国发〔2014〕46号],首次提出将全民健身上升为国家战略,把全民健身事业推向了更高的发展平台。全民健身公共服务工作成为新时期适应我国人口、社会结构变迁和健康模式转型,探索新型的健康促进模式和社会保障机制的重要民生工程之一。诚如习近平总书记在2016年8月召开的全国卫生与健康大会上所强调的,"没有全民健康,就没有全面小康"。[①] 可见,全民健身公共服务工作已经被纳入到我国国家经济和社会发展的宏观规划中,纳入到社会治理的整体体系之中。

随后,国务院《全民健身计划(2016—2020年)》和《健康中国2030规划纲要》的相继出台,标志着我国全民健身工作进入重要发展机遇期和重大变革挑战期。两个文件都重申了全民健身工作的重大意义,将全民健身视为"健康中国"建设的战略基础、前端要地和有力支撑,是全体人民增强体魄、幸福生活的基础保障[②],并对完善全民健身公共服务体系、转变全民健身发展方式、调整全民健身价值定位、优化全民健身资源配置等方面提出了明确要求[③]。

面对全民健身工作领域的机遇和挑战,构建和完善使百姓满意的全民健身公共服务体系就成为"全面建成小康社会"和"健康中

---

① 《学习贯彻习近平总书记在全国卫生与健康大会重要讲话》,中国新闻网,http://www.chinanews.com/gn/2016/08-20/7979187.shtml.

② 刘国永:《实施全民健身战略,推进健康中国建设》,《体育科学》2016年第12期。

③ 刘国永:《全面深化群众体育改革的思考》,《体育科学》2015年第8期。

国"建设过程中必须予以高度重视且亟待研究的重要议题。因此，如何借鉴国外大众体育服务绩效评估的理论、方法和技术，探索符合我国国情的全民健身公共服务绩效评估方法和内容，有效推动体育行政工作改革，成为当前完善我国全民健身公共服务体系的关键环节和重点问题。

二 强化绩效评估是地方政府全民健身公共服务工作的现实任务

2004年，"服务型政府"概念首次被提出后，不断强化政府公共服务职能，为公众提供优质高效的公共服务开始成为行政管理体制改革的核心内容。其中，推行政府绩效管理，加强公共服务绩效评估，切实提高政府公共服务效能是行政体制改革的战略任务。国务院印发的《国家基本公共服务体系"十二五"规划的通知》明确提出："国务院各有关部门和各省级人民政府要开展本行业和本地区的基本公共服务水平监测评价，注意研究新情况，解决新问题。"[①] 紧接着，党的十八届三中全会后公布的《中共中央关于全面深化改革若干重大问题的决定》指出，在加快转变政府职能、创新行政管理方式改革中要不断完善发展成果考核评价体系，纠正单纯以经济增长速度评价政绩的偏向，更加重视劳动就业、居民收入、社会保障、人民健康状况[②]。

以贯彻党中央、国务院的文件和会议精神为指导，体育作为基本公共服务体系的重要内容，被纳入到政府议事日程之中。早在2011年国务院《全民健身计划（2011—2015年）》中就提出了"加强成效评估"的有关规定，地方各级人民政府要把全民健身工作列入重要议事日程，定期听取汇报，及时研究解决工作中的困难和问

---

① 国务院：《国家基本公共服务体系"十二五"规划的通知》，http://www.gov.cn/zwgk/2012 - 07/20/content_ 2187242.htm。
② 国务院：《中共中央关于全面深化改革若干重大问题的决定》，http://news.xinhuanet.com/2013 - 11/15/c_ 118164235.htm。

题。2014年《体育总局关于加强和改进群众体育工作的意见》中也规定,要研究制定运动项目管理中心、行业协会开展全民健身工作的评价办法,将全民健身工作作为评价总局对各部门、各单位工作考核的重要内容。2016年,《全民健身计划(2016—2020年)》进一步提出:"建立全民健身评价体系,要求出台全国全民健身公共服务体系建设指导标准,鼓励各地结合实际制定全民健身公共服务体系建设地方标准,推进全民健身基本公共服务均等化、标准化。"①

由此可见,开展全民健身公共服务绩效评估工作已经成为完善我国基本公共服务考核评价体系、形成科学有效的社会治理体制的政策要求。而由单纯的目标考核向绩效评估转变,以先进正确的评估理念引导我国群众体育健康发展,是未来全民健身公共服务工作的现实任务。

三 绩效评估正在成为实现政府全民健身科学决策的有效途径

随着行政管理体制改革的不断深入,我国地方政府对公共服务绩效评估也开展了大量积极的探索。在体育领域,目前针对全民健身公共服务的绩效评估研究和实践也如火如荼、方兴未艾。例如,在国家层面,2014年受国务院、国家体育总局群体司委托,上海体育学院作为独立的第三方机构,在历时一年的调查研究后,于2015年9月完成了《全民健身计划(2011—2015年)》实施效果的评估工作,为新时期"十三五"的全民健身发展提供了具有前瞻性、科学性与可操作性的决策支撑,这对于我国全民健身公共服务绩效评估进程具有里程碑意义。此外,各地政府也早就开始在全民健身领域进行绩效评估实践,具有代表性的评估实践是上海市全民健身发展"300指数"(2012—2015年)。上海市连续四年编制《上海市全

---

① 国务院:《国务院关于印发全民健身计划(2016—2020年)的通知》[国发〔2016〕37号],http://www.gov.cn/zhengce/content/2016-06/23/content_5084564.htm,2016年6月15日。

民健身发展公告》并向社会公布，不仅为上海市民便捷地获取全民健身信息提供了渠道，而且为政府提供了更具体的百姓健身需求信息，产生了极大的社会影响和传播效应。

由于目前现有全民健身公共服务绩效的评估基础薄弱，以及绩效评估实践开始实施的时间跨度不长，全民健身信息资源在获取、管理、分析、发布、共享和综合利用方面均存在明显缺陷，我国关于全民健身公共服务绩效评估还处在试验和萌芽发展阶段。但不可否认的是，全民健身公共服务的绩效评估工作已经开始展现出为政府全民健身科学决策提供数据支撑的现实潜力，如何准确地调查和把握现阶段居民健身公共需求的实际情况，如何对政府职能部门的政策执行和制订进行全面的监控和把握，成为当前理论研究者和全民健身工作人员必须关注的问题。

第二节　研究目的及意义

一　研究目的

本书以构建地方政府全民健身公共服务绩效评估模型、实证检验作为研究重心，从理论层面分析当前我国地方政府全民健身公共服务绩效评估的价值取向，进一步探析绩效评估的原则及程序，从技术层面提炼地方政府全民健身公共服务绩效评估的理论模型，最后对所构建和开发的全民健身公共服务绩效综合的可操作性与合理性进行实证检验，针对实证调研所得数据预测未来全民健身公共服务的发展形势，并就当前存在的有关问题和矛盾提出对应的政策建议和优化路径。

二　研究意义

本书选取地方政府全民健身公共服务绩效评估的模型开发作为研究内容具有重要的理论价值和现实意义。具体而言，本书的主要意义表现在以下三个方面：

1. 从全民健身公共服务决策者角度分析

开发地方政府全民健身公共服务绩效评估模型，开启了我国全民健身公共服务开展情况的动态监测试验，这意味着该绩效模型不仅可以揭示当前我国全民健身公共服务工作的相关信息，还有益于政府正视当前我国全民健身公共服务发展水平，对全民健身公共服务发展过程中存在的问题起到预警作用，为未来全民健身公共服务工作及有关决策提供基础数据，为政府更好地展开全民健身工作提供数据支撑和信息分析工具，从而引导政府实施科学民主决策，推进深化体育行政改革，促进体育行政部门从管制型向服务型转变，最终有助于我国全民健身公共服务水平的提升，最大限度地保障公民全民健身公共利益。

2. 从全民健身公共服务接受者角度分析

由于构建全民健身公共服务绩效评估模型最终要面向社会公众，因此绩效数据可以作为公众了解政府关于全民健身公共服务事业发展状况的一个风向标，并且一旦绩效评估模型的编制作为一种制度固定下来，对于政府自身和公众对于政府公共服务绩效情况就有了直接示标，不仅有助于增强政府的责任感和透明度，更能使公众站在客观理性的角度上观察全民健身公共服务状况的变化和趋势，从而不断增强公民的民主意识、扩展公民有序参与全民健身公共服务治理和群众体育治理的广度和深度。

3. 从全民健身公共服务理论研究角度分析

首先，构建地方政府全民健身公共服务绩效评估理论模型有助于完善体育管理的学科体系。体育管理学，尤其是我国现阶段的体育管理学是一门新兴学科，尚未形成完整的理论体系，许多分支理论尚处在起步和发展阶段。全民健身公共服务绩效评估理论模型的构建，可以补充和完善我国体育管理学中公共体育事业管理的相关理论知识。

其次，通过构建全民健身公共服务绩效评估的理论模型，可以在一定程度上完善全民健身公共服务评估理论及方法体系。在我国体育领域，绩效评估理论研究起步相对较晚，尽管国内很多学者都开始尝试采用政府绩效评估的方法测定全民健身公共服务的政府绩效，但学者们多聚焦于评估主体、评估机制以及评估结果的使用，并在这些方面比较容易达成共识，而在评估方法的设计、评估维度和指标选取以及评估范围确定等层面学者们意见不一，研究差异化比较明显。

充分把握国外大众体育服务和社会体育工作评估理论前沿，借鉴和运用国外相关研究成果，探索适合我国国情需要的全民健身公共服务绩效评估模型，可为我国今后全民健身公共服务的标准化建设提供理论基础和经验积累。

第三节 国内外研究及实践现状

科学研究需要站在巨人的肩膀上，只有吸取前人的理论成果和实践经验，方能找准自身研究的切入点和突破口。为了全民健身公共服务绩效指数的科学、客观的构建和实证检验，必须对当前相关理论和实践进行梳理和整合，推进研究更严谨、更合理地纵深发展。

一 国外相关研究现状

（一）国外公共服务绩效评估研究

公共服务绩效评估的概念主要是从政府绩效评估衍生和借鉴而来的。严格意义上讲，二者不论是被评估对象还是评估所涵盖的范围都存有一定差异。一方面，从政府的主要职能来看，公共服务职能与经济调节、市场监管以及社会管理职能是相互并列、同等重要的职能，政府绩效评估的内容包含这四个方面，因此公共服务职能比公共服务绩效评估在评估范围上更加宽泛。另一方面，在当前经济全球化、市场化的现实条件下，公共服务的供给主体也日趋多元化，使得公共服务绩效评估的对象也悄然发生了变化，既包括政府也可以涵盖市场主体、社会组织甚至是社会公众，而政府绩效评估的对象仅仅指政府本身。但是根据社会发展需要和公民自身需求，政府作为供给公共服务的责任主体的本质不但没有发生变化，政府的角色和作用反而更加重要。此外，随着新公共行政学、新公共管理以及新公共服务等理论的不断发展和完善，公共服务成为世界各国政府职能范围内管理活动中最为重要的职能之一。因此，当前学术界早早达成共识，认为政府绩效评估正逐步向以公共服务为主要内容的方向转变。即政府绩效评估也就是政府要在确定公共服务供给的数量、质量和价格标准方面抓好绩效管理，对保障社会公平、提高公共服务质量、更好地满足顾客需要等活动的绩效进行评定。

因此，对公共服务绩效评估展开研究，必须从考察政府绩效评估的历史开始。政府绩效测量和评估相关的实践活动的出现略早于政府绩效评估理论的出现，最早可以追溯到1906年布鲁尔等人对纽约市政公共部门的绩效考评。从20世纪初泰勒在《科学管理原理》中提出针对工商企业的绩效管理制度，到法约尔《工业管理与一般管理》中将绩效管理方法推广运用到其他组织和机构，再到20世纪30年代末克拉伦斯·里德（Clarence Reid）和赫伯特·西蒙（Herbert A. Simon）运用量表首次测算了市政工作的绩效并构建了包括行政管理工作与公共服务等多项内容在内的评估标准，最后到20世纪50年代美国将绩效管理运用到预算工作中，绩效管理和评估理论被逐渐运用到政府管理工作之中，大约经历了半个世纪的时间。

之后，政府绩效问题开始受到学者们的极大重视和强烈关注，到20世纪70年代，英、美等发达国家纷纷推行以新公共管理运动为核心的政府行政管理改革，主张在公共行政管理中参考企业管理理论，将市场竞争机制、目标管理、绩效评估和成本核算等方法应用于公共行政领域，以改善公共行政绩效，提高政府服务的质量和水平,满足公民对"政府再造"的客观要求,形成了企业家政府理论[1]。目前,以公共服务为主要内容的政府绩效评估已发展成西方发达国家行政改革的重要内容和根本性措施,并逐渐演化为一种世界性潮流。目前,国外已经有大量的科学研究和论文著作对政府绩效评估进行了讨论和分析。根据所获得的文献资料,现将相关研究述评如下。

1. 公共服务绩效评估的方法运用

西方公共服务绩效评估价值取向的转变必然伴随着评估方法的更新换代。公共服务绩效评估价值取向对应着两个评估方法。

第一,度量政府公共服务的效率,即计算政府投入与产出比的方法。"数据包络分析法"(Data Envelopment Analysis,简称 DEA)是目前学者们最为青睐、使用率最高的方法。DEA 是一种线性规划模型,通过对一个部门的效率和一组提供类似公共服务的部门进行绩效比较分析。例如,有学者采用 DEA 方法对各个领域的公共服务项目进行过分析,如城市公共交通服务[2]、公共卫生健康服务[3]、公共文化服务[4](公立图书馆服务)以及公共医疗服务效率等。此外,还有一些学者运用"非参数方法"(Free Disposal Hull,简称 FDH)或"随机前沿分析"(Stochastic Frontier Analysis,简称 SFA)的"参数方法"分析公共服务绩效。FDH 是 DEA 方法中的一个分支,

---

[1] Osborne, D. and T. Gaebler, *Reinventing Government: How the Entrepreneurial Spirit is Transforming the Public Sector from the School House to State House*, Mass: Addison-Wesley, 1992, p. 5.

[2] A. Afonso, L. Schukencht and V. Tanzi , "Public Sector Efficiency: Evidence for New EU Members States and Emerging Markets", *European Central Bank Working Paper*, 2006.

[3] Beaulieu, J, "Content and Criterion Validity Evaluation of National Public Health Performance Standards Measurement Instruments", *Public Health Reports*, No. 6, 2003, pp. 508 – 517.

[4] Paberza Kristine, "Towards Assessment of Public Library Value: Statistics on Policy Maker's Agenda", *Performance Measurement and Metrics*, No. 11, 2010, pp. 83 – 92.

是利用来自总体的样本对总体的某些参数进行估计或者进行假设。例如，维特[1]（Witte）使用 FDH 方法构建了一套公共图书馆服务的条件效率理论模型，并从政策上提出了公共图书馆未来发展的建议。而 SFA 是一种在生产前沿理论的基础上发展形成的参数方法，它被广泛用于公共医院的预算效率评估和卫生改革领域。

第二，衡量政府公共服务的结果，即测量公众满意度的方法。其本质是度量民众对于公共服务可感知的效果与自身期望比例的量化模型。在理论界，学者们多采用多元回归模型（Multivariable Linear Regression Model，MLRM）以及结构方程模型（Structural Equation Model，SEM）的方法了解相关变量对于公共服务质量的影响程度，采用问卷形式收集相关信息。目前，国际上对于公众满意度的测评方法已经有了长足的进步，并形成了多种成熟的测量工具，广泛用于公共服务满意度的绩效评估实践中。虽然测量方法有很多，如 KANO 模型[2]、SERVQUAL 模型[3]和 QUADRANT 模型[4]。但是从宏观角度来看，"顾客满意度模型"（CSI）是学界和业界都最为推崇的方法。基于最初的 CSI 模型，目前世界许多国家早已经开发了适合自身国情的顾客满意度的相关测评模型和方法。比较经典的有瑞典的 SCSB 模型、美国的 ACSI 模型以及欧洲的 ECSI 模型，它们构成了当今满意度测评的基础方法体系。随后，这些模型被广泛应用于公共部门的满意度测评中，至今已有 20 多年的历史。如学者格雷·雷

---

[1] K. D. Witte and B. Geys. "Evaluating Efficient Public Good Provision: Theory and Evidence from a Generalized Conditional Efficiency Model for Public Libraries", *Journal of Urban Economics*, Vol. 69, 2011, p. 319.

[2] Kano N. et al. "Attractive Quality and must be Quality", *The Journal of Japanese Society for Quality Control*, 1984, pp. 39–48.

[3] Parasuraman A., V. A. Zeithaml, L. L. Berry, "SERVQUAL: A Multiple-Item Scale for Measuring Consumer Perception of Service Quality", *Journal of Retailing*, Vol. 64, No. 1, 1988, pp. 12–40.

[4] 罗正清、方志刚：《常用客户满意度研究模型及其优缺点分析》，《贵州财经学院学报》2002 年第 6 期。

兹就在美国 ACSI 模型基础上进行了完善和修正，提出了适用于纽约公共服务满意度测量的新模型，并应用于测量美国公共交通的市民满意度[①]。还有学者对美国 ACSI 模型进行完善，开发了新的国家公民满意度指数模型（National Citizen Satisfaction Index，NCSI）[②]。

上述两种公共服务绩效评估的方法，各有其优缺点。采用 DEA、FDH、SFA 等测量公共服务绩效的方法，数据搜集比较方便、公共数据真实可靠，计算结果可信程度普遍比较高；但是其缺点是只关注公共服务的效率和过程，没有适应当今公共服务绩效评估的新价值导向趋势，对于公共服务强调的公平性、回应性和满意度等主观指标缺乏测量。基于多元回归以及结构方程模型的公众满意度模型需要投入巨大的人力、物力和财力去搜集数据，数据可信程度没有公共数据那么高，且对研究者的数理统计知识有较高要求，研究成本比较高；但是该种方法的运用对于公共服务质量的改善有直接效果。因此，这就需要我们在下一步研究方法的选择上注意二者的结合，不能偏废其一。

2. 公共服务绩效评估的内容维度

公共服务绩效评估的价值取向是其灵魂主旨，方法使用是其有效工具，而内容维度则是其基本框架。采用什么样的指标维度直接反映了公共部门对于公共服务的要求，同时，指标维度的选择也是体现公共服务绩效总体状况的具体量化依据。纵观当今国际上对于公共服务绩效评估的内容维度和指标设计，虽然不同学者在具体指标设计上会有所差异，但是最经常使用的三种指标为：第一，效率

[①] Gregg G. Van Ryzin, Douglas Muzzio, Stephen Immerwahr, Lisa Gulick, Eve Martinez, "Drivers and Consequences of Citizen Satisfaction: An Application of the American Customer Satisfaction Index Model to New York City", *Public Administration Review*, Vol. 64, No. 3, 2006, pp. 331 – 350.

[②] Cumberford John, Guy Gordon, N., "The Creation of a National Citizen Satisfaction, Quality Congress. ASQ's Annual Quality Congress Proceedings", *ABI/INFORM Global*, 1999, pp. 595 – 599.

类指标，主要测量各个侧面的投入与产出比例；第二，结果类指标，主要围绕公共服务质量进行设计；第三，公平类指标，主要利用公众满意度进行测量（见表1-1）。

表1-1　不同学者和机构对于公共服务绩效评估内容维度的关注情况

学者（机构）	时间	公共服务绩效内容维度设计
美国国际开发署	1970	条件、投入、产出、结果、环境影响等
澳大利亚政府委员会	1993	公平、效果、效率
美国会计标准委员会	1994	投入、产出、结果和效率与成本效益
布鲁得尼①	1982	效率、效益、回应性和公平性
美国联邦政府责任总署	1997	投入、能力、产出、结果、效率与成本效益和生产力
英国《公共服务协议》	1998	投入、产出和结果
博伊②	2002	产出、效率、结果、回应性和民主性
纽康沫③	2002	投入、过程、产出和结果
唐尼④	2011	效益、过程、效率、公平、透明性和责任

（二）国外有关公共服务绩效评估的实践尝试

公共服务绩效指数（Public Service Performance Index），是目前国外运用比较成熟的评估公共服务绩效的评估方法。它是运用统计学方法所形成的反映一个国家或者一个地区某一级政府公共服务绩效状况变动趋势的相对数。目前，由于地区与地区、国家与国家之间政治、经济、社会、地理环境的不同，国际上并没有一套统一的、

---

① J. L. Brudney and R. E. England, "Urban Policy Making and Subjective Service Evaluation: Are They Compatible?" *Public Administration Review*, Vol. 42, 1982, p. 127.

② G. A. Boyne, "Concepts and Indicators of Local Authority Performance", *Public Money & Management*, Vol. 22, 2002, p. 17.

③ K. E. Newcomer, *Meeting the Challenges of Performance-oriented Government*, Washington D. C.: American Society for Public Administration, 2002.

④ J. Downe, C. Grace, S. Martin and S. Nutley, "Theories of Public Service Improvement: A Comparative Analysis of Local Performance Assessment Frameworks", *Public Management Review*, Vol. 12, 2011, p. 663.

公认的衡量公共服务绩效的评估指数。但是这并不等于该领域的研究和实践就停滞不前，国际上已经开发了一批被广泛应用且影响力较大的社会统计指数，本书选取与公共服务绩效紧密相关的统计评估指数成果进行分析，以期对全民健身公共服务绩效评估模型的构建有所裨益。

1. 政府质量指数模型

政府质量（Quality of Government）测量标准的选择和测量方法的运用，对公共服务绩效评估模型的开发具有一定的指导意义。在《掠夺之手：政府的病理机制与治疗》一书中，史莱芙（Shleifer）和维悉尼（Vishny）主要探讨了影响政府质量的关键因素，并提出了一个衡量政府质量的综合指标，即政府质量指数[①]（见表1-2）。

表1-2　　　　Shleifer和Vishny的衡量政府质量的指数标准

评价内容	评价指标
政府干预	产权保护指数、商业管制指数、最高边际税率
官员体系的效率	腐败指数、官僚主义、税收服从、政府平均工资、人均GNP的比重
公共产品的提供	婴儿成活率、学校教育、识字率、基础设施质量等
政府的规模	转移支付和补贴在GDP中的比重、政府消费在GDP中的比重、国有企业的规模、公共部门的雇佣量占总人口的比重等
政治自由	民主指标和政治权利指标

由表1-2可以发现，该指数由五个维度构成，其中包括20多个子指标。该指数对研究主要的贡献在政府干预、官员体系的效率、公共产品的提供、政府的规模中的一部分指标可以为我国全民健身公共服务绩效的考察范围和研究提供很好的思路和借鉴。

---

① Shleifer, A., & Vishny, R. W., *The Grabbing Hand: Government Pathologies and Their Cures*, Cambridge, MA: Harvard University Press, 1998.

2. 人类发展指数模型

人类发展指数（Human Development Index，简称HDI），是联合国开发计划署在《1990年人类发展报告》（*Human Development Report 1990*）中首次提出的。之后，联合国开发计划署每隔一年制定一份测量联合国各成员国的人类发展水平报告，比较有代表性的有《2000年人类发展报告》（*Human Development Report 2000*）和《2010年人类发展报告》（*Human Development Report 2010*）。

HDI指数运用三个基本方面的平均成就来最终测量一个国家的人类发展水平，这三个方面包括健康长寿、教育获得（知识）以及体面的生活水平，分别用出生时预期寿命、平均受教育年限和预期受教育年限以及用实际人均GNI（购买力平价美元）来衡量。以2010年的人类发展指数算法为例：

首先，设计各维度指数 =（实际值 - 最小值）/（最大值 - 最小值）

其次，使用三个维度指数得分的几何平均数将次级指数作为HDI指数的最后得分，公式为：$HDI = \sqrt[3]{I_{寿命} \times I_{教育} \times I_{生活}}$。

HDI指数是对传统的GNP、GDP等仅关注国家经济社会发展的指标体系的挑战。它更加强调政府的有效管理和实施的科学政策对社会互动的制度及对普通公民的尊重的影响，更加关注人类发展，认为人的发展是政府质量与社会福利因素综合作用的结果。HDI没有像政府质量指数一样过于偏重关注政府经济效率、内部控制以及权力实现等指标，而是体现了国家发展对公民个体福利的强烈关怀，这也为笔者的研究提供了新的思路。但是，HDI指数遭受的一些批评和质疑也带来了一些警示，即HDI指数的维度选择不能反映人类发展的全部内容，而且在算法上也只采用简单的几何平均法，没有对其进行加权，并且三个维度之间权重贡献度相同也显得没有科学依据。所以笔者在构建地方政府全民健身公共服务评估模型的时候，会尽量避免出现上述问题。

3. 国际竞争力指数模型

瑞士国际管理学院（International Institute for Management Development，简称 IMD）是当今进行国际竞争力研究组织机构中的翘楚，IMD 和它出版的《世界竞争力年鉴》（*World Competitiveness Year Book*，WCY）在世界范围内影响力和美誉度都极高。IMD 在经济学、政治学和社会学的基础上，通过利用统计指标和调查问卷的方式构建开发了"国际竞争力指数"。

2001 年至今，国际竞争力指数的要素结构分为三个等级。第一等级包括四个要素（factors）：经济运行、政府效率、企业效率以及基础设施。四个要素再分解出 20 个二级评价指标（sub-factor），包括国内经济、国际贸易、就业、公共财政、基本设施、教育等。由于国际竞争力涵盖内容宏大且复杂，IMD 又将各二级指标中所涉及的多个方面分为不同的类别（category），构成了若干个三级指标（criteria）。在这些要素中，政府效率竞争力中的政府经济政策是否有效运用于现实经济中、政府对市民是否是透明、公共服务是否受政治干预、官僚主义是否阻碍企业发展、受贿和腐败在公共领域是否盛行，以及基础设施中的公共服务设施、科研成果、健康与环境以及教育等多个指标对于政府公共服务绩效，甚至对于全民健身公共服务供给效果的评估，均有很大的指导意义。

4. 世界发展指数模型

世界发展指数（World Development Indicators）是世界上最重要的发展指标汇编。它提供现有的最新最准确的全球发展数据，其中包括国家、地区和全球数据的估计值。与政府基本公共服务绩效密切相关的指标有：（1）公共基础设施类指标，主要包括铺设道路百分比等；（2）公共治理类指标：主要有私人固定投资占国内固定投资总额的百分比、对私营部门的国内信贷占 GDP 的百分比等；（3）公共财政类指标，主要有税收收入占 GDP 的百分比、中央财政收入占 GDP 的百分比、社会保障税占中央政府经常性收入总额的百分比、所得税利和资本利得税占中央政府经常性收入总额的百分比、中央政府财政总支出占GDP的百分比、补贴和其他经常性转移支付占中央政府总支出的百分比、资本支出占中央政府总支出的百分比、工资和薪金战中央政府总支出的百分比等；（4）卫生类指标，公共卫生保健支出占GDP的百分比、每千人拥有医生数、每千人拥有病床数、可获得安全饮用水的人口所占百分比、可获得卫生设施的人口所占百分比等；（5）科技类指标，包括每万人中从事开发和研究的技术人员、高技术出口占制成品出口的百分比等。以上这些指标，对于本书所要构建的全民健身公共服务指数具有间接的启示和借鉴意义。

（三）国外大众体育服务绩效评估研究

西方学者对大众体育服务绩效评估的理论研究是伴随着大规模的体育活动调查实践开展而逐渐兴起的。由于国外大众体育服务在管理体制、机构设置、运行机制以及政策实施等方面因各自国家的政治体制、经济水平和传统文化的不同而有所差异，从而导致国外发达国家在大众体育服务绩效评估方面的研究重点也略有不同。西方各具特色的大众体育服务绩效评估研究主要围绕"非营利性体育组织绩效评估""公共体育设施服务绩效评估"以及"公共部门体育政策评价"等方面展开。

1. 国外关于非营利性体育组织绩效评估研究

非营利性体育组织包括政府公共体育部门、体育社团、体育协会、体育基金会、体育志愿组织等社会体育组织。非营利性体育组织的服务质量与绩效评价是国外学者关注的热点问题。

弗里斯比[①]（Frisby）早在1986年就对国家体育治理机构（National Sport Governing Bodies，NSGB）进行了定义，并结合目标达成和系统资源两个发展比较成熟的绩效评估模型，对加拿大多个体育

---

① Frisby W., "The Organizational Structure and Effectiveness of Voluntary Organization: The Case of Canadian Sport Governing Bodies", *Journal of Park and Recreation Administration*, No. 3, 1986, pp. 61 – 74.

治理机构（样本数量不详）的组织成效和组织结构之间的关系进行了分析，结果显示体育组织的结构在一定程度上影响组织成效，但是他没有提出测量体育组织成效的具体变量指标。维尔①（Vail）在自己的学位论文中同样探讨了国家体育治理机构的组织绩效问题，通过对33个国家级非营利性体育组织的负责人发放140份问卷，最终将影响该类体育组织绩效的因素归为六个维度，即组织的适应性（adaptability）、组织沟通（communication）、组织财务（finance）、组织成长（growth）、组织人力资源（human resources）和组织计划（organizational planning）。他将非营利性体育组织的人员分为具有不同目标预期的五类群体，即组织的主席、组织的运行主管、国家队教练、合作赞助商以及其他组织成员，分别调查了他们对于组织绩效六个维度的关切程度，研究发现，组织的主席、组织的运行主管相较于组织其他成员更加关心组织的财务情况；而对于组织成长指标，五个群体的关切程度并没有显著性差异，均认为组织成长没有组织人力资源、组织计划和组织沟通三个指标对于组织的绩效影响程度高。维尔对于非营利性体育组织的研究，虽然考虑了组织不同参与主体的目标价值对于组织绩效的影响，但是研究并没有考虑反映体育组织特性和特色的指标。

科斯基②（Koski）基于开放系统理论，以835个芬兰体育俱乐部为例，分析了非营利性体育组织的成效。他将体育组织的成效分为五个维度，分别为资源获得（obtain resources）、内部氛围（internal atmosphere）、生产流程效率（efficiency of the throughput process）、目标实现（realization of aims）以及活动总体水准（general level of activity）（见表1－3）。研究发现，五个维度都与体育俱乐部的绩效水平相关，而其中的资源获得、生产流程效率以及活动总体水准与

---

① Susan E. Vail, "Organizational Effectiveness and National Sport Governing Bodies: A Constituency Approach", Ph. D. dissertation, Université d'Ottawa, 1985.

② Koski P., "Organizational Effectiveness of Finish Sports Clubs", *Journal of Sport Management*, No. 9, 1995, pp. 48－59.

组织绩效的相关程度较高，当会员数量与组织的内部氛围超过一定数量时，会呈现负相关关系，即会员人数越多，俱乐部的内部氛围可能越不理想，之后也会在一定程度上影响体育俱乐部的绩效。显然，科斯基将体育组织的特色绩效指标加入到研究设计之中，弥补了前人研究的不足。但是，科斯基的研究只是以社区的体育俱乐部为例，绩效评估指标的设置在包括多种类型的非营利体育组织绩效评估过程中的代表性有待进一步论证。

表1-3 科斯基芬兰体育俱乐部绩效评估指标情况

一级维度	评估指标
资源获得（obtain resources）	会员数量
	活动场地
	会员知识水平
	组织获取收入能力
内部氛围（internal atmosphere）	内部氛围
生产流程效率（efficiency of the throughput process）	组织运作收入
	组织员工数量
目标实现（realization of aims）	目标实现的组织数量
	组织活动参与比例
	俱乐部的多目标性
活动总体水准（general level of activity）	活动运作数量
	提供会员的优先参加数量
	俱乐部知名度
	活动组织的合作单位数量
	活动负责人的受尊敬程度

在此之后，有很多学者如钱勒迪莱等（Chelladurai et al.）、帕帕季米特里乌（Papadimitriou）和马赫·博伊斯兰得（H. mahe de Boislandelle）也分别对非营利性体育组织的绩效进行了颇有成效的研究，但是他们的文章都缺少对研究方法的具体描述。到目前为止，对于非营利性体育组织的研究较具代表性的学者来自法国，分别是

马利·拜尔和奥博托·曼德拉①（Emmanuel Bayle & Alberto Madella）。他们认为非营利性体育组织的绩效就是事先拟定组织目标，事后分析该组织目标是否达成的过程。绩效评价的难点在于非营利性体育组织的架构复杂，组织目标的确定受多方参与主体的预期所影响，不同的参与主体（包括国际体育组织、赞助商、俱乐部、会员、社区、媒体等）具有不同的目标预期，因此带来了组织绩效评估的困难。他们基于契约理论，通过概括总结当前用于测量非营利性体育组织绩效的方法，克服当前绩效评价方法的局限，构建了一套专门针对非营利性体育组织的综合绩效测量工具。这个绩效评价体系包含六个维度，即制度绩效（institutional）、组织结构绩效（organizational）、财务绩效（financial）、宣传绩效（promotional）、社会内部绩效（social internal）和社会外部绩效（social external），每个维度都有具体的测量指标和方法工具。之后，二人运用定性和定量相结合的研究方法，选取法国40个国家层级的体育协会（这些协会一共有17000个俱乐部和超过1400万的会员）作为研究对象，进行了实证检验。研究结果显示，40个非营利性体育组织的绩效按照得分从高到低，可以归为六个等级，即活跃力强的组织（the Mighty）、富有成效的组织（the Effective）、进退两难的组织（the Dilemmas）、非典型性的组织（the Atypical）、存在缺陷的组织（the Defective），以及发展困难的组织（the Problem）。

在国外，新近的有关非营利性体育组织的绩效评估研究已经不再拘泥于如何设计具体、微观地反映组织绩效的指标以及分析各个变量之间的相关关系，而是转向了更加宏观的视角。西方学者开始注重不同类型体育组织（体育社团、体育俱乐部、体育基金会和体育行政部门等）和不同体育项目组织（足球、篮球、田径、举重、

---

① Emmanuel Bayle and Alberto Madella, "Development of a Taxonomy of Performance for National Sport Organizations", *European Journal of Sport Science*, Vol. 2, No. 2, 2002, pp. 1–21.

赛马、羽毛球等）的绩效评估问题。同时，他们也开始侧重研究体育组织内外部不同利益相关群体以及不同体育组织机构之间的绩效评估互动，综合性的多方参与的绩效评估模式开始受到越来越多学者的青睐，这也启示我们在评估群众体育公共服务绩效的时候，要不断完善绩效评估制度，注重各方参与，兼顾各方利益诉求，使评估对象在组织目标制订及考核过程中都能发挥作用。

2. 国外公共体育设施服务绩效评估研究

公共体育设施建设是国家体育事业发展的基础和必备条件，是保障公众参与体育活动的重要载体。国外很早就采用了政府和社会资本合作（PPP）模式，吸引社会资本、专业团队等参与到各类公共体育设施建设之中。在此过程中，随着公共体育设施建设的大规模开展，这些项目是否应该投资，投资多少、财政支出的经济效益、社会效应怎样，如何评价这些支出的成果等问题越来越受到政府部门、服务承接主体以及社会公众的广泛关注。因此，对公共体育设施实行科学合理的绩效评价就成为西方公共体育管理实践和学者一直以来的研究热点问题。

早在1997年，英国通过中央政府和审计委员会的密切合作，建立了"最佳价值审计"评估指标（Best Value Performance Indicators 或 BVPIs）体系，用来评估包括公共体育设施在内的地方政府公共服务的业绩。"英国体育理事会国家标准管理服务中心"（Sport England's National Benchmarking Service），在2000年构建了一套公共体育设施绩效评估的模型[①]，用来计算公共体育设施（公共体育场馆和游泳场馆）在各个标准指标下的得分情况，并最终衡量每个公共体育设施的绩效水平。该评估模型主要从四个维度进行公共体育服务设施的绩效考核，分别为设施准入（Access，不同人群的使用

---

① Peter Taylor and Ashley Godfrey, "Performance Measurement in English Local Authority Sports Facilities", *Public Performance & Management Review*, Vol. 26, No. 3, Mar., 2003, pp. 251–262.

情况);财务情况(Finance,政府补贴、设施中心的收入和支出情况);设施利用效率(Utilization,设施的使用频率);设施主观评价(Customer ratings,设施的重要性,用户满意度,不同的服务属性)。为了科学计算公共体育设施的绩效得分,"英国体育理事会国家标准管理服务"的数据主要有三个方面的来源:第一,用户问卷调查;第二,每个公共体育设施中心的财务信息表;第三,国家统计局的流域人口资料,这样的统计口径确保了绩效评估信息的真实性和可靠性。

此外,"英国公共服务卓越协会"(Association for Public Service Excellence)的绩效评估网络涵盖地方当局的十四类公共服务项目,每项公共服务都有专门的绩效评估报告,专门针对体育休闲设施管理的绩效评估报告也是其中之一,主要提供公共体育休闲设施的管理运作、财务比例以及公众满意度等数据资料,具体的绩效评估指标[①]见表1-4。

表1-4 英国公共服务卓越协会公共服务相关绩效指标

关键绩效指标	
PI 02a	设施用户的人均补贴(不包括中央政府补贴、包括非参与性使用但不包括学校体育设施免费使用)
PI 02b	设施用户的人均补贴(不包括中央政府补贴、不包括非参与性使用也不包括学校体育设施免费使用)
PI 11a	设施用户的人均补贴(不包括中央政府补贴、既包括非参与性使用也包括学校体育设施免费使用)
PI 11b	设施用户的人均补贴(不包括中央政府补贴、不包括非参与性使用但包括学校体育设施免费使用)

---

① Association for Public Service Excellence, *Performance Indicators*, http://www.apse.org.uk/apse/assets/File/Documents/ALL%20performance%20indicators.pdf.

续表

关键绩效指标		
	PI 03	运营收益率（不包括中央政府补贴）
	PI 04	用户人均消费情况
	PI 06	场馆设施开放时间内每小时补贴（不包括中央政府补贴）
	PI 20	设施用户满意度
	PI 31	设施开放时间的使用情况
	PI 41	每位设施用户的管理费
其他支出绩效指标		
	PI 07	员工每次入场的支出情况
	PI 13	地方人口人均净支出（不包括中央政府补贴）
	PI 14	所属地方内每个家庭的净支出（不包括中央政府补贴）
	PI 08	员工支出和收入比
	PI 09	员工支出和场馆设施总体支出比
	PI 21	设施用户的人均消费（包括餐饮消费）
	PI 22	设施用户的人均消费（不包括餐饮消费）
	PI 24	设施用户的二次消费（包括餐饮消费）
	PI 23	设施用户的二次消费（不包括餐饮消费）
	PI 25	设施中心餐饮服务收入和支出比
其他使用绩效指标		
	PI 29	所属区域内每户家庭的设施使用情况
效能绩效指标		
	PI 42b	设施用户的人均耗电量
	PI 42d	设施用户的人均汽油使用量
	PI 42e	每千人设施用户的平均耗水量
	PI 42f	设施用户的人均耗能
其他员工绩效指标		
	PI 26a	员工旷工百分比
	PI 26b	第一线员工的旷工天数
	PI 30a	员工旷工百分比（不包括长期旷工）
	PI 30b	第一线员工的旷工天数（不包括长期旷工）
	PI 43	场馆开放时间的员工工作时长
	PI 44	每位员工每一小时的上班时间使用率

注：绩效指标根据英文第一手材料翻译，具体指标注释请参见文件原文。

相较于前两种公共体育设施的绩效评估,"英国体育理事会国家标准管理服务中心"在社会包容性指标以及财务状况指标方面要比"英国公共服务卓越协会"的绩效指标更加丰富和具体。虽然财务状况对于公共体育设施的可持续性发展非常重要,但是社会包容以及用户满意度在评价公共体育服务供给状况时显得更加重要。"英国体育理事会国家标准管理服务中心"提供的公共体育设施管理人员的评估报告对于公共体育服务的发展战略、行动规划和未来的管理决策都至关重要。

此外,随着新公共服务理论的影响不断增大,很多学者已经不单单将公共体育设施服务的绩效评估指标局限在经济、效率维度,开始以更加宏观、更加全面、更加人性的视角来分析和研究此类问题。刘易德[①](Yi-De Liu)就从社会正义理论出发,考察了1998年到2008年期间英国弱势群体使用公共体育设施的绩效情况,研究表明英国11岁至19岁的儿童以及年龄在60岁以下的残疾人使用公共体育设施的比例正在下降,并发现年龄在60岁以上的老年人在使用公共体育设施过程中存在很多困难。此外,他还指出不同种类的公共体育设施以及在不同管理模式下的公共体育设施,在不同社会弱势群体之间的绩效也存在显著性差异,他利用实证绩效结果提出了自己对于公共体育设施服务如何更好地使弱势群体融入社会的建议。Tseng ML 专门设计了一套公共服务设施的绩效客观评估系统[②],并使用该系统评估了 2005—2007 年间英国三个公共休闲健身中心的绩效,研究发现,公共休闲健身设施的绩效评估系统最重要的评价标准是其休闲性程度、包容性程度和简

---

① Yi-De Liu, "Sport and Social Inclusion, Evidence from the Performance of Public Leisure Facilities", *Social Indicators Research*, Vol. 90, No. 2, January 2009, pp. 325 – 337.

② Tseng M. L., "Implementing and Evaluating Performance Measurement Initiative in Public Leisure Facilities: An Action Research Project", *Computers and Education*, Vol. 55, No. 1, 2010, pp. 188 – 201.

单程度。

尽管我国已有很多地方和部门开始对公共体育设施进行绩效评估，学者们也开始了诸多理论研究，但从总体来看，我国的公共体育设施绩效评价仍处于起步阶段，理论研究还没有真正转化为可用的实际测评工具，并且在绩效评价的过程中还存在诸多制度和政策缺失。国外有关公共体育设施绩效评估的实践经验和理论研究成果给了我们很多启示，我们应学习国外先进的公共体育设施绩效评估理念，借鉴国外先进的公共体育服务绩效评估指标和绩效评估方法，使其为我所用，加快我国公共体育设施绩效评估理论研究的发展。

3. 国外公共部门体育政策绩效评估研究

公共体育政策绩效评估指运用定量与定性相结合的科学评估方法、根据事先确定的标准，对政府公共体育政策执行的效益、效率与效果及其价值进行综合性的测量与判断。公共体育政策绩效评估是国外政府绩效评估体系的重要内容，近年来，对公共体育政策评估进行研究的学者越来越多，研究成果和实践案例不断涌现。

而在最近的研究中，布尔等人对现有政策审计工具（Policy Audit Tool，PAT）进行修订和完善后，发展了一套新的适用于不同国家不同地区的促进健康身体活动（Health-Enhancing Physical Activity，HEPA）的（Policy Audit Tool，PAT）。他们通过对芬兰、意大利、葡萄牙、荷兰、挪威、斯洛文尼亚和瑞士七个国家的促进健康政策领域的专家进行问卷调查，形成了一套拥有17个评价指标的体育政策分析工具，具体指标包含：政策制定和协商的方式；现有的政策依据；国家层面对于体育领域的政策指导建议；国家的体育战略和目标；政策有无具体的实施计划表；多样化的策略；政策的领导与协调；政策网络环境；政策伙伴关系；政策实施的政治承诺；政策的资金投入；健康监测系统；政策的评价；政策制定和实际情况的关系；政策的沟通策略；政策的身份认同；政策的跨领域整合性①。该项研究为今后各国公共体育政策领域的绩效评估提供了新的理论视角和研究方法,将各个部门对于大众体育政策的分析和评价视为政府实现大众体育治理目标的具体路径和手段,重新明确了大众体育政策绩效评估的意义和价值。

在实践中,国外发达国家的大众体育政策绩效评估可以分为两个大类,即以美国、澳大利亚、加拿大、德国、北欧国家为代表的"单项体育政策评估"和以日本、韩国、英国、法国为代表的"综合政策评估",其中包括体育政策评估。

首先,在"单项体育政策评估"的案例中,美国早在1980年就由美国卫生与公共服务部(HHS)颁布了《促进健康、预防疾病,健康公民1990》,之后又在1990年、2000年和2010年分别颁布《健康公民2000》《健康公民计划2010》和《健康公民计划2020》,以《健康公民计划2020》为例,其中制定了42个优先发展领域和近600个可量化的健康战略目标,规模和覆盖范围空前广阔与全面,通过每十年一次的追踪调查,实时监测民众参与体育状况,并通过在线访谈、家庭访谈和个人访谈的方式对民众开展健康公民计划的满意度调查,不断调整和完善政策制定的合理性和科学性。此外,美国另一项大众体育政策《国民体力活动计划》,以南卡罗来纳大学预防研究中心为核心,由包括美国体力活动研究中心和疾病防控中心的300多个代表组成的统筹委员会制定并实施全程政策评估工作,该计划主要目的是精确地评估政策对于公民体力活动的促进效果,而不是其他因素②。加拿大也单独制定了详细的体育政策,如《体育推进计划》和《体育自主模式与责任框架》(Sport Funding and Accountability Framework,简称SFAF),SFAF其中就由包括"绩效

---

① Fiona C. Bull, Karen Milton, Sonja Kahlmeier, "National Policy on Physical Activity: The Development of a Policy Audit Tool", *Journal of Physical Activity and Health*, No. 11, 2014, pp. 233 – 240.

② 岳建军:《美国〈国民体力活动计划〉研究及启示》,《中国体育科技》2015年第2期。

评估"在内四个主要部分构成,其他三项分别为"资格标准""资助数额"和"签订责任制",很好地指导了加拿大体育领域的融资活动。

此外,包括澳大利亚《活跃"澳大利亚"计划》、丹麦的《健康生活 2002—2010》(Healthy throughout Life 2002 - 2010)、德国的《国家骑行计划》(National Cycling Plan 2002 - 2012)、冰岛的《冰岛国家健康计划 2010》(The Icelandic National Health Plan to the year 2010—abridged version)、爱尔兰《国家健康促进战略(2000—2005)》(The National Health Promotion Strategy 2000 - 2005)、荷兰《国家儿童运动计划 2004》(National Plan of Action for Children 2004)等都是依托社会体育组织制定和执行体育政策,然后由非执行部门的专家学者组成独立的评估小组进行政策绩效评价,保证了政策实施效果得到客观、全面的评价,为下一阶段的大众体育工作和政策制定提供智力支持。

斯通(Stone)认为:"由于体育是联系社区、建立社会秩序和形成社会化的重要方式,因此体育政策的制定和实施就变得非常重要。"[1] 格兰顿和泰(Gratton & Taylor)则通过文献整理,发现当前国外基于经济标准的体育政策分析和评估,例如体育设施的分布和体育资源的分配已经很充分。然而在讨论体育组织内部的政策制定和评估时,往往对于政策的内涵和分类方法不多,而且政策的修缮仅仅依赖于组织之间的协商和沟通[2]。Signe B. Daugbjerg 等人[3]运用内容分析法对欧洲 24 个国家有关促进身体活动的 49 项政策进行了

---

[1] Stone, G. P., *Sport as a Community Representation*, In G. R. F. Luschen & G. H. Sage (Eds.), Handbook of Social Sciences of Sport, Champaign, E Stipes, 1981, pp. 214 - 245.

[2] Gratton, C., & Taylor, P, *Sport and Recreation: An Economic Analysis*, London: E. &F. N. Spon, 1987.

[3] Vestmark Christiansen N., Kahlmeier S., Racioppi F., *Promoting Sport and Enhancing Health in European Union Countries: A Policy Content Analysis to Support Action*, Copenhagen, WHO Regional Office for Europe, 2011.

归纳和总结，并将影响这些政策有效性的相关指标归纳为 8 个维度，依次为：参与政策制定的部门和机构；政策的实施；政策的法律位阶；政策的目标群体；政策的战略和目标；政策的时间计划表；政策的预算；政策实施的评价和监督。之后，他们发现虽然目前欧洲各个国家颁布的有关促进身体活动的政策开始逐渐增多，但是学界依旧没有对欧洲整体的公共健康政策进行综合性的分析和评价。描述性统计方法也在该研究中得到运用，并对涵盖每个指标的政策数量进行了百分比分析。值得注意的是，有明确规定要求对政策执行和实施进行绩效评估的数量有 15 项，研究虽然没有对每项政策绩效评估的指标和方法做具体分析，但是明确提出目前欧洲各国的政策绩效评估依然是以注重结果为价值导向，需要加强对于政策执行过程的绩效控制。

除了上述国家采用"单项体育政策评估"外，还有很多发达国家采用"综合政策评估"模式对体育领域的公共政策进行绩效评估。这些国家倾向于颁布国家层面的政策绩效评估法案，对政府各部门的所有政策进行全面深入的评价，之后运用法案中的评估标准对体育领域的公共政策进行再评价。以英国为例，前文提到英国早在 1997 年通过中央政府和审计委员会的密切合作，建立了"最佳价值审计"评估指标（Best Value Performance Indicators，BVPIs）体系，将包括体育领域在内的政府各部门的所有重大开支，以及政策在实施之前的各种建议，也纳入评价范围。在韩国，《政策评估框架法案》和《政府业务评价基本法》等法案[①]规定的评价内容包括了政策结果评价、政策实施能力评价、公民对政府提供的服务和政策实施的满意度的调查三个方面，同样的标准和方式也运用到了《提升国民体育五年总体计划》中。而在日本，文部省颁布《关于行政机关实施政策评价的法律》中对体育领域的政策评估进行了明确指导；

---

① 中国行政管理学会课题组：《政府公共政策绩效评估研究》，《中国行政管理》2013 年第 3 期。

《体育振兴基本计划 2000 年》和《体育立国战略 2010 年》等政策，都是根据文部省对于国家体育政策的基本要求，结合各地区实际情况制定发展地区体育政策和条例，设置指标性政策目标，进行科学的评估[①]。可以发现，这些国家的公共体育政策评估，都是建立在国家机关专门绩效评估机构和行政机关根据法律和组织原则的基础之上的，确保了绩效评估的权威性。

4. 国外大众体育绩效评估研究小结

虽然在国外有关大众体育绩效评估的研究和实践案例还有很多，评估理念、评估方法、评估指标、评估主体也根据各自国家国情不同而有所不同，但是通过对国外发达国家的大众体育绩效评价的研究和实践做法，笔者可以清晰地看出以下特征。

第一，评估主体参与多元化，民众参与水平高。国外对于大众体育及全民健身的调查评估主体多为第三方机构（科研院所、高校研究中心或专门的民间评估组织等），在评估过程中，积极吸纳民间人士的参与，使政策评估不再局限于精英阶层，公众意志得到充分表达和尊重。例如，美国、英国等民众都能够主动、自愿地参与调查问卷或电话访问以及网上测验等各种信息搜集，保证了第三方评估机构获得政府绩效管理的有关大众体育服务的重要数据，提升了大众体育绩效评估的民主性。

第二，从评估的方法来看，在西方国家，评估方法多采用顾客满意度模型和简单的传统的绩效评估方法，包括简单比例分析和回归分析法。这种方法是一般组织最常用的方法，其优点为数据容易取得，计算简单易于了解。国外大众体育绩效指评估评分标准设计、评估模型的构造、评估的技术路径等都体现了以定性分析为基础、以定量分析为手段、十分注重细化指标设计的特征（以"英国公共服务卓越协会"的公共休闲设施绩效评估为例）。

[①] 程华、戴健、赵蕊：《发达国家大众体育政策评估的特点及启示——以美国、法国和日本为例》，《沈阳体育学院学报》2016 年第 3 期。

第三，从评估的内容来看，西方发达国家主要关注国民的身体健康、国民参与体育活动水平、国家体育设施的使用效率和公共体育政策的实施效果。评估指标具有全面系统但又重点突出、过程指标与结果导向结合、客观评价与满意度评价结合等特点。

第四，从评估的目的来看，由于西方国家对民主较为强调，从公共体育政策的制定到大众体育健身的公共部门的绩效评估研究和实践，都以满足公民健身需求为导向，通过各方面资料的汇集、整理、统计之后，评估的结果一般都利用新闻媒体或者网络渠道向社区居民公布，进一步明确国家、社区的未来体育发展目标，通过更好地整合各类资源使居民能够得到更多参与体育的机会。

总体来讲，虽然国外学者们从不同角度探讨了政府绩效评估中公民参与和第三方评估的重要性，也在评估方法的科学创新方面取得了一些有益的成果，但同时这些研究还未形成统一的理论范式，更未就整体层级政府的大众体育参与工作绩效做出有说服力的理论解释。可见，在这方面的研究还有待更进一步的深化和拓展，其中的一些问题和困惑都有赖于今后对政府全面健身公共服务绩效测评的研究，要在研究中思考和解决。

二　国内相关研究现状

（一）国内政府绩效评估研究现状

随着国家建设"服务型政府"的目标提出之后，推进政府管理创新，深化行政体制改革就成为我国公共管理和公共行政学术界的热点研究问题。作为"政府再造"及"政府变革"的一种新型治理工具，政府绩效评估激发了我国学者们极大的研究热情，并陆续形成了一系列的研究成果。

1. 对国外政府绩效评估理论的引介。政府绩效评估理论兴起于西方学术界，在对西方国家公共部门绩效管理的理论研究和改革实践进行经验总结的基础上，学者们特别注意结合我国政府绩效评估实际，逐渐形成了具有中国特色的政府绩效评估理论体系。蔡立辉通过系统地梳理和分析西方国家政府绩效评估理念的产生和内涵，认为寻求社会公平与民主价值，强调公共责任与顾客至上是西方政府绩效管理始终坚持的核心理念，并提出绩效评估是实现我国政府职能转变、树立服务行政观念和建设数字政府的有效助推工具[1]。刘淑妍和王欢明[2]对国外公共服务绩效评估的价值理念、评价方法以及评价指标三个层面进行了归纳总结，并据此构建出了我国公共服务绩效评价的三维理论模型。还有学者以国别为单位，对西方各发达国家的政府绩效评估理论和评估实践进行剖析。学者孟华[3]、陈天祥[4]、高小平、贾凌民、吴建南[5]、黄良进、肖松[6]、谭融、杨淳[7]、范春辉[8]，就分别从美国政府绩效管理过程中的公众意愿表达、评估理论和实践的历史演进、如何提高政府绩效的实践、绩效评估的法治化进程、评估体系的构建以及政府绩效评估过程中政府和市场以及社会成员之间的关系等不同角度对美国的政府绩效管理进行了研究，并从各自研究角度提出了对我国政府绩效评估理论建设的有益

---

[1] 蔡立辉:《西方国家政府绩效评估的理念及其启示》,《清华大学学报》(哲学社会科学版) 2003 年第 3 期。

[2] 刘淑妍、王欢明:《国外公共服务绩效评价的研究发现及对我国的启示》,《国外社会科学》2013 年第 2 期。

[3] 孟华:《论美国政府绩效评估中的公众意志表达——以三项调查为基础》,《北京行政学院学报》第 2004 年第 6 期。

[4] 陈天祥:《美国政府绩效评估的缘起和发展》,《美国政府绩效评估的缘起和发展》2007 年第 2 期。

[5] 高小平、贾凌民、吴建南:《美国政府绩效管理的实践与启示——"提高政府绩效"研讨会及访美情况概述》,《中国行政管理》2008 年第 9 期。

[6] 黄良进、肖松:《美国政府绩效评估法治化：历程、特点与启示》,《学术界》2009 年第 7 期。

[7] 谭融、杨淳:《论美国政府绩效评估体系的建构》,《中共天津市委党校学报》2011 年第 4 期。

[8] 范春辉:《绩效管理的美国纪事：评〈更快更好更省？——美国政府的管理绩效〉》,《公共行政评论》2015 年第 3 期。

建议。王雁红①，黄良进、曹立锋②以及何晓柯③则对英国政府公共部门绩效评价的历史、制度建设和价值取向进行了介绍。此外，学者薛凯则对新西兰公共部门绩效管理进行了研究。

上述学者对于国外先进的政府绩效评估的做法进行深入的探讨和分析，为我国进行政府绩效评估研究提供了最初的方向，为之后我国本土化的政府绩效评估奠定了理论基础。

2. 对我国地方政府绩效评估的理论反思。不可否认的是，之前对于国外政府绩效评估的很多研究还停留在简单地概括总结层面或是仅就某项政府的具体工作提出对策建议，而对符合中国行政体制实际的政府绩效评估理论脉络的建构还比较欠缺，对本土经验的理论反思和转化还不够充分。在此之后，学者开始对我国本土化的政府绩效评估的内涵、性质、机制变迁进行更加有益的探索。

首先，徐邦友④指出满意原则是行政绩效评价的最终尺度，并分析了政府行政工作满意度评价中的几对重要关系。随后，马玉成⑤从政治哲学角度综合分析了政府绩效评估的研究成果，并概括出当前国内学者对于政府绩效评估的几个共存的基本价值取向——增长、公平、民主、秩序。林琼⑥等从社会转型的角度提出政府职能的合理定位是政府绩效的基本价值选择，认为满足公众需求是政府绩效的根本价值选择，公共服务质量好坏是衡量政府绩效的重要标准，廉

---

① 王雁红：《英国政府绩效评估发展的特点分析》，《管理现代化》2005 年第 4 期。
② 黄良进、曹立锋：《英国政府绩效评估法治化历程对我国的启示》，《福建论坛》（人文社会科学版）2008 年第 11 期。
③ 何晓柯：《顾客导向在英国政府绩效评估中的实践及其经验借鉴》，《管理现代化》2009 年第 1 期。
④ 徐邦友：《试析政府绩效评价的新取向》，《浙江省委党校学报》2000 年第 3 期。
⑤ 马宝成：《试论政府绩效评价的价值取向》，《中国行政管理》2001 年第 5 期。
⑥ 林琼、凌文辁：《试论社会转型期政府绩效的价值选择》，《学术研究》2002 年第 3 期。

洁、高效、公正是政府绩效的价值追求。卓越①对公共部门绩效评价的整体过程进行了划分，其中包括建构绩效评价指标体系、设计绩效评价指标的权重系数和等级标准、建立绩效评价和管理机构、确立绩效评价的主体、安排绩效评价的实施程序以及绩效评价结果的运用。之后，彭国甫②就政府绩效评价的性质如何界定、政府绩效评价的功能如何定位、政府绩效评价的发展如何把握、政府绩效评价主体如何确定这四个基本问题进行了系统反思。倪星③也从制度创新的角度，再次强调了我国政府绩效评估的意义，并从绩效评估的原则、指标的范围、评估的主体等方面进行了分析。上述理论研究成果都为后续我国政府绩效评估的应用研究提供了更有解释力的理论分析框架。

3. 政府绩效评估体系构建和应用研究。随着实证性研究浪潮的掀起，国内的学者们已经认识到该领域研究结合我国本土实际的必要性和重要性，开始运用数学和统计学更精确地分析政府绩效评估过程的各种现象和问题。唐任伍④结合公共部门绩效评价指标选择思路，设计了一套评估中国省级政府效率的指标体系，它由政府公共服务、公共物品、政府规模、居民经济福利四个因素及其子因素组成，共计47个指标。但是，他所构建的指标体系都是基于政府文件和官方年鉴的"硬指标"筛选和重构的，可能与我国地方政府发展的价值取向脱节。此外，该体系的权重设计仅仅参考了各个因素所含指标的个数及其与政府效率的相关性，并没有给出各个指标与各因素相关性的具体统计学原理，权重确定的合理性和科学性有待进

---

① 卓越：《公共部门绩效评估初探》，《中国行政管理》2004年第2期。
② 彭国甫：《对政府绩效评价几个基本问题的反思》，《湘潭大学学报》2004年第3期。
③ 倪星、余凯：《试论中国政府绩效评估制度的创新》，《政治学研究》2004年第3期。
④ 唐任伍：《2002年中国省级地方政府效率评估》，《中国行政管理》2004年第6期。

一步加强。李军鹏①设计开发了一套适用于评估我国行政环境下政府供给公共产品和公共服务绩效与水平的指标体系，标准分为一般指标和重点指标两个部分，一般指标按照政府公共产品的主要类别分为教育类、社会保障类、公共医疗类、环境保护类、公共科技类等八个大类，由 33 个具体指标组成；而重点指标由公共教育支出占 GDP 的比重、社会保障支出占 GDP 的比重、公共医疗卫生支出占 GDP 的比重、环境保护投资占 GDP 的比重、政府公共科技支出总规模以及国防支出占 GDP 的比重组成。随后他还运用构建的指标体系分析了我国政府公共化水平的实际情况，并与国际主要发达国家进行了对比分析。该指标体系的设计充分考虑了数据的简捷易取性，比较重视指标是否符合国际统计惯例，因此忽略了对主观指标数据的采集和分析。

政府绩效评估的实证研究在继承前人的基础上也在不断发展变化。以王爱学②的博士学位论文《公共产品政府供给绩效评估理论与实证分析》为例，他在研究中构建了公共产品政府供给绩效评估理论框架，设计了公共产品政府供给绩效评估指标体系，运用结构方程模型开展对公共产品政府供给绩效的评估；在收集大量统计样本数据基础上，运用结构方程模型实证分析了我国公共科技、公共教育、公共卫生、公共文化、公共设施等具体指标以及由这些指标构成的投入、产出及效果的客观权重。

随后几年中，倪星③、陈振明、郑方辉④及王俊霞⑤等人在各

---

① 李军鹏：《公共服务型政府》，北京大学出版社 2004 年版。
② 王爱学：《公共产品政府供给绩效评估理论与实证分析》，博士学位论文，中国科学技术大学，2008 年。
③ 倪星、余琴：《地方政府绩效指标体系构建研究——基于 BSC、KPI 与绩效棱柱模型的综合运用》，《武汉大学学报》（哲学社会科学版）2009 年第 5 期。
④ 郑方辉、喻锋、覃事灿：《政府整体绩效评价：理论假说及其实证检验——以 2008 年度广东省为例》，《公共管理学报》2011 年第 3 期。
⑤ 王俊霞、鄢哲明：《农村公共服务绩效评价指标的维度选择与体系构建》，《当代经济科学》2012 年第 4 期。

自研究中达成共识，都将研究重点指向"价值取向"与"指标体系"这两个关键要素，公众评价指标在体系构建的过程中也越来越受到重视。此外，学者们对构建指标体系的科学模型提出了更加严格的要求，纷纷提倡绩效评估的研究必须接受客观的经验事实检验。丰富的既有研究对我国政府绩效评估以及全民健身公共服务绩效评估的实证研究提供了可循的路径。

（二）国内相关公共服务评估实践

为了本研究的进一步开展，结合当前学术界对于公共服务绩效评估模型的主要研究成果，笔者挑选了国内目前公共服务领域比较权威的指数模型进行实践案例分析，力求为本研究提供直接的帮助和借鉴。

第一，公共服务综合绩效指数。由国务院发展研究中心宏观部、中国社会科学院数量与技术经济研究所以及特华博士后科研工作站的部分研究人员组成的中国公共服务研究课题组研制了一套衡量我国基本公共服务的绩效指数模型，即公共服务综合绩效指数。在2006年中国社会科学出版社推出的《中国公共服务发展报告2006》中首次介绍了该指数的具体研制过程，绩效指数包含8个子系统和165个指标的指标体系，其中8个子系统分别为基础教育、公共卫生、社会保障、科学技术、基础设施、公共安全、环境保护、一般公共服务，运用数据包络分析法（DEA）对我国公共服务的投入、产出和效果三个方面进行了综合评估。

该指数首次从我国政治体制变迁的角度，将全国整体基本公共服务纳入可统一分析的框架。报告发现，当前政府公共服务整体呈现出"总体水平偏低、发展不平衡、效率低水平趋同"的基本特征，该报告第一次用数据展示了我国公共服务现状，在实践和理论层面都具有一定的开创性。当然，该指数也存在一定的不足，即对公共服务各个部分之间的内在逻辑结构问题没有很好地进行阐述，这也是因为课题组追求指数的"全面性"而无法避免的问题。但是不可否认的是，该指数模型的构建对于本书中全民健身公共服务绩效评估理论模型的构建和之后的实证分析都具有直接的启示意义。

第二,中国城市公共服务指数。"中国城市公共服务指数"是由上海交通大学中国服务经济与管理研究中心在2009年编制并推出的。其目的在于为我国各相关城市制定发展战略和相关政策提供依据,进而为我国公共服务的健康、持续发展提供智力支持。研究者采集2006年的统计数据,从产出与支出两个角度,对我国35个城市的公共服务水平进行了分析和比较。该城市公共服务指数内容覆盖了城市基础设施、健康安全、就业社保、科教文化、环境保护五个方面。

在2010年,研究中心沿用了2009年的指数分类,只是在数据与各项具体指标的选取上进行了微调(详见表1-5)[①]。值得借鉴的是,2010年该研究中心对中国35个城市公共服务指数进行排名简要分析后,创新性地运用脸谱图分析方法,将枯燥的公共服务发展水平的数据转变为了更加生动的图文报告。可视化分析方法的运用,拓宽了我国公共服务绩效评估实证分析的思路,改变了以往政府绩效评估"单一面孔"的相同研究路径,这样的研究成果,显然对今后公共服务绩效评估的实践具有创新指导作用,为适应新形势下政府公共服务面向大众、绩效评估走向民主奠定了研究基础。

表1-5　　　　"中国城市公共服务指数·2010"指标体系

分类	指标项	计算公式
基础设施	1.1 公共交通	人均拥有道路面积、每万人拥有公共交通车辆数量
	1.2 公用设施	用水普及率、燃气普及率(部分城市用市辖区使用液化气人口替代)、人均公共绿地面积
	1.3 信息服务	电信业务总量/城市常住人口
健康安全	2.1 基本医疗	电信业务总量/城市常住人口
	2.2 社会治安	每万人医疗技术人员数、每万人病床数

[①] 陈宪、康艺凡:《中国城市公共服务指数2010》,《科学发展》2011年第2期。

续表

分类	指标项	计算公式
就业社保	3.1 就业服务	前后年度的就业人口之差
	3.2 社会保障	医疗保险、养老保险、失业保险的覆盖率
科教文化	4.1 义务教育	小学师生比例
	4.2 科技创新	专利申请授权量（项/每十万人）
	4.3 公共文化	广播覆盖率和电视覆盖率
环境保护	5.1 环境保护	空气质量达到及好于二级的天数、生活垃圾无害化处理率

第三，公共文化服务指数。该指数由上海师范大学都市文化研究中心、上海高校都市文化E-研究院在2011年首次编制而成。该指数包含"公共文化投入""公共文化机构""公共文化活动"及"公共文化享受"四个一级维度，共38个二级指标。指数运用多元统计分析（Multivariate Statistical Analysis）中比较常用的主成分分析法，对指标各个变量进行适当的组合。在进行主成分分析计算之前，对各个变量的观测数据进行了"中心标准化"处理，使得各个变量都变成了无量纲单位的变量，样本均值都等于0，样本标准差都等于1，保证了公共文化各指数等级排序的合理性。在2012年、2013年，研究中心还不断完善指数体系，在2013年《中国公共文化服务发展报告》中，对"公共文化投入""公共文化机构""公共文化产品""公共文化活动""公共文化队伍""公共文化享受"6个一级指标和"文化事业费占财政支出比重"等58个二级指标分析进行排序。

该指数从不同方面反映了各省市自治区公共文化服务的投入状况、规模和服务质量，并对全国31个省市自治区公共文化服务水平的总量与人均进行了排序，对投入与产出绩效进行了排序，较客观合理地反映了全国31个省市自治区的公共文化服务体系建设的现状及其特点。此外，报告还新增了"公共文化服务核心指标分析排序",从二级指标中选取"人均文化事业费""每万人公共图书馆建筑面积"等20个核心指标进行分析。该研究中心对于数据信息的深度挖掘,为今后相关领域的公共服务绩效实证分析提供了新的思路。

(三) 国内体育领域公共服务绩效评估研究现状

近年来,随着我国经济、社会发展取得巨大成就,居民生活水平不断提高,社会不公平现象也日益突出。当前,在体育领域,尤其是群众体育领域,区域(中东西部)间、地域(城乡)间、体育人口结构上(性别、年龄、受教育程度等)发展的不均衡、不公平的现象依然存在[①]。因此,面对社会公平正义的时代议题,在群众体育资源极化不断加剧的背景下,国内学者基于社会公平正义理念对体育领域公共服务绩效评估的研究也日益增多。为了解国内学术界关于体育领域公共服务绩效评估的研究共识、分歧和不足,笔者对现有文献进行了梳理和总结。

从论文发表的数量看,从2005年到2017年3月20日,在中国知网以"公共体育绩效评估"为主题搜索到的论文为204篇,论文数量虽在不同年份有所波动,但总体来看,依然呈逐年度递增趋势(见图1-1)。特别是2015年,作为国家基本公共服务体系"十二五"规划的收官之年,有关体育领域的公共服务绩效评估研究成果达到顶峰,数量为44篇。可以预测,随着《全民健身计划2016—2020年》和《健康中国2030规划纲要》的颁布实施,政策文件中对加强体育、卫生、医疗健康等领域的公共服务过程监督以及绩效评估要求的明确,未来"十三五"时期,有关体育领域的公共服务绩效评估研究成果还会继续增加。

---

① 常毅臣、魏争光:《我国群众体育发展失衡的主要原因与对策研究》,《西安体育学院学报》2007年第5期。

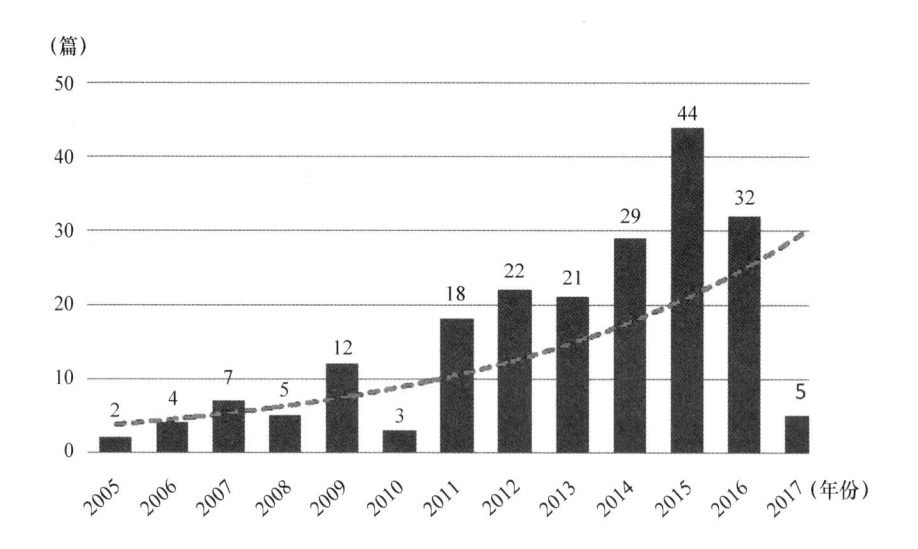

图 1-1 以"公共体育绩效评估"为主题发表的论文
（2005 年 1 月—2017 年 3 月）

从研究主题看，随着西方一般政府公共服务绩效评估理论模型的引入和逐步本土化，国内学者开始借助这些模型分析体育问题，使体育领域的公共服务绩效评估研究很快进入应用层面。目前的研究主要导向三个方面。

第一，体育领域公共财政绩效评估。余平最早运用 DEA 方法评估分析了 2003—2008 年间我国体育财政的整体投入效率。随后，邵伟钰[①]选取我国大陆除西藏以外 30 个省（自治区、直辖市）作为样本，考虑群众体育财政投入产出时滞性，运用数据包络分析方法的 CCR、BCC 和 SE-DEA 模型对 2011 年我国地方群众体育财政投入效率进行了分析评价，将群众体育事业支出、群众体育事业支出占体育事业支出比重、社会体育指导员、体育社团、综合运动项目组织

---

① 邵伟钰：《基于 DEA 模型的群众体育财政投入绩效分析》，《体育科学》2014 年第 9 期。

数、单项运动项目组织数、体育俱乐部作为研究测量的指标项。郑娟[①]打破了单从群众体育、竞技体育或者体育产业的某一方面衡量财政投入绩效的视阈限制，运用数据包络分析方法整体考察了公共财政支出在全民健身、竞技体育与体育产业的综合表现。

第二，公共体育资源配置绩效评估。唐晓辉[②]等人采用系统分析法以及专家咨询法构建了包含3个一级指标、7个二级指标、19个三级指标的城市社区公共体育资源配置的政府绩效评价体系。研究将城市社区公共体育资源配置分为物力、人力、文化资源的配置，最后利用该指标体系对山东省临沂市兰山区某社区公共体育资源配置进行了评价和验证分析。此外，学者们还将关注点放在了对公共体育设施的绩效评价上，张大超[③]等人运用德尔菲法及层次分析法等方法，构建了我国公共体育设施发展水平评估指标，其中包括2个一级指标、8个二级指标及47个三级指标。值得肯定的是，该研究借鉴发达国家经验，依据中国国情，对我国体育设施从等级层次、功能及使用方式三个方面进行了分类。依据等级层次，体育设施分为：国家级体育设施；省、自治区及直辖市级体育设施；地市级体育设施；县城级、城市区级、俱乐部级、城市特定区域级体育设施；"城市社区、农村乡镇、自然村"体育设施。这种划分为体育设施的绩效评估提供了新思路。唐立成[④]等人则引入公共体育场馆服务管理绩效评估的概念，探讨了公共体育场馆服务管理的绩效评估的模式及对策，认为公共体育场馆服务管理实施绩效评估的流程包括：设定绩效评估目标；选择评估方法；构建KPI评估指标体系；实施绩

---

① 郑娟：《基于DEA方法的体育公共财政支出效率分析》，《重庆行政》2015年第12期。
② 唐晓辉、李洪波、孙庆祝：《城市社区公共体育资源配置的政府绩效评价体系研究》，《天津体育学院学报》2012年第5期。
③ 张大超、李敏：《我国公共体育设施发展水平评价指标体系研究》，《体育科学》2013年第4期。
④ 唐立成、唐立慧、王笛：《我国公共体育场馆服务管理绩效评估模式与对策研究》，《北京体育大学学报》2010年第1期。

效评估。他还指出要对公共体育场馆服务管理绩效进行全方位的评估，对员工进行评估要从各个角度进行，力图使评估结果客观、全面，角度可以包括员工的上级、下属、服务对象以及被评估人自己等。

第三，体育领域公共服务整体绩效评估。笔者对相关文献进行了搜集、整理和归纳（见表1-6），并按照体育领域公共服务绩效评估研究的发表时间将具有代表性的理论成果列举如下（见表1-7）。

表1-6 国内学者全民健身公共服务绩效评估相关研究文献信息分类

划分标准	文献类别
研究内容	政府公共体育财政绩效分析、政府公共体育资源绩效分析、公共体育服务绩效评估体系构建、居民参与体育运动绩效分析、全民健身服务满意度研究等
研究方法	简单比例分析、多元回归分析、"3E"评价法、标杆管理法、平衡记分卡、综合评估方法（层次分析法、数据包络分析法）等
研究范围	中央政府层级、地方政府层级（包括市、县、区）
研究地区	城市、农村

表1-7 国内学者体育领域公共服务绩效评估相关研究概览

作者	文章	研究方法	一级指标	文献来源	时间
周德书等	《小康地区全民健身服务体系检测的准则与方法》	层次分析法	1. 全民健身服务体系检测指标体系	武汉体育学院学报	2005年
董新光等	《农村体育评价指标体系的研究》	德尔菲法	1. 体育生活质量；2. 体育保障条件；3. 体育效益效果	体育科学	2007年
赵聂	《基于DEA模型的公共体育服务绩效评价研究》	数据包络分析和因子分析	1. 服务体系产出；2. 体育资源保障；3. 体育组织管理；4. 体育科技服务；5. 体育法治服务	成都体育学院学报	2008年

续表

作者	文章	研究方法	一级指标	文献来源	时间
张伟	《全民健身公共服务满意度测评与对策研究》	层次分析法和灰色聚类法	1. 体育健身服务预期；2. 体育健身服务质量；3. 公众健身感知价值	武汉体育学院学报	2011年
王景波等	《地方政府体育公共服务绩效评估指标体系的研究》	德尔菲法和层次分析法	1. 社会体育；2. 竞技体育；3. 体育科技；4. 学校体育	沈阳体育学院学报	2011年
宋娜梅等	《体育公共服务绩效评价：指标体系构建与评分计算方法》	层次分析法	1. 公共服务效能；2. 公众满意度；3. 公共服务投入度	体育与科学	2012年
郑家鲲、黄聚云	《基本公共体育服务评价指标体系的构建》	德尔菲法和量化评分法	1. 规章制度；2. 经费投入；3. 场地设施；4. 组织队伍；5. 信息宣传；6. 活动开展	上海体育学院学报	2013年
谢正阳	《全民健身公共服务评价指标体系探析》	德尔菲法和优序图法	1. 体育服务；2. 体育保障；3. 效益效果	体育与科学	2013年
张瑞林等	《基于平衡积分卡的全民健身公共服务绩效管理》	平衡积分卡	1. 公民；2. 财务；3. 内部管理；4. 学习与成长	成都体育学院学报	2013年
王梦阳	《政府公共体育服务满意度绩效评估指标的构建——以上海市为例》	因子分析法和结构方程模型	1. 公共体育场地设施；2. 体育活动；3. 体育组织；4. 服务效果	体育科学	2013年

续表

作者	文章	研究方法	一级指标	文献来源	时间
卢跃东	《基于公众满意度的公共体育服务绩效实际测评、影响因素及优化路径研究》	因子分析法和回归分析法	1. 服务规模；2. 服务质量；3. 服务效率；4. 服务效果	上海体育学院博士学位论文	2013年
林铟琳	《天津市全民健身公共服务动态监测指标体系的研究》	德尔菲法	1. 场地；2. 组织；3. 活动；4. 政策法规；5 资金来源；6. 舆论宣传；7. 评价监督；8. 信息服务；9. 科学研究；10. 志愿服务和社会体育指导员	天津体育学院硕士学位论文	2014年
袁春梅	《我国体育公共服务效率评价与影响因素实证研究》	数据包络法和Tobit模型	1. 投入指标；2. 产出指标	体育科学	2014年
戴健[①]、沈佳	《我国公共体育服务绩效考核体系构建与运行初探》	德尔菲法	1. 投入类指标；2. 产出类指标；3. 效果类指标	中国群众体育发展报告（2014）	2014年
韦伟、王家宏	《我国公共体育服务绩效评价体系构建及实证研究》	德尔菲法和主成分分析法	1. 资源利用；2. 效益	体育科学	2015年

通过表1-7列出的近年来我国体育领域公共服务绩效评估的相关文献，可以管窥学术界在该研究领域的动向和特征。

首先，从研究方法上看，体育领域公共服务整体绩效评估对研

---

① 戴健、沈佳：《我国公共体育服务绩效考核体系构建与运行初探》，转引自刘国永等《中国群众体育发展报告（2014）》，社会科学文献出版社2014年版，第28—46页。

究规范性的关注越来越多,研究开始在技术、方法和工具上不断创新。除传统德尔菲法、层次分析法和平衡积分卡法外,学者们开始采用模糊 DEA 模型、Tobit 模型以及结构方程模型等开展绩效评价。评估方法的日趋多元化、技术化也为评估主体在具体绩效评估实践中提供了更多的选择。这种现象也在一定程度上反映了当前我国体育领域公共服务的供给水平已经成为体育部门决策者以及公众舆论的焦点。绩效评估作为一种高度实践性工作,需要依赖科学的技术和方法来检验体育领域公共服务的规模和质量。

其次,从研究内容上看,学者们开始越来越多地将公众对体育领域公共服务的主观评价纳入到指标体系之中,即以公众满意度指标为代表的感知绩效信息逐渐开始占据重要位置。这是因为一方面,学者们开始意识到随着巨额财政资源向公共体育服务领域投入以及我国群众体育事业的不断改善,公众对体育领域的公共服务的关注早已不再停留于投入统计等冰冷生硬的指标,转而关注与自身运动环境、体育福利等息息相关的微观问题。另一方面,从公共行政学和公共管理学的逻辑视角分析,政府绩效评估本质上就应该是一种主观评价,是公民对于政府提供公共体育服务表现的综合评价,是公众表达体育利益主张和参与地方体育治理的一种重要途径。例如,曹可强[1]等就强调在公共体育服务机构建立内部评价与外部评价相结合的重要性,并认为应该以外部评价为重点,通过对体育主管部门的职能、规划、项目、组织能力、绩效、群众参与度和服务满意度等指标的评估,达到公共体育服务绩效评估的组织执行力和社会公信度。

再次,从绩效评估主体和绩效评估实践来看,第三方评估开始成为体育领域公共服务绩效评价的新常态,这也是体育行政部门创新体育治理的表现。"上海体育学院公共体育服务发展研究中心"作为全国该领域第三方评估机构的主要代表,在 2015 年如期完成了全

---

[1] 曹可强、俞琳:《公共体育服务体系构建、机制创新与制度安排》,北京体育大学出版社 2013 年版。

国《全民健身计划（2011—2015 年)》实施效果的评估工作。其中包括全国各省、各地市、各区县逐级开展《全民健身实施计划》（以下简称《计划》），各级"政府主导"实施《计划》，中央、国务院相关部委、总局系统相关部门"部门协同"实施《计划》，"全社会共同参与"实施《计划》以及社会对《计划》实施的满意度效果评估等多份报告。在实施满意度调查时，中心采用了国外前沿的FIT 体育锻炼模型进行分析，并构建了全民健身公共服务满意度评估模型（见图 1-2），科学量化的评估手段为我国百姓健身锻炼打下

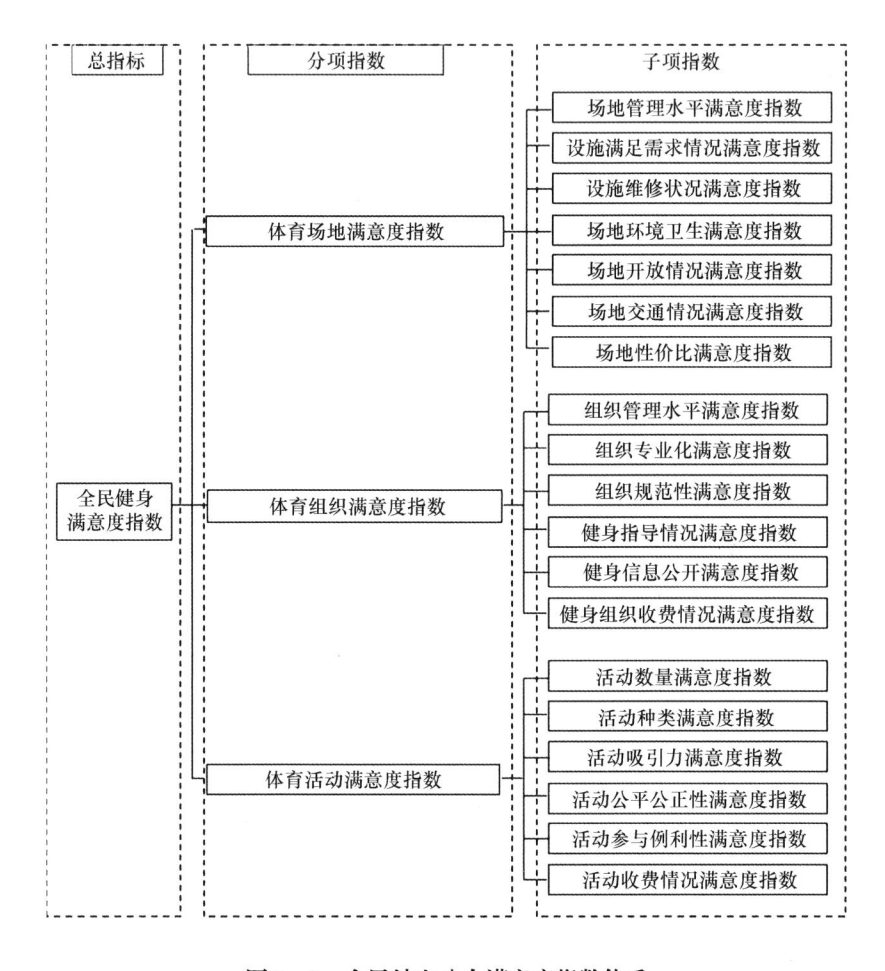

```
总指标                分项指数                 子项指数
                                         ┌─ 场地管理水平满意度指数
                                         ├─ 设施满足需求情况满意度指数
                                         ├─ 设施维修状况满意度指数
                     体育场地满意度指数 ──┼─ 场地环境卫生满意度指数
                                         ├─ 场地开放情况满意度指数
                                         ├─ 场地交通情况满意度指数
                                         └─ 场地性价比满意度指数

                                         ┌─ 组织管理水平满意度指数
                                         ├─ 组织专业化满意度指数
全民健身                                 ├─ 组织规范性满意度指数
满意度指数 ─────────  体育组织满意度指数 ──┼─ 健身指导情况满意度指数
                                         ├─ 健身信息公开满意度指数
                                         └─ 健身组织收费情况满意度指数

                                         ┌─ 活动数量满意度指数
                                         ├─ 活动种类满意度指数
                     体育活动满意度指数 ──┼─ 活动吸引力满意度指数
                                         ├─ 活动公平公正性满意度指数
                                         ├─ 活动参与例利性满意度指数
                                         └─ 活动收费情况满意度指数
```

图 1-2　全民健身公众满意度指数体系

了基础，为我国全民健身的未来发展提供了具有前瞻性、科学性与可操作性的决策支撑。此外，在评估过程中，中心联合国家体育局群体司共同研制了《〈全民健身计划〉实施情况评估标准》①，其中包括 8 个一级指标、20 个二级指标（主要内容见表 1-8）。遗憾的是，该指标体系忽视了体育行政部门工作努力程度、地区差异等因素，并且各个指标没有进行权重系数的确定，在一定程度上影响了后期评估结果的准确性和灵活性。

表 1-8　　　　《全民健身计划》评估核心指标数据汇总

一级指标	二级指标
体育锻炼参与率	1. 经常参加体育锻炼人数比例
身体素质	2.《国民体质测定标准》总体合格达标率
	3. 学生《国家学生体质健康标准》优秀达标率
健身设施	4. 人均体育场地面积
	5. 县（区）全民健身活动中心数量及比例
	6. 城市街道室内外健身设施数量及比例
	7. 农村乡镇体育健身中心数量及比例
	8. 行政村农民体育健身工程数量及比例
	9. 公共体育场馆数量及开放率
	10. 学校体育设施数量及开放率
体育组织	11. 县及以上地区体育总会
	12. 全民健身站点数
	13. 每万人体育社会组织数
健身指导	14. 每千人公益社会体育指导员比例
	15. 每年接受体质测试人数
体育活动	16. 定期举办县级以上全民健身运动会
组织保障	17. 全民健身发展纳入政府工作报告

---

① 国务院：《关于印发〈全民健身计划（2011—2015 年）〉实施情况评估标准（试行）的通知》，2011 年 7 月 11 日，http://www.sport.gov.cn/n16/n33193/n33208/n33418/n33598/2046496.html，2011 年 7 月 21 日。

续表

一级指标	二级指标
	18. 全民健身经费纳入财政预算报告
	19. 全民健身设施纳入国民经济和社会发展规划
经费支持	20. 群众体育人均事业经费

此外，近年来"上海全民健身300指数"也运用第三方评估的形式，充分发挥科研院校在数据挖掘、评估模型构建方面的优势，在借鉴英国、美国等国家大众体育服务供给和百姓健身需求情况的调查内容、指标体系、调查方式、方法和结果使用等内容的基础上，构建了包含健身环境、运动参与、体质健康发展三项一级指标的全民健身发展指数（见图1-3），每项指数满分均为100分，故又称为"300指数"。该指数包括综合指数、综合指数变化度、单项指数以及单项指数变化度四个评估类型。在此基础上，首次在全国以新闻发布会的形式向社会连续公开发布了《2012年上海市全民健身发展公告》《2013年上海市全民健身发展公告》《2014年上海市全民

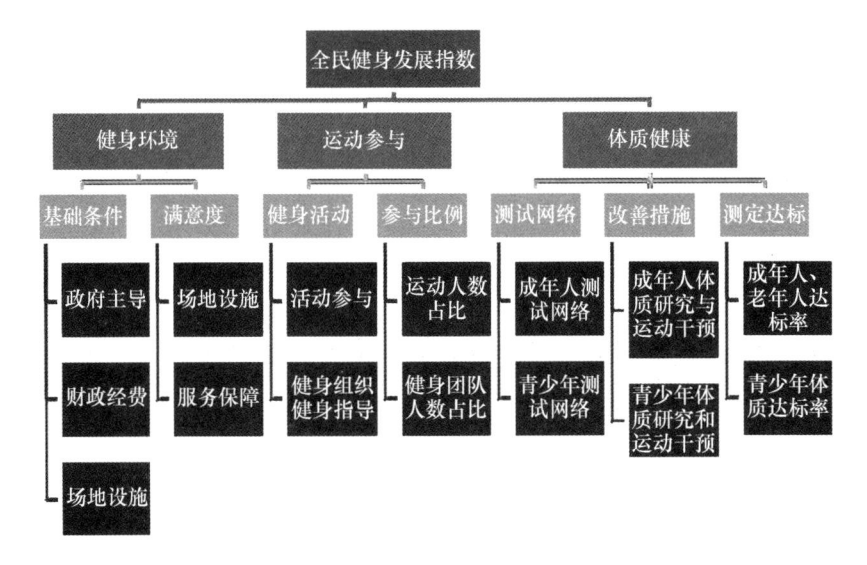

图1-3　上海市全民健身发展指数评价体系

健身发展公告》以及《2015年上海市全民健身发展公告》。可见，当前第三方机构绩效评估已经成为提高体育行政部门服务绩效和政策落实的利器，它克服了体育行政部门内部评价双重角色的矛盾，能够倾听和回应老百姓有关全民健身的意见和建议，推进体育行政等相关部门更全面地履行社会责任，与社会各方创造合作共赢的公共体育事业的良好局面。

三 相关研究文献述评

目前国内学者在体育领域进行了诸多公共服务绩效评估的探索和实践，取得了丰硕的成果，也积累了一定的经验。但从总体上说，我国在体育领域的公共服务绩效评估工作无论在理论还是在实践上都还不够成熟，尚处在探索起步阶段，还存在不少问题，主要有以下几个方面。

第一，伴随体育领域公共服务绩效评估实践的发展和需要，国内相关绩效评估研究已进行了十余载，每年的著作、论文大量涌现。但是，相关研究经历过雨后春笋般的急速扩张之后，研究普遍存在着一些相似性问题，且缺乏创新思维。我们发现当前的国内学者们似乎陷入了"自说自话"的泥潭，研究者之间对体育领域公共服务绩效评估指标的认同度非常低。此外，这一领域的研究状况参差不齐，能够获得普遍认同的研究范式与体系尚待形成，研究缺少对话与争论。这在一定程度上与国家层面建立起统一的战略规划、绩效计划和绩效报告制度框架有很大关系。

第二，目前在体育领域，公共服务绩效评估模式依然呈现出以结果为导向、注重投入和产出、成本与效益分析的客观测量模式。虽然目前强调满意度调查等软性指标的公众主观评价模式也开始逐渐增多，但所占比例还相对较低，将两种模型相结合的研究更是屈指可数。学术界对于两种评价模式冲突的争论在其他领域已经开始逐渐增多，但是在体育领域还没有针对具体问题进行过探讨。因此，只有通过对二者创新性地合理安排，方能在体育领域公共服务绩效评估理论和实践中取得创新和突破。

第三，现有文献对体育领域公共服务的绩效评估维度很少论及，尽管已有学者开始利用结构方程等模型对体育领域公共服务各要素、各维度的相关关系进行探讨，但由于目前学术界对于我国体育领域的公共服务现象的指称问题还没有达成共识，理论研究中"全民健身公共服务"和"公共体育服务""体育公共服务""基本公共体育服务"等相关术语依然存在着严重的混用现象、体育领域公共服务的要素构成尚无公认的权威标准，多数研究还是按照体育领域公共服务的内容分类进行维度划分，仅仅是若干指标的随意堆砌或简单罗列，使得同维度之间、上级指标与下级指标之间的关系往往没有形成一致的逻辑，在一定程度上割裂了维度之间的潜在关系。这不仅加剧了绩效评估的难度，降低了绩效评估的准确度，更直接限制目前我国公共体育事业发展改革的有效性以及理论研究的精准性。

第四，当前我国经济社会发展日新月异，加上"全面建设小康社会"和"健康中国"建设目标的提出，国家对体育领域公共服务事业的发展赋予了新的时代使命。现今无论是体育领域公共服务的供给方式还是公众对于公共服务质量的预期和感知都发生了前所未有的变化。而现有部分研究所构建的指标体系已经不足以反映当前新形势下体育领域公共服务的现状和特征，因此相应的绩效评估指标也要与时俱进，不断确定新的评价标准并逐步完善，将更多能反映体育领域公共服务改革动态的指标纳入到新的评估体系之中，如当前研究所忽视的体育组织和个人工作绩效指标、地区经济、人口和体育资源禀赋指标、公共服务过程管理绩效指标、公共服务均等化指标、公共服务市场化供给率绩效指标以及公众参与供给公共服务程度等。

第五，从评估方法上看，虽然国内对于体育领域公共服务绩效评估的模型构建和应用研究逐渐增多，但大多还停留在理论研究上，操作性、应用性较差，公众对于绩效评估的辨识性、理解性和关注度都较低，真正被体育主管部门用于公共服务绩效考核的模型还为数不多。除了目前已经运用到的方法外，基于指数的比较绩效测量（comparative performance measurement）的评估模式在体育领域的公共服务绩效评价中还较少使用。全国在体育领域的公共服务工作领域也仅有上海发布了全民健身300指数公告。因此，学习和借鉴国内外其他领域公共服务指数测量的经验和做法，总结出关于体育领域公共服务绩效指数评估的一般方法，并以"指数"的表达方式反映当前我国体育领域公共服务绩效现状，对于提高现有研究的实用性、可读性有极大的理论和现实意义。诚如学者周志忍所说："绩效管理研究需要平实的学风，绩效管理研究要立足实践，而且非常有必要推动研究的细化、专门化与深入化。"①

综上所述，本书将借鉴国内外学者的研究成果，在重新审视全民健身公共服务的基本内涵和时代特征和清晰把握全民健身公共服务的所涵盖的内容及范畴的前提下，对体育领域影响公共服务绩效的相关因素进行归纳总结，拟构建和开发一套"全民健身公共服务绩效评估模型"，不仅考量实际提供的全民健身公共服务对基本公共体育服务覆盖范围的充分程度，公共体育组织和社会体育组织在关键环节的衔接、配合和主观努力程度，而且还考量实际提供水平相对公众全民健身需求的实现程度。

第四节　研究方法与技术路线

一　研究方法

本书在对以上内容进行研究的过程中，拟采用以下研究方法：

（一）规范研究方法

本书的规范研究主要回答地方政府全民健身公共服务绩效"如

---

① 周志忍：《我国政府绩效管理研究的回顾与反思》，《公共行政评论》2009年第1期。

何评估"的问题，在研究过程中，研究者的价值判断一直贯穿始终。通过理论解释、逻辑演绎以及数理推导等具体操作方法，提出全民健身公共服务绩效评估的标准和内容。地方政府全民健身公共服务绩效评估模型的构建是我国群众体育事业历史发展的客观过程，其中，人们的价值判断和追求也随着我国经济、政治、文化和体育的不断发展而应有所改进。

为此，在研究过程中，不仅要通过图书馆、互联网等多种途径查阅国内外相关文献和专著，了解地方政府全民健身公共服务绩效评估的理论构建、国内外大众体育健身服务绩效评估研究进展，而且要通过对地方政府全民健身公共服务领域的专家进行深度访谈，对目前地方政府全民健身公共服务发展内涵和目标、全民健身公共服务绩效评估实践中存在的问题以及绩效评估的事实及评估的原则与程序做出独立的判断，进行规范性的分析和探讨。

（二）实证研究方法

本书的实证研究主要回答地方政府全民健身公共服务绩效评估"应该是什么"的问题。它主要强调对当前我国地方政府全民健身公共服务绩效现状的考察、度量和描述，是运用定量分析方法，从数理统计的角度实证检验本书构建的全民健身公共服务绩效评估模型的科学性、客观性和合理性。这也是本书的核心问题，通过运用实证研究方法，欲证明地方政府全民健身公共服务绩效评估模型的构建并不是一个凭空捏造的抽象概念，而要在实践运用中不断完善和发展，是具有较强操作性和目的性的经验结晶。

（三）其他具体研究操作方法

1. 文献研究法

根据研究需要，本书主要参考国内外有关公共行政、公共管理、公共服务、大众体育服务、政府绩效、绩效评估、全民健身公共服务等方面的图书和期刊文献，对全民健身公共服务绩效评估的相关理论进行查阅和整理提炼，为本书的绩效评估模型构建过程中的价值判断确立、内容变量选择、假设关系提出、实证结果分析提供全面的理论支撑。文献资料主要来源于：（1）电子数据库，如中国知网，重庆维普，国外期刊网；（2）政府管理相关部门的网站：如国家统计局、国家体育总局、国家政府网等；（3）公共行政学、公共管理学、政府绩效评估等领域的图书资料。

  此外，笔者充分搜集各种调查报告、文献档案、政府工作报告、群众体育发展报告，对资料的处理方法具体包括以下几种。一是对2011—2015年全国全民健身公共服务绩效评估报告的研读。目前，本书已经初步掌握了"十二五"期间全国全民健身公共服务绩效评估的核心内容资料，在此基础上，笔者将进一步通过调查，获取未来全国全民健身公共服务绩效评估工作的重点内容信息。二是对英国、美国、澳大利亚、日本等西方国家的大众体育服务绩效评估文献进行全面搜集和整理，了解国外大众体育健身与绩效评估情况。三是对北京、浙江、江苏、山西、上海、四川、湖南等国内部分省市进行实地调查，了解上述省市的全民健身公共服务实施情况及对未来全民健身公共服务工作的构想。

2. 专家咨询法

  首先，笔者利用参与"十三五"时期《全民健身计划（2016—2020年）》实施效果评估相关工作的机会，对全民健身公共服务领域的知名专家进行访谈，同时对国家体育总局群体司有关部门领导进行访谈，以进一步明确未来我国全民健身公共服务发展的中长期目标、我国全民健身公共服务的政策目标以及专家们对未来我国全民健身公共服务绩效评估的建议。

  其次，本书在文献研究基础上，与20位国内全民健身公共服务领域的专家取得联系，并与各位专家进行交流沟通，在听取专家意见和建议之后初步设计了地方政府全民健身公共服务绩效评估模型的测量量表。随后，通过邮件、电话、微信等手段向专家发放地方政府全民健身公共服务绩效评估模型的量表咨询问卷，并对回收的咨询问卷进行分析，再对初始量表进行整理和修订。

3. 问卷调查法

除给20位国内全民健身公共服务领域的专家学者发放问卷，本书还主要对不同地区的普通居民进行了问卷调查。调查过程分问卷前侧和正式问卷发放两个阶段：第一阶段，笔者选取上海市杨浦区、虹口区、黄浦区、浦东新区以及宝山区五个地区，采取分层均匀抽样的方法在每个地区发放问卷50份，共计250份。通过问卷前侧的数据结果，对问卷进行信度和效度分析，进一步修改和调整问卷量表。第二阶段，笔者选取我国东部、西部、中部和东北部不同地区的12个省市进行正式问卷发放，同样采用分层、随机便利抽样的方法合计发放问卷2400份，为本书提出的地方政府全民健身公共服务绩效评估模型的实证检验提供数据支撑。具体问卷调查进度见表1－9。

表1－9　　地方政府全民健身公共服务绩效评估研究问卷调查流程

调查内容	进度时间
初始测量题项的确定	2015年9月—2016年7月底
初始问卷的制定	2016年7月—2016年8月中旬
初始问卷的专家修订	2016年8月中旬—2016年10月初
初始问卷的预调查	2016年10月初—2016年11月底
问卷前侧的信度、效度分析	2016年11月底—2016年12月中旬
正式问卷的发放	2016年12月中旬—2017年2月中旬
正式问卷的回收	2017年2月中旬—2017年2月底
正式问卷的审核和复核	2017年3月1日—2017年3月15日
正式问卷的编码录入	2017年3月18日—2017年3月25日
正式问卷的整理与统计分析	2017年4月—2017年5月

4. 数理统计法

在数据分析上，主要采用定量分析和定性分析相结合的方法。其中，统计分析是本书进行定量分析的基本工具，本书将对专家访谈及实地调查所获得的各种数据进行统计分析。

首先，运用SPSS统计分析软件，对初始问卷的预调查结果中的调查对象进行描述性统计,此外还对地方政府全民健身公共服务绩效结构要素量表和绩效影响因素量表的信度和效度进行分析,主要分析软件工具是 SPSS19.0。

其次,运用 AMOS20.0 结构方程模型分析软件,对"地方政府全民健身公共服务绩效结构要素与影响因素关系路径模型"进行适配度检验,进而对地方政府全民健身公共服务绩效影响因素与结构要素之间的路径关系进行探讨。

二 技术路线

从研究方法的角度来分析,技术路线是引导本书从选题、构思得出科学结论的总体性研究规划,本书所采用的基本技术路线可以归纳为图 1-4:

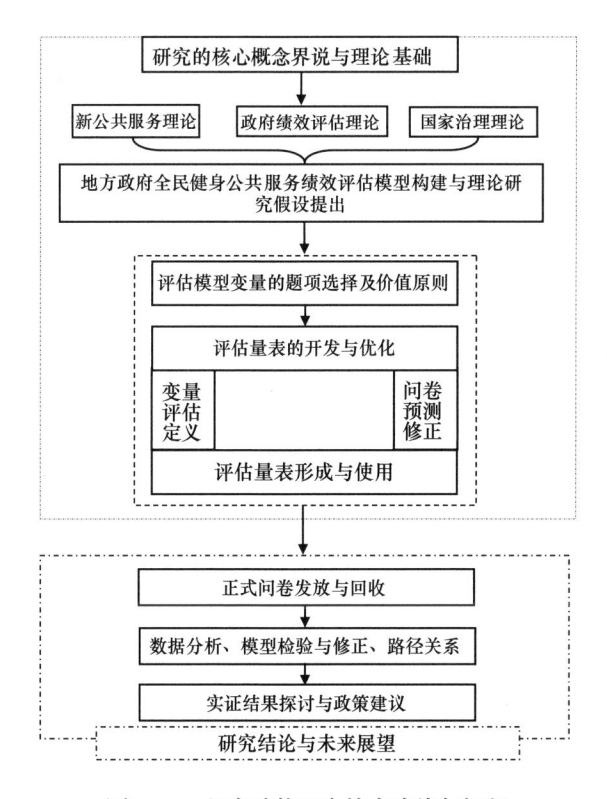

图 1-4 研究总体研究技术路线与框架

第五节 研究内容与创新之处

一 研究内容

本研究拟回答以下问题。

1. 在"健康中国"建设和"全面建成小康社会"的宏观社会背景下,对新时期我国全民健身公共服务的内涵和发展目标会有哪些新的理解?

2. 构建全民健身公共服务绩效评估模型,应遵循哪些基本原则,又有哪些特殊原则?在具体操作时,如何确定我国地方政府全民健身公共服务绩效应涵盖的内容和范围?

3. 选择什么统计方法、运用什么数据处理软件能够增强所要构建的全民健身公共服务绩效模型的科学性、客观性、合理性?

4. 如何选择全民健身公共服务绩效评估模型的实证应用研究的对象、如何选择合适的样本,从而保证数据来源的可获得性和可操作性?

此外,本研究主要涉及三个主要议题:

1. 地方政府全民健身公共服务绩效评估的理论模型构建。在论证构建全民健身公共服务绩效评估模型的必要性与可行性的基础上,确立地方政府全民健身公共服务绩效评估理论模型构建的基本原则,通过问卷调查和数理统计对地方政府全民健身公共服务绩效的评估指标进行筛选、优化、组合。以模型构建的思想维度和价值取向作为变量选取依据,构建了地方政府全民健身公共服务的评估的初始概念模型,提出了对应的研究假设。为了保证实证研究的严谨性,论文对所有的变量都进行了概念解释,并对量表的来源情况进行了说明。

2. 地方政府全民健身公共服务绩效评估理论模型的实证检验。本研究的实证调查过程,经历了样本选取、问卷搜集、数据描述性统计、信度效度分析、探索性因子分析和验证性因子分析等程序，得到地方政府全民健身公共服务绩效的主要构成要素和影响因素，并对各个要素之间关系的影响路径进行了分析和解释。

3. 在进行实证分析的基础上，了解和掌握地方政府全民健身公共服务绩效水平现状，对现行全民健身公共服务绩效问题进行现实反思，针对影响和制约地方政府全民健身公共服务绩效水平高低的关键因素，提出未来提升全民健身公共服务绩效水平的路径措施。

二　可能的创新之处

本书构建了地方政府全民健身公共服务绩效的评估模型，对绩效的构成要素和关键影响因素的作用机理进行了评价和解释，并据此提出了有效提升地方政府全民健身公共服务绩效的措施路径，具有一定的实践意义和理论价值。本书可能的创新之处如下。

1. 为全民健身公共服务绩效评估赋予了新的时代内涵。现有文献对体育领域公共服务的绩效评估维度论及很少，尽管已有学者利用结构方程等模型对体育领域公共服务各要素、各维度的相关关系开始进行探讨，但由于目前学术界对于我国体育领域的公共服务现象的指称问题还没有达成共识，理论研究中"全民健身公共服务"和"公共体育服务""体育公共服务""基本公共体育服务"等相关术语依然存在着严重的混用现象、体育领域公共服务的要素构成尚无公认权威的标准，多数研究还是按照体育领域公共服务的内容分类进行维度划分，仅仅是若干指标的随意堆砌或简单罗列，使得同维度之间、上级指标与下级指标之间的关系往往没有形成一致的逻辑，在一定程度上割裂了维度之间的潜在关系。这不仅加剧了绩效评估的难度，降低了绩效评估的准度，更直接限制目前我国公共体育事业发展改革的有效性以及理论研究的精准性。本书结合"健康中国"战略背景，重新明确了新时期我国全民健身公共服务基本内涵和时代特征。

2. 将更多能够反映全民健身公共服务改革动态的指标纳入绩效

评估的理论模型之中。当前我国经济社会发展日新月异，加上"全面建成小康社会"和"健康中国"建设目标的提出，国家对体育领域公共服务事业的发展赋予了新的时代使命。现今，无论是体育领域公共服务的供给方式还是公众对于公共服务质量的预期和感知都发生了前所未有的变化。而现有部分研究所构建的指标体系已经不足以反映当前新形势下体育领域公共服务的现状和特征，因此相应的绩效评估指标也要与时俱进，不断确定新的评价标准并对其逐步完善。

3. 构建了地方政府全民健身公共服务结构绩效模型和影响因素关系模型。本书创新性地提出地方政府全民健身公共服务的结构绩效由服务效率、服务质量、服务民主性和服务回应性四个维度构成，并以量化和指数的形式分析了当前地方政府全民健身公共服务总体的绩效水平现状。此外，研究还分析了组织协调、财政支出、设施配置、政策执行和信息技术能力五个因素对地方政府全民健身公共服务绩效的影响。针对目前研究或只分析影响因素、或只讨论绩效构成的现状，本书将理论模型进一步丰富和拓展，具有一定的开拓性。

第二章

地方政府全民健身公共服务绩效评估的内涵阐释与理论基础

在地方政府全民健身公共服务绩效评估模型的构建过程中，存在着几个方面的问题：一是对全民健身公共服务绩效评估的范围框定，在很大程度上决定了全民健身公共服务绩效评估方法的选择以及评估内容的广度和深度；二是国内理论界对全民健身公共服务概念的不同理解，导致全民健身公共服务绩效评价的范畴和边界模糊；三是关于"政府绩效"概念标准与研究要构建的"绩效评估模型"的实际差异问题。因此，要明确概念和内涵是问题研究的逻辑起点，是研究和论证的基本单位，把握和了解相关重要概念对研究十分必要。

第一节 核心概念界定

一 地方政府：全民健身公共服务绩效评估的政府层级限定

地方政府（Local Government）在传统政治学概念中，主要与中央政府相对。地方政府是指具有一定管辖区域和范围，并在自己管辖区域和范围内行使有限权力的行政主体①。不同的政治体制和国家意识形态下，地方政府的职责和功能也不尽相同。在我国，地方政府存在四种不同层级形式，从最上位到最基层依次为：省级政府、（市）区级政府、县级政府以及乡镇政府。政府的概念，可以从广义和狭义两个层面去理解。广义的政府包括国家立法机关、行政机关和司法机关以及国家元首等多个机构，与国家的含义相当。狭义的政府，指国家权力机关的执行机关，即国家行政机关，例如我国的国务院（中央人民政府）和地方各级人民政府②。本书对于"地方政府"的理解，采用《现代汉语词典》和我国宪法对于地方政府的界定，指地方各级行政机关。

具体到本书所研究的全民健身公共服务领域，由于计划经济体制下形成的"举国体制"所带来的制度惯性，地方体育主管部门仍然掌握着大量的全民健身公共服务资源，是供给全民健身公共服务的责任主体。因此，本书中地方政府的概念更多地指向地方各级体育主管部门。但是，随着我国经济和社会的发展，在政府职能转变和建设服务型政府的目标驱使下，全民健身公共服务治理也出现新形态，政府部门间的协同、合作成为当前全民健身公共服务改革的重要趋势。有鉴于此，本书的地方政府是一个以"地方各级体育主管部门（体育局）为主、其他地方政府部门（如地方教育局、财政局、卫生局、旅游局等）为配合的部门构成"的概念。

二 全民健身公共服务：基本内涵和时代特征

对"全民健身公共服务"的内涵理解直接决定着地方政府全民健身公共服务绩效评估的广度和深度，正确把握国家"健康中国"战略背景下"全民健身公共服务"被赋予的新型时代特征，才能合

---

① 潘心纲：《地方政府公共服务合作治理研究——以武汉城市圈为例》，博士学位论文，武汉大学，2013年。

② 中国社会科学院语言研究所词典编辑室：《现代汉语词典》（第6版），商务印书馆2012年版，第1664页。

理确定绩效评估的步伐与节奏，进而使地方政府全民健身公共服务绩效评估工作更合乎实际。

（一）"全民健身公共服务"的基本内涵

第一，"全民健身公共服务"术语的诞生和演变。"全民健身"概念早在1987年就已提出，但是直到2011年，时任国家体育总局局长刘鹏在全国群众体育工作会议中提出要构建完善的全民健身公共服务体系，"全民健身+公共服务"才首次作为正式、官方的概念被使用。现有"全民健身公共服务"概念的提出并不是空穴来风，而是经过了将近30年的演变而不断"成长"的。通过整理相关政策文件和研究文献，发现它是由强调群众体育的"全民性"和"普遍性"的"全民健身"独立概念，逐渐过渡到注重群众体育的"服务性"和"保障性"的"全民健身+服务"结合概念，直到最终形成了关注群众体育的"公益性"和"公平性"的"全民健身+公共服务"复合概念，并最终得到了学界的认可。"全民健身公共服务"术语的演变，一方面是因为概念本身就是随着人的实践和认知的发展，处于运动、变化和发展的过程中；另一方面是因为政治、经济改革，政府公共管理理论研究的理论演化以及我国群众体育事业的不断发展，将人民的公共体育利益和需求推到了前所未有的高度，才会最终带来"全民健身公共服务"概念和理论的不断丰富和完善。

第二，"全民健身公共服务"的概念讨论。"全民健身公共服务"是具有中国特色的本土化术语，目前学术界对于"全民健身公共服务"这一术语的使用比较频繁，但对它的针对性界定还为数不多。虽然学者们都从各自不同的角度，给出了对于"全民健身公共服务"内涵的不同理解，但现有学者们对于"全民健身公共服务"概念的理解，达成了一定的共识：即从公共体育利益和公共体育需求的角度去理解其内涵。房斌[1]认为全民健身公共服务体系是指一个

---

[1] 房斌：《全民健身公共服务体系构建的发展路径及对未来发展趋势的探究》，《体育与科学》2011年第5期。

能够有效地满足广大群众日益增长的体育健身需求的保障系统，强调"政府领导、社会参与、市场运作"的供给模式。董新光也认可全民健身公共服务旨在不断满足城乡居民体育健身基本公共需求，保障全体公民公平享有法定体育健身权利，不同的是他强调了在提供体育健身基本公共产品和服务过程中均等化的重要性①。张瑞林②等也认为保障人民群众基本体育权益，满足日益增长的健身服务需求是全民健身公共服务的基本出发点，具有公平性、公益性和公共性的特征。最近的研究中，王莉等结合国家体育总局群体司的全民健身工作，采用文献资料法、专家访谈法以及实地调查法等方法，依托新公共管理理论，对全民健身公共服务体系的内涵构成及基本特征进行了深入分析。在文中她提出："全民健身公共服务是由政府提供的满足社会公众参与体育活动需要的基本公共体育服务。"③ 综上所述，"全民健身公共服务"中全民指称的就是全体公民，健身明确了公共服务的目的，公共服务揭示了公共性与公益性，即两者皆指向公共利益，具有公共性与公益性特征④。

第三，"全民健身公共服务"的范围框定。目前，学界对于"全民健身公共服务"覆盖范围的讨论依然热烈，但基本达成共识："全民健身公共服务"与"基本公共服务"之间应该是包含与所属的关系，认为"全民健身公共服务"的上位概念是"基本公共服务"。此种理解主要基于以下几点认识。

首先，从基本公共服务的内容看，一般性的基本公共服务是全民健身公共服务有效供给的基本保障。全民健身公共服务的有效供

---

① 董新光：《全民健身公共服务体系建设的几个问题》，《福州：2012 年全国群众体育工作会议暨群众体育干部培训班讲课稿》，2012 年。

② 张瑞林、王晓芳、王先亮：《我国全民健身公共服务体系动力机制建设》，《上海体育学院学报》2013 年第 1 期。

③ 王莉、孟亚峥、黄亚玲等：《全民健身公共服务体系构成与标准化研究》，《北京体育大学学报》2015 年第 3 期。

④ 肖伟、田媛、夏成前：《我国全民健身公共服务的发展困境及对策分析》，《河北体育学院学报》2015 年第 5 期。

给依赖于国家整体完善的基本公共服务和设施体系，如城市基础设施服务、公共健康与卫生服务、城市规划以及公共信息服务等。随着我国居民生活水平的不断提高，为居民休憩、游玩、观赏所提供的公共设施（如广场、公园、步道等）也经常为居民健身活动所使用。

其次，满足居民基本尊严（或体面）和基本能力的需求、保障居民的基本健康需要，是基本公共服务的特征①，而全民健身公共服务主要考虑的是我国群众体育发展状况，体现的也是全体居民的公共体育利益和需求。

最后，从服务的边界范围来看，体育行政部门的依赖性和关联性特征决定了全民健身公共服务在实施过程中的局限性，因而全民健身公共服务必须依赖一般基本公共服务的支持，需要协调体育主管部门与其他部门如财政部门、教育部门、卫生医疗部门、城市规划部门和公共交通部门的关系。此外，由于全民健身公共服务可在一定程度上弥补一般基本公共服务的不足，所以有关公共服务建设必须考虑全民健身公共服务的要求，在基本公共服务中体现体育的特殊性和全民健身的适应性。可见，全民健身公共服务是国家整体基本公共服务的一个重要组成部分，与其他领域的一般基本公共服务的关系既相互协调又互为补充。全民健身公共服务一方面是既有的、正常的基本公共服务为适应群众体育领域所提出的特殊要求而开展的服务过程；另一方面是为应对体育领域特定的服务对象（如老年人、青少年、女性和残疾人）所特别提供的、有针对性的公共服务和产品。所以说，全民健身公共服务是基本公共服务在群众体育领域的特殊体现，而一般基本公共服务是全民健身公共服务有效供给的保障和基础。

第四，"全民健身公共服务"相关概念的厘清。近年来，学术界

---

① 迟福林、方栓喜、匡贤明等：《加快推进基本公共服务均等化（12条建议）》，《经济研究参考》2008年第3期。

对于我国体育领域的公共服务现象的指称问题进行了诸多探讨。其中问题主要集中在"公共体育服务""体育公共服务"和之后出现的"全民健身公共服务"三个概念之间的辨析、认识和使用上。吕树庭、王菁[①]就专门针对这两个概念的使用进行了分析，并列举了两种具有代表性的观点：第一种以范冬云、刘亮等人为代表，认为"体育公共服务"才是唯一正确和规范的概念；第二种则是以肖林鹏、郇昌店等人为代表，认为"公共体育服务"无论在语义学还是习惯用法上都应该成为主流术语。文章还分析了两个概念的共同点和差异点，并提出了自己对于两个概念的使用倾向和未来概念使用的判断。在"公共体育服务"和"体育公共服务"概念的纷争还没有定论之时，"全民健身公共服务"这个新的概念的提出和使用，加剧了这场理论探讨的复杂程度。

"全民健身公共服务"与其他两个概念具有如下几个共同点：（1）都指向体育领域的公共服务内容；（2）都强调满足居民的公共体育利益和需求；（3）服务的对象都是全体社会居民；（4）提供服务的主体都是以体育行政部门为主导，以社会体育组织和市场中的体育企业为主要力量；（5）官方文件中，三个概念都被认可和被使用过。然而，根据现有相关文件和研究成果，可以发现"全民健身公共服务"这一概念不论在出现时间、内容分类还是边界范围上，都和"公共体育服务"和"体育公共服务"这两个概念有着确定的差异。可以说，"全民健身公共服务"概念的提出，更加具有针对性和指向性。首先，在概念和术语的出现和使用时间上，"全民健身公共服务"较其他两个概念是最晚使用的，"全民健身公共服务"是2011年出现的，而"公共体育服务"和"体育公共服务"分别是2007年和2002年出现的。其次，从内容和分类上看，无论是根据《北京市公共服务分类模型1.0》，还是陈振明《现阶段我国公共服

---

① 吕树庭、王菁：《体育公共服务，还是公共体育服务——概念间关系的梳理与辨析》，《广州体育学院学报》2016年第1期。

务二位动态分类框架》①，都将现有的"全民健身公共服务"划定为体育领域的基本公共服务，或者是体育领域的保障性公共服务，具体内容包括：国民体质监测、公共体育信息、满足人民群众体育需求、需要政府扶持的体育服务以及全民健身运动知识普及、体育锻炼标准制定和实施、体育指导员培训、公共体育社会设施建设和维护以及公众体育活动。王莉等人直接将全民健身公共服务定义为"由政府提供的满足社会公众参与体育活动需要的基本公共体育服务"②。可见，"全民健身公共服务"的逻辑起点更能体现我国群众体育基本需求，并且公平、平等、正义的价值取向更为明显。最后，从体育领域的公共服务边界和范围来看，也可以比较清晰地区分"全民健身公共服务"和其他两个概念。越来越多的学者认为"全民健身公共服务"应该仅仅指向体育领域中"群众体育"的公共服务内容，而不应该包括竞技体育和体育产业领域的公共服务要素（如制度、政策等）。而竞技体育和体育产业领域的公共服务要素则是"公共体育服务"或"体育公共服务"中不可缺少的组成部分。从某种意义上讲，"公共体育服务"或"体育公共服务"的内涵和外延应该比"全民健身公共服务"更加宽泛，指向领域更加广阔。

　　此外，本书对于全民健身公共服务的理解，不仅吸收了国内现有研究对于全民健身公共服务概念所达成的共识，即对其核心、目的、服务对象以及服务方式、服务内容的理解，而且还着重强调全民健身公共服务环境基础，即考虑全民健身公共服务与经济社会指标的相关性，更加关注全民健身公共服务的过程管理。只有依赖于对公共服务过程内部规律性的深刻认识，才能进一步剖析全民健身公共服务的绩效评估情况。

---

　　① 陈振明：《公共服务导论》，北京大学出版社2011年版，第61页。
　　② 王莉、孟亚峥、黄亚玲等：《全民健身公共服务体系构成与标准化研究》，《北京体育大学学报》2015年第3期。

(二)"健康中国"战略背景下"全民健身公共服务"的时代特征

作为"十三五"时期治国理政的新战略,"健康中国"成为未来我国全面提升全民健康水平的国家发展规划。"健康中国"战略要求把人民健康放在优先发展的战略地位,以普及健康生活、优化健康服务、完善健康保障、建设健康环境、发展健康产业为重点,努力全方位、全周期保障人民健康。"全民健身"作为非医疗干预健康的重要手段,是预防疾病、提高社会公众健康水平的主要方式之一,是建设"健康中国"的重要组成部分。因此,"健康中国"战略对新时期我国全民健身公共服务的改革和发展提出了新的要求,我们必须认真理解和把握"健康中国"战略背景下全民健身公共服务被赋予的新的时代特征。

第一,全民健身公共服务的核心理念是共建共享、以人为本。"健康中国"以"共建共享、全民健康"为战略主题,并要求卫生、计生、体育等行业要主动适应人民健康需求,深化体制机制改革,满足人民群众不断增长的健康需求。

"共建共享"成为全民健身公共服务发展理念的新突破,即要充分尊重人民在全民健身、参与体育活动过程中的主体性,以人民共同的体育健身诉求为价值取向,持续推进不同领域、不同行业、不同参与主体的协商,最终实现全民健身公共服务的共同分享。"共建共享"作为新时期全民健身公共服务的行动导向能否满足人民群众多元的健身和健康需求,在一定程度上取决于现有全民健身公共服务的运行环境。随着健康中国和全民健身两大国家战略以政策文件的形式相继出台,全民健身工作已经开始在国家层面谋划和探索体育领域和健康卫生领域统筹协调的融合工作机制,政策叠加效应必将在未来一段时期内显现。因此,全民健身公共服务在新时期必须反映时代特征,以完善"共建共享"机制作为根本理念,坚决落实好中央政策文件精神,加强与卫生、医疗、养老等部门的协调合作,为引导居民形成"主动健康生活方式"和提高居民健康生活水平提供制度条件。

新时期我国全民健身公共服务必须充分体现"以人为本"的价值诉求,而"以人为本"的终极关怀的实现,必须以促进全民健身公共服务公平正义为根本保障。"健康中国"战略坚持预防为主、政府主导,动员全社会参与,突出解决好妇女儿童、老年人、残疾人、流动人口、低收入人群等重点人群的健康问题。可见,保障公民个体的健康权利,实现不同群体、不同阶层和不同地域之间的整体健康公平是我国未来健康战略的主要目标。因此,新时期体育行政部门也要从充分贯彻"保基本、全覆盖、公平均享、可持续"的原则,转向为全体居民提供基本的全民健身公共服务并实行绩效评估。同时还要注意的是,过分强调人人平等,可能加剧全民健身公共服务有效供给不足的现实困境,所以推动全民健身公共服务公平必须以提高整体供给绩效为前提,并坚持差异化的公平原则。

第二,全民健身公共服务的改革逻辑是多元供给、合作治理。《"健康中国2030"规划纲要》中提出:"推动供给方式多元化,能由政府购买服务提供的,政府不再直接承办;能由政府和社会资本合作提供的,广泛吸收社会资本参与。"可见在未来,医疗、卫生、体育等领域的公共服务都将以多元供给为改革的逻辑基础。全民健身公共服务作为体育领域转变政府职能的重要抓手,同样要将"多元供给、合作治理"作为改革的逻辑主线,这主要是基于"十三五"时期全民健身公共服务供给侧和需求侧所面临的两大趋势。

从供给侧看,新时期我国体育健身服务市场出现的产品和服务更加细化和多元。居民越来越多地回归绿色自然的健身活动,如登山、徒步、野营日益受到人们的喜爱,马拉松、公路自行车、高尔夫、网球等运动项目也逐渐成为居民休闲健身的时尚选择,这不仅丰富了全民健身服务价值所依赖的载体,更加拓展和模糊了全民健身公共服务市场范围的边界。一方面,要求全民健身工作从实际环境出发,要承认供给全民健身公共服务过程中政府的主体职责。即体育主管部门要将保障居民体育健身的公共利益作为第一基本要义,不能被社会中其他因素或者压力影响,要继续加大体育主管部门对全民健身公共服务的管理力度,稳步推进全民健身公共服务领域的制度供给和制度创新改革。另一方面,还需要重新审视全民健身公共服务的边界范围,合理界定全民健身公共服务,重视发挥市场机制和社会参与的调节作用。即不断创新全民健身公共服务的市场供给机制,激发体育企业和其他社会体育组织改善自身服务的内在动力,实现政府对于社会体育组织的完全"松绑",充分发挥社会体育组织在供给全民健身公共服务中的巨大潜力和供给全民健身公共服务"政府失灵"时的重要治理作用。

从需求侧来看,"十三五"时期我国居民的体育健身需求将加速从"基本福利型"向"消费休闲型"转变,因此要不断丰富和拓展全民健身公共服务供给内容和形式,在保障"基本福利型"全民健身公共服务供给充足、公平的前提下,努力挖掘和宣传全民健身公共服务的多元功能,通过政府购买和项目补贴等措施,积极满足居民"消费休闲型"体育健身需求,这成为未来全民健身公共服务改革的必然趋势。社会大众是全民健身公共服务的基本服务对象,社会大众对待全民健身公共服务的态度是衡量其有效性和合法性的主要标尺。

因此,新时期必须充分尊重公民在全民健身公共服务方面的"话语权",赋予居民参与全民健身公共服务的权利和责任。因此,上述两种趋势启示我们在未来全民健身公共服务的绩效评估进程中要注意两点:一是建立公民全民健身公共利益表达机制,健全公民全民健身公共服务需求的绩效反馈制度,不断增强居民的民主意识,从而扩大公民有序参与全民健身公共服务绩效评估的广度和深度,增强居民对全民健身公共服务的可及性;二是,加强教育培训、媒体宣传工作,增强居民参与全民健身公共服务的意识和能力,进而影响政府对于全民健身公共服务的相关决策的制度,增强居民对全民健身公共服务绩效评估的参与有效性。

第三,全民健身公共服务的前沿路向是科技创新、提升绩效。

发展健康服务新业态、推动健康科技创新以及推进健康信息化服务体系是《"健康中国2030"规划纲要》的题中应有之义。其中，发展基于互联网的健康服务，积极发展健身休闲运动产业，推进健康领域的大数据应用等内容已经为未来我国全民健身工作和全民健身公共服务的前沿发展指明了方向。

首先，未来我国全民健身公共服务必须反映高科技时代和互联网时代的特点。新时期，我国居民尤其是城市居民对全民健身公共服务供给的便捷性、精准性、多样性、高效性要求日益凸显，传统的全民健身公共服务的非信息化供给方式已经无法有效满足居民的休闲健身需求，亟须通过"互联网＋健身"的网络技术手段和信息平台融入全民健身公共服务供给建设范畴，实现全民健身公共服务信息公开的透明和精准供给要求。主要表现在两个方面：一是通过运用互联网信息技术能够促进全民健身公共服务供给主体之间的信息透明化，消除体育行政部门、体育企业、社会体育组织和居民之间的信息壁垒；二是各类全民健身公共信息服务平台的建设，对推进居民健身需求与体育资源的精准适配能够起到积极作用。

其次，未来我国全民健身公共服务必须反映信息社会和大数据时代的特点。随着数字化时代的到来，信息的收集、加工、处理变得更加容易。居民参与体育活动、健身休闲的信息分享逐渐发展成为人与人之间的交往方式，如何有效运用当前海量的居民健身活动信息，成为未来全民健身公共服务供给过程中的重点问题。目前我国现有的全民健身公共服务绩效评估基础薄弱，以及绩效评估实践开始实施的时间跨度不长，全民健身信息资源在获取、管理、分析、发布、共享和综合利用方面均存在明显缺陷，我国关于全民健身公共服务的绩效评估还处在试验和萌芽发展阶段。

但不可否认的是，全民健身公共服务的绩效评估工作已经开始展现出为政府全民健身科学决策提供数据支撑的现实潜力。"十三五"时期，如何准确地调查和把握现阶段居民健身公共需求的实际情况，如何对政府职能部门的政策制定和执行进行全面的监控，成为当前理论研究者和全民健身工作人员必须关注的问题。

三 全民健身公共服务绩效评估：政府绩效评估的重要内容

（一）绩效

"绩效"一词，最早是来自国外 Performance 一词的引介翻译，目前国内外对于绩效的定义学界尚未达成共识，基本的观点主要有两种。一种观点认为绩效是结果，例如，所谓绩效是指一个组织的成员完成某项任务，以及完成该项任务的效率与效能。另一种观点认为绩效是行为，例如绩效是与一个人在其工作的组织或组织单元中与目标有关的一组行为。

从国外看，对绩效的定义主要有以下几种观点：伯纳丁[1]等人认为，绩效是在特定时间范围，在特定工作职能、活动或行为上生产出的结果记录。卡兹和卡恩[2]把绩效分为三个方面，加入组织并留在组织中达到或超过组织对员工所规定的绩效标准自发地进行组织对员工规定之外的活动，如与其他成员合作，保护组织免受伤害，为组织的发展提供建议，自我发展等。坎贝尔和迈克罗依、奥普勒、塞格等[3]提出，绩效是员工自己控制的与组织目标相关的行为。绩效是多维的，没有单一方面的绩效测量行为。美国《国家绩效评估和结果法案》把政府绩效界定为政府官员对结果负责，而不仅仅是对过程负责，其目的在于把公务员从繁文缛节和过度规则中解脱出来，发挥其积极性和主动性。

国内学者经常使用"绩效"一词，但对绩效的理解和定义国内

---

[1] Bernardin, H. J. & Beatty, R. W., *Performance Appraisal: Assessing Human Behavior at work*, Noston: Kent Publishers, 1984.

[2] Katz, D. & Kahn, *The Social Psychology of Organization* (2nd ed.), New York: John Wiley Publishers, 1987.

[3] CamPbell J. P., McCloy R. A., Oppler et. al., *A Theory of Performance in Personnel Selection in Organizations*, SanFranciseco: Jossey-Bass, 1993, pp. 35 – 70.

外却"莫衷一是",可谓众说纷纭。朱志刚[1]认为,绩效不仅仅是对结果的衡量,还包括对过程的衡量,甚至包括对提供方主观努力程度和接受方满足程度的衡量。卓越[2]指出,对绩效与效率关系的不同理解容易造成概念混淆。绩效是一个与效率有联系又有区别的概念,是一个包括效率但又比效率更为广泛的概念。丛树海[3]等人认为,"绩效是效益、效率和有效性的统称,它包括行为过程和行为结果两个方面"。陈昌盛等将绩效评估界定为:绩效是一种全面质量管理的工具,其核心在于结果管理,其基本目标在于回答组织或个人是如何行动的,是否实现了既定目标,接受服务的对象的满意度如何,整个行动是否处于有效地控制之中,以及在哪些地方需要进一步改进等基本问题[4]。江易华[5]对绩效的理解为:绩效是一个综合性的范畴,他应该是效益、效率与有效性的统称,它涵盖个人绩效和组织绩效两个面,也包括个人或组织的行为过程以及行为过程产生的结果。完整的绩效内涵本身就应该包含"过程"与"结果"双重内涵,两者相辅相成。在体育领域,王凯[6]等人认为绩效应该是行为与结果的综合,是合目的性与合规律性的结合,反映个人或组织在一定时间内以某种方式实现某种结果的过程,包括做什么和如何做两个方面。

从上述定义看,学者们对绩效的核心思想认识是大体相同的,即绩效是行为或活动的有效性。理解的差异主要集中在绩效的范围

---

[1] 朱志刚:《财政支出绩效评价研究》,中国财政经济出版社2003年版。
[2] 卓越:《公共部门绩效评估》,中国人民大学出版社2004年版。
[3] 丛树海等:《公共支出绩效评价指标体系的构建》,《财贸研究》2005年第3期。
[4] 陈昌盛、蔡跃洲:《中国政府公共服务:体制变迁与地区综合评估》,中国社会科学出版社2007年版,第3页。
[5] 江易华:《当代中国县级政府基本公共服务绩效评估指标体系的理论构建与实证研究》,中国社会科学出版社2010年版,第12页。
[6] 王凯等:《公共服务视域政府体育工作绩效异体评估研究》,《体育科学》2011年第9期。

上，对绩效的范围，主要有三种观点，第一种观点把绩效看作一种行为结果；第二种观点把绩效看作行为过程；第三种观点是把绩效看作结果和过程的集合。

（二）公共服务绩效

上述对"绩效"一词的理解，可以为我们把握公共服务绩效和公共服务绩效评估的概念提供帮助。在界定公共服务绩效评估之前，首先要对公共服务绩效的上位概念——政府绩效进行一番全面了解。以绩效理论为基础，政府绩效是绩效理论在公共管理和公共行政领域的延伸。哈特睿（Hatry）很早就从政府工作和管理程序的过程角度，对政府绩效进行了界定，他认为："政府绩效就是指政府以一定的投入实现公共产品或服务提供的产出和有效性。"[①]理查德（Richard C. Kearney）随后也提出了自己的看法，他将政府绩效理解为一种成绩，专指政府为实现预期结果而管理公共项目所取得的成绩，可以从效益、效率和公平三个阶段或者三个同等重要的维度进行引导和评估[②]。

国内学者臧乃康将政府绩效分为四类：政治绩效、经济绩效、社会绩效和文化绩效，认为政府绩效是政府在社会经济管理活动中业绩、效果、效益及其管理工作的效率和效能，本质是政府行政意志在管理工作中体现出的能力[③]。可以看出，按照内容划分，公共服务绩效应是政府绩效中的一个主要方面，是政府绩效诸如公共组织绩效、公务员绩效、公共工程项目绩效等若干内容之一[④]。随着建设

---

① Hatry P. Harry, "How Effective Are Your Community Service? Procedures for Monitor the Effectiveness of Municipal Service", Ph. D. dissertation, Washington, D. C.: Urban Institute, 1997.

② Richard C. Kearney, *Public Sector Performance: Management, Motivation and Measurement*, Colorado: Westview Press, 1999, pp. 1 – 2.

③ 臧乃康：《政府绩效的复合概念与评估机制》，《南通师范学院学报》（哲学社会科学版）2001年第3期。

④ 诸大建、王欢明：《公共服务绩效评价的价值取向、评价方法和评价指标》，《上海市经济管理干部学院学报》2013年第2期。

服务型政府目标的提出，公共服务绩效越来越成为我国地方政府绩效评价所关注的焦点问题。推进以公共服务绩效为主要内容的政府绩效评估，可能受到不同地区公共服务目标、行政体制、价值理念、社会环境等因素的影响，也会受公众幸福感和公众满意度等因素的影响。

基于此，本书将公共服务绩效界定为：政府通过资源、投入开展各项公共服务活动所取得的成果以及这些成果较预期目标的实现程度。

（三）全民健身公共服务绩效评估

绩效的评估一直是本书的重点之一，对绩效进行评估既有基于客观指标的测量方法，也有基于主观指标的测量方法，具体的方法采纳应该视具体研究问题而定。绩效的评估是公共服务绩效研究的重要内容，国内外学者纷纷就公共服务绩效的测量开展研究。如前文所述，国外学者主要围绕政府绩效评估进行研究，很少专门性地聚焦在公共服务绩效的评估研究上。这是因为政府在区域、层级和职能方面各有差异，并且公共服务的利益相关者的不同立场会导致政府部门公共服务客观发展水平与公众对于公共服务绩效感知之间的差距，从而加大公共服务绩效评估的难度。

然而，根据国外的研究，他们依然主要采用主观测量方法，比如 Grizzle 认为要综合考察公共服务绩效，评估应当包括成本、效率、服务质量、服务的公正性、政府财政稳定性和政府政策一致性等指标。Andrews & Boyne 在研究地方政府的公共服务绩效中，则使用了效率、成本和公平三个维度。而在国内，专门进行公共服务绩效评估的研究成果较少，所以对于公共服务绩效评估的概念也较少涉及。卓越认为应将4E（经济、效率、效果、公平）指标看作公共服务绩效评估应遵循的基本原则和方法。

因此，结合前文对于全民健身公共服务的内涵和概念界定，本书将"全民健身公共服务绩效评估"定义为：对政府为了满足社会公众体育健身需求而进行的一系列的管理活动与实现公众体育利益有效性的测量和评价。

第二节 地方政府全民健身公共服务绩效评估的本质与特征

地方政府全民健身公共服务绩效评估是评价主体采用合理的指标、科学的方法和清晰的程序，对地方政府在供给全民健身公共服务过程中的绩效进行的评定和划分等级。地方政府全民健身公共服务绩效评估是一个循环的过程，要对结果进行反馈。根据反馈结果控制和管理服务供给过程中不适合的、有偏差的部分，提高政府在全民健身公共服务工作中的绩效。这整个过程是动态地、有效地对服务行为进行控制和管理，可以保证地方政府全民健身公共服务工作和事先制定的目标相一致。

一　地方政府全民健身公共服务绩效评估的主体

确定绩效评估的主体是地方政府全民健身公共服务绩效评估工作的开始，即解决了由谁来评估全民健身公共服务绩效这一主要问题。我国现有的地方政府全民健身公共服务绩效评估主体构成深受国家宏观的政治经济环境影响，主要包括三个子评估系统，即政府内部评估系统、社会公众评估系统以及专门的评估机构系统。

（一）政府内部评估系统

在全民健身领域，政府内部评估主体系统包括体育系统内部的上级评估主体（国家体育总局的各个职能部门，如群体司、科教司、青少司、经济司、政策法规司）；同级评估主体（指与国家体育总局各职能部门级别相当的单位如国家统计局、审计局、监察局的有关部门）；下级评估主体（地方性体育局和体育行政部门以及地方性其他政府职能部门的组成人员），评价对象可涵盖所有体育主管部门中有关全民健身公共服务绩效的内容。评估方式主要有上级评估主体对下级体育行政部门的绩效考核、同级评估主体之间绩效互评以及下级评估主体对上级体育行政部门进行绩效评分三种。

在我国现行体育管理体制下,体育系统内部评估主体,例如总局群体司、地方体育局的群体处专门负责全民健身公共服务内容,可以较为全面地掌握购买全民健身公共服务信息,工作人员熟悉服务流程,而且江苏常州、上海等地的体育局已经制定了相关的评估指标体系,因而在一定程度上可以保证评估的有效性。但是,就总体情况而言,长期采用的政府内部评估方式具有很多明显的弊端,普遍存在评估自发性、半自发性以及跟风效仿现象严重等问题,评估的运动式、突击式以及形式主义痕迹明显[①]。而且,评估活动受领导者个人意志的影响比较大,再加上"政绩观异化"等一系列负面因素的影响,政府内部评估主体的作用受到很大限制。

(二) 社会公众评估系统

社会公众评估系统是在体育主管部门系统外的,包括普通公众和具有人大代表、政协委员、民主党派等特殊身份的公民以及大众传媒、公众传媒在内的评估主体的集合。在这个系统中,因为全民健身公共服务的主要受益对象就是社会大众,所以公众作为评价主体可以自由发表自己意见,相对也能获得更为充分的关于政府全民健身公共服务效能的信息,评估结果也更具价值。

公众对政府全民健身公共服务绩效评估主要是以"满意度"的评估方式体现,评估指标的设计可能更多与公众自身体育健身利益密切相关,如全民健身公共服务最终质量的好坏、政府工作人员的服务态度是否良好、全民健身设施和服务环境是否改善等。

(三) 专门性评估机构系统

专门性的评估机构系统主要由具有全民健身领域专业知识的人

---

① 敬志杰:《对多元主体参与我国政府绩效评估的研究》,硕士学位论文,河南大学,2008年,第31页。

员集体组成，独立客观、科学理性是它们作为政府全民健身公共服务评估主体最基本的特征。这类评估机构大多指向大学、科研院所和发展成熟的绩效评估公司。

专门性的评估机构通过与政府之间订立委托合同，对特定的政府购买全民健身公共服务项目进行评估，评估指标兼有客观性指标和主观性指标。在我国全民健身工作领域，这类评估机构才刚刚开始出现，评估实践也还处于起步阶段。它们主要还是高校中的一些研究机构，基于学术研究的目的参与到政府购买全民健身公共服务项目绩效评估过程中，如上海体育学院公共体育发展研究中心就接受上海市体育局的委托对上海市市民运动会、体育大联赛等政府全民健身服务项目绩效加以评估，为我国"第三方"机构参与政府全民健身公共服务绩效评估积累了经验。

二 地方政府全民健身公共服务绩效评估的流程

政府绩效评估的流程包括确定绩效评估目的、确定有关评估范围、实施绩效评估的准备工作、设立评估机构、选择和确定评估主体、确定绩效评估的实施程序和环节、反馈和控制[①]。地方政府全民健身公共服务绩效评估作为地方政府绩效评估的重要内容，评估流程也大致遵循该步骤。在本书中，笔者对地方政府全民健身公共服务绩效评估的关键步骤做简要梳理。

（一）绩效评估思想维度的建构

在体育领域，有关全民健身公共服务绩效评估依然是一个"新生事物"。尽管全民健身公共服务绩效评估模型的设计与推行已经逐步成为我国公共体育服务领域研究中的热点问题，但是针对当前该领域的"研究热"，将"全民健身公共服务绩效评估模型"设计所涉及的思想维度进行"冷思考"显得尤为必要。

---

① 周凯：《政府绩效评估导论》，中国人民大学出版社2006年版，第119—138页。

1. 充分体现"中国特色"与"体育元素"

政府绩效和公共服务绩效理论是西方公共行政和公共管理学界的舶来品,它的产生和发展是建立在西方民主的政治生态、先进的信息技术和国际化竞争环境的基础之上的。目前,我国政府绩效评价和公共服务绩效评价的理论研究起步时间比较晚,易受国家绩效思想影响,但是要清楚地认识到政府绩效评估以绩效为本的责任机制,与西方国家民主共和制的责任机制以及西方文官制度的核心价值也有矛盾冲突①,因此在我国公共服务绩效评价理论发展过程中,不能也没有必要照搬国外做法,而是要充分发挥中国特色社会主义制度的优越性,继承中华优秀传统行政文化,去粗取精、去伪存真,构建中国特色的公共服务绩效评估体系。

"全民健身公共服务绩效评估模型"的设计一定要在承认其一般基本公共服务绩效评估性质的前提下融入体育元素。这样的一种绩效评估模型的设计就要求我们必须清醒地认识到现有全民健身公共服务绩效评估的问题。

目前我国全民健身公共服务发展仍与西方国家有较大差距,集中表现为当前我国人民群众日益增长、渐趋多元的公共体育需求与全民健身公共服务有效供给不足之间的矛盾。全民健身公共服务评估主体单一、评估目标定位出现偏差、评估方式难以真实反映全民健身公共服务成效、评估过程缺乏控制和规范、难以保证评估结果的科学和公正等问题和矛盾依然存在②。因此,我们在构建"全民健身公共服务绩效评估模型"的时候,一定要针对我国全民健身公共服务绩效评估过程中的具体问题具体分析,结合我国实际和体育发展实际,从现有理论成果和评估实践中挖掘新数据、发现新问题,从而形成新的理论成果。

---

① 蔡立辉:《西方国家政府绩效评估的理念及其启示》,《清华大学学报》(哲学社会科学版)2003年第1期。

② 沈佳:《公共体育服务绩效考核引入第三方评估的探索与实践》,第十届全国体育科学大会论文,2015年,第6—7页。

2. 努力平衡"普遍标准"与"特殊变化"

我国制定和推行的全民健身公共服务绩效的评价指标比较复杂多样，缺乏固定、统一的标准评估计划，如有国家体育总局群体司委托上海体育学院公共体育服务发展研究中心实施的《全民健身计划2010—2015年》实施效果评估，也有众多地方政府制定的各自衡量全民健身发展状况的绩效评估考核体系。此种现象的形成很大程度上受我国国情和现实条件的影响，具有一定历史必然性。我国单一制的国家结构形式决定了国家主权先于各地方行政区划而存在，地方政府的权力要首先获得中央的授权。在这种前提下，很多地方性的"官方"考核指标变异为粉饰地方"全民健身公共服务建设良好"的工具。因此，强调在全国层面进行"全民健身公共服务绩效评估模型"构建的重要性时，也要允许地方政府从各自的省情、市情、县情出发来研发自身的"全民健身公共服务绩效评估模型"。

其实，全民健身公共服务绩效评估模型的指标"杂多"和"统一"之间并不存在矛盾，国外相关的评价体系也不止一套，而是多种评估体系并存，只是各自的侧重点不同，这种多元的大众体育服务绩效指数都以促进公众积极参与体育运动、享受健康生活为目的。反观我国，全民健身公共服务绩效指标的"变化"缺少对地区与地区之间、城乡之间、人群与人群之间的全民健身公共服务发展水平差异性的关注。因此，一定要考虑到我国中央与地方之间的"需求矛盾"，也要保证不能因绩效指数的评估标准的"特殊性"而否定全民健身公共服务全国"一盘棋"的普遍性。

3. 坚决避免"科学虚构"与"结果操纵"

"全民健身公共服务绩效评估模型"是在当前政府绩效评估活动盛行的情况下提出并设计的，其他领域的公共服务绩效评估实践活动出现时间更早。不可否认的是，绩效评估的核心是绩效内容指标体系的构建，而其应用本身也会产生诸多问题。在我国全民健身公共服务绩效评估实践中，也不同程度地存在这些问题，大多数地方政府将绩效考核对象与全民健身公共服务绩效指数的设计者混为一谈，很容易导致全民健身公共服务绩效评估的无效。例如过多反映全民健身公共服务的增速指标层层加码（全民健身人均经费投入、场地设施数量等），成为当地领导政绩竞赛的标杆，形成了"指标出干部"的怪象。

与此同时，尽管目前评估的量化和分析方法都在不断进步，但是统计指标依然存在着很多局限。克利福德和克雷格就明确指出不存在不受价值影响的指标，而且如果控制了资源，就更有可能使指标走向预期结果[1]。在现有全民健身公共服务绩效评估领域中，由于绩效评估大多是采用政府委托方式进行的，地方政府通常为了达到某种预期结果，会运用"行政权力"干涉评估机构，将包括来自公众对于全民健身公共服务满意度的调查以及专家学者、从业人员的主观评价指标进行"科学调整"，也就不可避免地出现了"操纵结果"的现象。

因此，在全民健身公共服务绩效考核过程中，我们需要提醒自己的是，通过一套"全民健身公共服务绩效评估模型"所得到的分值并不能成为某个地区全民健身公共服务工作情况和发展水平优劣的唯一判断标准，只有理性客观地对结果加以分析和运用，才成避免"科学数据"幌子下的"政绩排名"现象。

（二）绩效评估前期工作的准备

在对地方政府全民健身公共服务进行绩效评估时，要认真思考后再确定评估所需的信息资源、绩效标准。

首先，信息资料的收集、处理和发布。在进行评估时需要广泛收取相关的信息和资料，其中包括地方政府全民健身公共服务的内容范围、政府和相关的部门的信息资料、相关工作人员的信息以及接受全民健身公共服务受众的信息等。为了能够准确真实地评估地方政府的行为，在收集信息时要全面、客观、尽可能多地收集信息

---

[1] ［美］克利福德·科布、克雷格·里克斯福德：《社会指标的历史教训》，宾建成编译，《经济社会体制比较》2011年第5期。

资料。要收集到地方政府全民健身公共服务中的各个环节所涉及的信息，这样才能够更好地评估政府工作。

其次，绩效标准的确定。绩效评估前要确定价值判断标准，即对政府购买行为绩效评估的目的、意义、作用进行选择判断。然后定位评估的基本价值判断，包括经济、行政、社会、科技、文化、生活、生态等方面的价值判断标准。确定关注结果，还是关注绩效，还是二者均关注的价值判断标准。标准的选择首先要确定遴选原则，建立初步的指标体系，进行分析、鉴别、判断，运用可比性原则、可获得性原则进行选择，经过分析之后保留的指标构成可实际应用的绩效评估指标体系。绩效评估结果受设计的各指标评分标准的影响，通常，不同的评估体系和评估价值取向决定了评分标准的不同。

（三）绩效评估对象范围的限定

对地方政府全民健身绩效评估的深度和广度，以及涉及的部门都要有一个明确的划定，确定绩效评估对象的范围和内容是非常关键的环节。如果没有明确的评估范围的划分规定，评估过程就会出现混乱。其次，全民健身公共服务绩效评估内容的划分需要考虑的因素也不一样，绩效评估要充分考虑不同地区、不同项目、不同类型全民健身公共服务的特性。想要更好地对地方政府全民健身公共服务进行绩效评估，就必须对不同的评估内容进行划分和归类，将相似的考察内容划分到同一类，对于不同类的项目要根据其特征选择适合该类型的评估方式，这样才能更准确地评估各项内容，保证对地方政府全民健身公共服务评估的科学性。

基于此，本书将地方政府全民健身公共服务绩效作为评估对象，并基于全民健身公共服务治理在新时期出现的新形态和新趋势，将全民健身公共服务绩效评估的政府层级范围限定为："由地方各级体育主管部门（体育局）为主、其他地方政府部门（如地方教育局、财政局、卫生局、旅游局等）为配合而构成"，也可称之为地方政府全民健身公共服务职能部门的集合。而将"全民健身公共服务绩效评估"的内容限定为"为了满足社会公众体育健身需求，对地方各级体育主管部门（体育局）、其他地方政府部门（如地方教育局、财政局、卫生局、旅游局等）进行的一系列的管理活动与实现公众体育利益有效性的测量和评价"。

（四）绩效评估主体机构的选择

首先，要明确地方政府全民健身公共服务绩效评估的过程是复杂的，想要使绩效评估能够达到事先预期的效果，必须要有好的组织和策划，确保能够科学、公平地进行评估，这就必须要在绩效评估开始之前组织专门的评估单位。评估单位在评估过程中的任务有拟定评估方案、制定评估计划和指导评估工作，确保整个绩效评估能够保质保量且有序地按照计划完成。本书站在独立的第三方评估机构的角度，以纯学术的研究立场对地方政府全民健身公共服务进行绩效评估，研究结论不会涉及地方政府行政作为，研究结论也仅仅作为在法律框架范围内的自由学术观点，供学界同人批评质疑。

其次，绩效评估是要评估主体去实施的，不同的评估主体采用的方法侧重点会有不同，它们相对应的评估标准也不一样，每一种评估标准都有其特有的优点和缺点。每一个评估主体自身所有的素质能力是不一样的，这会对评估效果产生影响。每个主体对评估准则也会有其自己的理解，这也会影响评估的最终结果。所以在选择评估主体时，需要科学地考察这些潜在的影响因素，尽量减少不确定因素的影响。

基于本研究关于评估主体的分析，本书结合研究能力条件和研究需要，确定将我国不同省份的公众市民作为地方政府全民健身公共服务绩效评估的主体，选取适合的样本，并在问卷评价前向他们耐心讲解全民健身公共服务绩效评估相关内容，使地方政府全民健身公共服务绩效评估有序可控地进行并顺利完成。

（五）绩效评估反馈结果的应用

地方政府全民健身公共服务的绩效评估是一个循环的过程，要对结果进行反馈。根据反馈结果控制和管理在服务过程中不适合的有偏差的部分，提高地方政府在全民健身公共服务供给管理工作中的绩效。这整个过程也是一个动态的过程，有效地对全民健身公共服务工作进行控制和管理，可以保证地方政府全民健身公共服务工作和事先制定的目标相一致。因此，对地方政府整个的全民健身公共服务过程要进行跟踪式的评估和及时反馈管理，这是必须要有的一个环节，否则评估工作就失去了意义。

因此，本书围绕我国地方政府全民健身公共服务绩效评估模型的构建，旨在厘清全民健身公共服务绩效的结构要素和影响其绩效的关键因素之间的关系，进一步审视和归纳我国地方政府在"健康中国"战略背景下全民健身公共服务绩效的现状和问题，从而为我国地方政府全民健身公共服务绩效提升提出对策建议。

三　地方政府全民健身公共服务绩效评估的特征

结合我国国情，地方政府作为中央政府为治理国家一部分地域或为治理部分地域某些社会事务而设置的政府单位，普遍具有地方权力的有限自主性、管辖的局部性和治理的差异性等特征。在全民健身公共服务领域，地方政府职能的特征制约着全民健身公共服务的绩效表现。

首先，地方政府的权力非自主性在一定程度上有利于其全民健身公共服务绩效评估标准的统一。主要体现在全民健身公共服务工作主要还是"自上而下"的关系，一方面，地方政府作为国家全民健身公共服务的执行者，需执行国务院或者国家体育总局的政策和决议；另一方面，地方政府作为地方全民健身公共服务工作的领导者，具有一定的自主权，对其辖区内的全民健身公共服务进行组织、管理和领导。

其次，地方政府管辖的局部性无形中加大了全民健身公共服务绩效评估的工作难度。地方政府职能本身就是有限的，相对于国务院或者国家体育总局来说，地方政府全民健身公共服务职能又是局部的、有限的。地方政府的辖区范围及职能结构都是局部的，这与其权力、资源、能力、态度等因素的有限性有很大关系。随着全民健身公共服务工作日益复杂，公众健身需求逐渐延伸，体育企业、非营利体育组织等积极参与到全民健身公共服务的治理与供给中，表面上市场化、社会化的供给方式会在一定程度上提高供给效率，但是不可否认的是，虽然地方政府直接的全面健身公共服务的职能有所转移，但随之产生的监管责任并未减少，反而更加复杂和艰巨。

最后，治理的差异性加大了不同地区全民健身公共服务绩效评估内容的特殊性。不同国家的地方政府在大众体育或全民健身中具有不同的职能，同一个国家的地方政府职能也会存在差异。结合我国国情，地区经济社会的发展水平、地区自然资源禀赋、地理位置、环境气候以及当政者能力等因素都会影响地方政府全民健身公共服务治理水平。并且根据我国现有行政建制，省级、市（区）级、县级和乡镇级等不同层级的地方政府也具有不同的职能分工。据此，需要地方政府根据地区的实际情况，发挥各自全民健身公共服务的优势，形成特色治理格局，最终实现提升全民健身公共服务绩效的目标。

第三节 地方政府全民健身公共服务绩效评估的理论基础

在经济全球化、政治民主化和科技信息化的时代背景下，全民健身公共服务绩效评估正在逐渐成为理论界与实务界的一个焦点问题，对于地方政府全民健身公共服务的绩效评估进行研究成为理论工作者的必然使命。本节的研究以新公共服务理论、国家治理理论与政府绩效管理理论为基础，进行跨学科透视，旨在剖析当前我国全民健身公共服务绩效评估的实然状况和未来趋势，为下一章的模型构建和理论假设提供分析框架和理论指导。

一 新公共服务理论

1. 基本理论阐释

20世纪80年代，美国学者罗伯特·丹哈特夫妇在传统公共行政学的基础上，以民主社会的公民权理论、社区和市民社会以及组织人本主义和组织对话理论为先驱，提出了新公共服务理论[①]。他们认为应该将公民放在政府行政管理的中心位置，在考虑政府公共利益的同时也要将民主、平等的价值观考虑其中。新公共服务理论认为政府要为公民服务，要将保证公共利益作为首要任务，而政府的工作人员也要有此观念，与公民共同承担起保护公共利益的责任。政府应该意识到自身的职能是服务公民，而不是控制和仲裁，政府应该从公民的需求出发，帮助满足公民的利益，政府不应该主管公民的一切，而应该变成一个服务者、组织者去为公民服务。

政府应该重视公民的权利，不能有将公共资产当成自己资产的功利心，应该有为社会贡献的精神，具备这种精神的行政人员才能够更好地为公共利益服务。该理论同时也注重让公民共同参与到政府的行政工作中，这种公众参与政府工作可以帮助管理者做出更好的服务公众决策。政府不能只重视工作效率，而应该重视人，政府的行政工作应该是建立在尊重人的基础上的，采用合作和共同领导的方式来工作更容易成功，行政工作者应该获得其领导的尊重与善待。政府要实施制定符合公众需求的计划和政策，提前协调的努力可以获得更加符合公众需求的有效策略。

2. 理论借鉴与启示

由上述对于新公共服务的解读，可以明确它是政府在治理系统中以"公众为中心"进行行政管理的新理论。它主张公共利益是追求的目标、政府不应当只重视公共服务的生产率，而应当更重视人，

---

① [美] 罗伯特·B. 丹哈特、珍妮特·V. 丹哈特：《新公共服务：服务而非掌舵》，《中国行政管理》2002年第10期。

强调以人为本的理念①。作为服务型政府建设提出的重要理论源泉，新公共服务理论同样对地方政府全民健身公共服务绩效评估的模型构建具有指导意义。"以增进公共利益、提高公众满意度"为根本价值诉求的价值理念应该贯穿于本书的始末，从模型构建、变量选择和测量到实证结果的检验甚至最后提出对策建议方面，都要以此理论为基础和依据，在全民健身公共服务结构绩效要素和影响因素的设计过程中也要始终秉持该理念。

此外，在本书的评估方法和调研对象的选择上，应充分关注全民健身公共服务的接受者（普通公众），要不断提升健身群众对社会体育组织和体育行政部门的服务态度、服务质量、服务水平和服务能力的认知与评议的广度和深度。

二 国家治理理论

（1）基本理论阐释

公共选择学派主张的"政府失效"与新经济制度学派认同的"市场失灵"是治理理论兴起和繁荣的学术源流②。从20世纪80年代开始，治理理论成为西方国家关于政府再造运动的重要指导思想，西方国家所提倡的公共治理理论以"善治、公平、正义"为价值理念，它在此情况下主张多中心治理，关注平等与合作，强调政府责任、注重公共利益和公众需求的满足，同时还不放弃有效率的治理。20世纪90年代初，治理理论传入中国，其概念内涵和理论结构的本土化进程也随之开启。陈颢将公共治理的内涵概括为，包括"政府、市场、公民社会在内的多个相互依赖的主体，通过合作与协商，达成一致的共同目标并得以实现，从而最终实现对公共事务的管

---

① 王枫云：《从新公共管理到新公共服务——西方公共行政理论的最新发展》，《行政论坛》2006年第1期。

② 龙献忠、杨柱：《治理理论：起因、学术渊源与内涵分析》，《云南师范大学学报》（哲学社会科学版）2007年第4期。

理"①。唐兴军和齐卫平将国家治理看作是主权国家的执政者及其国家机关为了实现社会发展目标,通过一定的体制设置和制度安排,协调经济组织、政治组织、社会团体和公民,共同管理社会公共事务,推动经济和社会及其他领域全面发展的动态过程②。可见,通过协商、谈判等互动的、民主的方式共同治理公共事务,已经成为政府处理公共事务的新型手段③。

需要明确指出的是,治理理论在我国的应用,是从我国当前国情、追求长远目标的实现以及借鉴先进理论成果的角度出发的,治理理论主要提倡治理应对促进政府职能转变、培育社会组织、推进公民参与、重视个体公民的基本权利等方面产生积极作用。本书认为,我国国家治理理论的内涵可以概括为以下几点。第一,国家治理理论以关注公众需求为基础,以实现公共利益为最重要的目的;第二,国家治理理论彰显平等、合作与竞争关系,政府应与企业部门、社会组织和公众之间建立平等协商、共同对话的关系机制;第三,国家理论重视培育公民素质和精神意识,以推进政务公开为主要手段,增强公众对公共事务知晓度,以提升参与公共决策过程的效率。换言之,国家治理是一个多元主体互动的治理过程,其本质是政府、社会、公众对公共事务的合作管理。

(2) 理论借鉴与启示

当前我国国情决定了政府在国家治理中仍然占据主导地位,政府的角色定位与职能转变以及相对应的制度设计成为我国国家治理现代化建设的主要议题。有学者提出,实现国家治理制度化的方式包括改进政府系统内部组织结构、完善政府管理,改革政治体系、对政治制度和法律制度进行顶层规划,加强政府与社会互动、增强政府公信力,强调正式制度与非正式制度的协调性,提升政府治理

---

① 陈颢:《公共治理与和谐社会构建》,《武汉大学学报》2009年第1期。

② 唐兴军、齐卫平:《国家治理现代化视阈下的政府职能转变》,《晋阳学刊》2015年第2期。

③ 胡正昌:《公共治理理论及其政府治理模式的转变》,《前沿》2008年第5期。

绩效①。可见，政府根据市场和社会变化的需要，不断调整内部组织结构和权力配置方式，是推动国家实现治理现代化的核心和主体。这一理论启示我们，在全民健身公共服务领域，地方政府的绩效评估也应坚持"政府—市场—社会"共同参与的多元治理结构。地方政府（以体育行政机关为主）并不是唯一的"元话语"，应通过政府与社会、市场各种力量之间的互动形成"话语"的共同治理②。

在这种情况下，要求我们在全民健身公共服务相关政府部门与体育企业、社会体育组织和公众之间建立合作伙伴关系，以此提高行政效率，为公众提供更加优质的全民健身公共服务。不难看出，这一理论提醒我们在构建全民健身公共服务绩效评估模型，一定要处理好"谁来评估""评估何用"的评估权力分配问题。国家治理理论中的公共体育责任要依靠地方政府来彰显。这就要求在全民健身公共服务绩效评估的要素中，要有公众的民主参与和地方政府公共服务回应，从而达成公众的价值期望。

三 政府绩效评估理论

1. 基本理论阐释

政府绩效评估理论，是在西方发达国家行政体制改革实践中逐渐发展和提炼形成的，与政府管理的很多方面都有密切关系，并经历了一个较长的发展时期。从20世纪初到20世纪40年代，政府绩效评估理论受传统公共行政理论和科学管理理论的影响，多采用基于技术效率的评估方法，以财政客观指标的测算为主要内容。之后，直到20世纪80年代，随着"新公共管理"运动的不断蔓延，公共部门引入了竞争机制，提升政府服务质量的绩效评估改革理念成为政府绩效评估理论的新思路。

---

① 景维民等：《制度转型与国家治理模式的重构：进程、问题与前景》，《天津社会科学》2009年第1期。
② 黄薇：《"新公共服务"：理论认可及其现实困境》，《中共郑州市委党校学报》2007年第1期。

随后，从20世纪90年代初至今，政府绩效评估理论的发展主要集中在政府绩效评估的制度化、评估技术的信息化、评估主体的多元化和评估理念的民主化上。我国的政府绩效评估理论，按照蓝志勇、胡税根的研究，可以分为初步探索（1994—1999年）、研究拓展（2000—2003年）、研究的细化和创新（2004年至今）三个阶段，经历了从对国外政府绩效评估理论的翻译和引介，到对我国政府绩效评估现状和行政环境的分析，最后到政府绩效评估理论的中国化、制度化和系统化的过程[1]。不可否认，无论是国外还是国内的政府绩效评估理论，都正在影响和改变着世界各国的政府改革和创新管理方式。

2. 理论借鉴与启示

多样化的政府绩效评估实践依然在不断要求政府绩效评估理论的深化和创新，尽管目前政府绩效评估理论还在不断发展完善的过程中，但它在一定程度上体现了公共管理和公共行政中关注管理技术和方法、强调绩效管理的结果、提倡行政服务化的理论趋势。因此，政府绩效评估理论的进一步成熟发展也将更多地指导我国地方政府各个领域的绩效管理和评估工作，这其中就包括全民健身公共服务的绩效评估工作。

首先，政府绩效评估理论所包含的以绩效为根本的控制，实现政府管理对民主、法制和社会公平公正追求的价值理念，有助于我们在全民健身公共服务领域转变地方政府"行政管理"的旧有模式。在该理论指导下，我们在全民健身公共服务绩效的评估内容上，更加注重成本控制、效率、质量、更广泛的覆盖率以及公众的满意度。

其次，政府绩效评估理论强调评估技术的信息化，甚至有学者提出政府绩效评估的信息化比绩效指标的设计还重要[2]，并认为现代

---

[1] 蓝志勇、胡税根：《中国政府绩效评估：理论与实践》，《政治学研究》2008年第3期。

[2] 桑助来等：《政府绩效评估研究》，中国人事出版社2005年版，第3—4页。

IT技术的广泛使用，可以提升绩效评估过程的公平性。这启示我们，全民健身公共服务绩效评估模型的构建过程，实质也是各种全民健身公共服务信息在政府、市场和广大公众之间的交换处理和互通有无的过程。虽然我国在体育信息化发展方面还比较滞后，但是全民健身公共服务绩效评估中将信息技术能力作为其影响因素，也有助于地方政府在全民健身公共服务过程中转换服务模式、建设数字化公共服务并走上在线全民健身服务道路。

本章小结

本章内容与第一章绪论部分一起构成了本书的理论基础，是整个研究问题的缘起和逻辑开始。本章内容对全民健身公共服务的概念及与其相近的术语指称进行了梳理和对比。论文重点考察了在"健康中国"建设和"全民健身上升为国家战略"的大背景下，地方政府全民健身公共服务被赋予的新的时代特征。在对全民健身公共服务绩效评估研究主题进行内容和范围的框定、特征与功能的描绘基础上，明确了全民健身公共服务绩效评估是地方政府绩效评估的重要内容，并对评估模型构建的思想维度进行了探讨。在此基础上，阐述了新公共服务理论、国家治理理论以及政府绩效评估理论的主要观点及其对于地方政府全民健身公共服务绩效评估的理论启示和借鉴意义，为本书下一章评估模型的构建与研究假设的提出奠定了理论基础。

第三章

评估模型构建与研究假设

本章根据研究综述及有关理论基础，对地方政府全民健身公共服务绩效结构要素和影响因素的指标构成进行阐述，构建了我国地方政府全民健身公共服务绩效结构要素与影响因素之间的假设路径模型。

第一节 评估模型构建的基本原则

绩效评估的关键在于评估过程的顺畅程度和有效程度[①]。构建地方政府全民健身公共服务绩效评估模型应遵循以下几个基本原则。

一 科学合理性原则

地方政府全民健身公共服务绩效评估模型的构建，首先应以科学的理论为指导，路径模型中的结构要素和影响因素变量在操作性概念和逻辑结构上具有一定的关联性，潜变量和显变量（测量变量指标）的定义和表述要努力做到准确和明晰，尽可能地避免指标的主观性和模糊化，数据统计方法要根据研究的重点和难点，有针对

---

① 卓越：《公共部门绩效评估》，中国人民大学出版社2004年版。

性地选择。

此外，评估模型构建过程中的变量选取也要符合理论和实践相结合的原则，不仅要在理论上具有科学依据，而且要在实践中达到可操作、可计算、可分析的基本要求，各个指标项之间应相互配合，避免矛盾或重复，确保每个指标项都能找到设计的依据。最后，测量变量指标的统计口径、计算时间范围、空间选择也需要做到相对统一，避免因同一指标的测量出现分歧而导致绩效评估的结果出现差异。

二　系统全面性原则

首先，要深刻认识地方政府全民健身公共服务绩效评估模型的复杂性、复合性和开放性，如地方政府全民健身公共服务绩效的结构要素和影响因素有诸多维度的变量，具有复杂性；这些变量是由若干相互关联、相互补充的逻辑内容组成的，应该体现出较强的系统性。

其次，该绩效评估模型的构建还要求各个维度和各个变量尽可能涵盖地方政府全民健身公共服务绩效的关键性参数，应该兼顾地方政府全民健身公共服务绩效的不同侧面的内容，测量题项不可能十全十美、面面俱到，但也应该尽可能地突出重点、反映本质，展现出评估模型的全面性。

三　简明易懂性原则

首先，对于多层次、结构复杂的绩效评估模型来说，在实际应用测量中要测量题项简单、易懂，能让被调查对象很快理解所要测量的项目和内容。其次，研究构建的地方政府全民健身公共服务绩效评估模型的最终目的是要运用其实际测量地方政府全民健身公共服务职能部门供给服务的状况，了解相关职能部门对于全民健身公共服务事业的建设和投入是否取得实效，是对各职能部门供给全民健身公共服务的质量和能力的一种考察和监督。归根结底，绩效评估模型的构建最终受众是普通百姓，模型在符合科学合理、系统全面原则的前提下，一定要尽可能地将突出反映绩效情况的核心变量提炼出来，使最终构建出来的地方政府全民健身公共服务绩效评估模型不仅具有可操作性，而且简单易懂，具备较强的可读性。

四 实用可比性原则

地方政府全民健身公共服务绩效评估模型应尽量以客观事实为支撑，尽量避免主观因素造成的绩效评估失真，客观地呈现出各个变量之间的逻辑关系。理想的全民健身公共服务绩效评估模型可以提供某一地区全民健身公共服务绩效水平对比的基准，它可以对全民健身公共服务职能部门进行横向（地区）的比较，也可以对同一全民健身公共服务职能部门在不同时间上的绩效进行纵向（不同时间）的比较。即该绩效评估模型应具有一定的可比性，从而可以从中找出不足，并有针对性地加以改进。此外，动态衡量本身也是模型设计的一种重要思想方法。

第二节 结构要素模型的构建

一 地方政府全民健身公共服务绩效的结构要素指标构成

在第一章文献综述与基础理论审视中，本书对我国地方政府全民健身公共服务绩效的构成指标进行了论述与分析，总结了国内外有关公共服务和大众体育服务、全民健身公共服务绩效的构成要素，主要观点如表3-1所示。

表3-1　　　　全民健身公共服务绩效构成要素相关研究

研究机构或人员	时间	绩效构成要素
美国国际开发署	1970	条件、投入、产出、结果、环境影响等

续表

研究机构或人员	时间	绩效构成要素
美国会计标准委员会	1994	投入、产出、结果和效率与成本效益
美国联邦政府责任总署	1997	投入、能力、产出、结果、效率与成本效益和生产力
英国《公共服务协议》	1998	投入、产出和结果
纽康沫①	2002	投入、过程、产出和结果
中国社会科学出版社	2006	投入、产出和效果
王爱学	2008	投入类、产出类及效果类
上海交通大学	2009	产出与支出
谢正阳	2013	全民健身服务、全民健身保障和效益效果
邵伟钰	2014	投入指标与产出指标
袁春梅	2014	投入类与产出类
戴健、沈佳	2014	投入类、产出类与结果类指标
韦伟、王家宏	2015	资源利用和效益
张学研	2015	投入、过程、产出和结果

在对目前地方政府全民健身公共服务绩效评价文献研究总结后，发现国内外研究机构和学者更多地借助了经典的"投入—产出—结果"（Input-Outputs-Outcomes，IOO）模型。而本书结合我国地方政府全民健身公共服务的基本内涵和时代特征，并对应上述内容中关于地方政府全民健身公共服务绩效评估模型设计的价值取向，即彰显"权利共享、以人为本"的公共性本质、"效率优先、兼顾公平"的有效性原则以及追求"公众满意、民主参与"的回应性目标，提出地方政府全民健身公共服务绩效结构要素的分析框架，即主要包括地方政府全民健身公共服务的"服务效率""服务质量""服务回应性"和"服务民主性"四个方面（该分析框架中，各个要素的具体释义将在下一章内容中的变量测量部分

---

① K. E. Newcomer, *Meeting the Challenges of Performance-oriented Government*, Washington D. C.: American Society for Public Administration, 2002.

做进一步说明）。

二 地方政府全民健身公共服务绩效结构要素指标选取的依据

本书中，笔者选择分析路径主要基于以下两个方面。

第一，成熟的理论基础。本书主要是借鉴了国外学者布鲁得尼（Brudney）、博伊（Boyne）、唐尼（Downe）关于政府公共服务绩效的结构要素维度模型，结合了国内学者诸大建（2010）关于体育领域公共服务的相关结构要素模型，并对这些成熟模型进行了适当调整和修正。其中，早在1982年，布鲁得尼首先指出IOO模型的主要弊端，认为IOO模型忽视了公共服务接受者对于服务偏好和需求的测量，于是他在原有的模型基础上提出了回应性（Responsiveness）维度。随后博伊以英格兰和威尔士两个地区的政府绩效评估为例，又将模型维度进一步完善，提出了公共服务民主性（Democratic Outcomes）维度，他提出民主性应当成为公共服务绩效的主要结构要素，他认为过去的IOO模型只是狭隘地将政府看做公共服务的供给者，没有充分考虑政府的服务者角色。

在国内，学者诸大建基于"压力（Pressure）—状态（State）—响应（Responsiveness）"的PSR模型逻辑思路，提出了公共服务绩效的三个结构维度，即服务效率、服务回应和服务公平。之后，越来越多的学者也将回应性和民主性等反映公共服务绩效伦理层面的内容应用到体育领域的公共服务绩效评估过程中。可见，将服务回应性和服务民主性内容纳入公共服务绩效评估的分析框架已经成为越来越多学者的选择。因此，在原有公共服务绩效评估的内容维度（服务效率和服务质量）的基础上，提出服务效率、服务质量、服务回应性、服务民主性的四维分析框架，是具有成熟的理论基础和普遍适用价值的。

第二，公共服务绩效评估价值理念的转型。从19世纪末到20世纪60年代，由于很多学者认为传统公共行政造成了公务人员的权利垄断,导致行政公共组织先天的低效率性①,所以这期间的西方公共部门的管理是以科学管理为价值核心,强调公共机构的组织构成、活动过程以及官僚体制②,追求行政效率、注重管理过程是当时西方公共行政理论的主要理念。在这股思潮的影响下,哈林顿·埃默森(Harrington Emerson)提出了用于提高政府工作效率的"十二条原则",其中包括"理想""常识""有效调度""制定标准""实行效率报酬"等内容。此外,上文提到的克拉伦斯·里德(Clarence Reid)和赫伯特·西蒙(Herbert A. Simon)在1938年制定了市政工作绩效衡量标准。在政府绩效评估的发源地美国,胡佛委员会在1947—1955年还进行了政府服务的绩效预算改革,旨在通过对预算进行绩效评估,控制政府支出,最终提高政府公共服务供给效率。

从20世纪60年代后期开始,"新公共行政学"的代表弗雷德里克森(H. G. Friderickson)认为公共行政的核心目标应该是"社会公平",满足公民需求、实现公共服务民主化应该成为公共部门组织的价值追求③。自此,各国政府逐渐从过程控制转向结果控制,公务人员对工作结果和公共服务质量负责,以公众满意为根本价值诉求、以促进社会公平为导向的理论观点开始成为现代政府绩效评估的理论基础,仅仅追求行政效率的旧有理念逐渐被摒弃。巴达克(Bardach)提出,使公众满意应该成为政府管理工作最应该达成的结果④。随后"3E"准则在公共绩效评估领域逐渐盛行,即强调经济(Economy)、效率(Efficiency)和效果(Effectiveness)的综合评价,其中以结果评价最为重要。20世纪80年代至今,政府绩效评估的理

---

① [美]乔治·伯恩:《公共管理改革评价:理论与实践》,张强等译,清华大学出版社2008年版,第8页。

② H. G. Frederickosn, Social Equity and Public Administration: A Symposium, *Public Administration Review*, No. 3, 1974, p. 51.

③ H. G. Frederickson, *Classics of Public Administration*, Hart Court Brace College Publishers, Fort Worth: Texas, 1997, p. 58.

④ E. Bardach, *A Practical Guide for Policy Analysis: The Eight Fold Path to More Effective Problem Solving*, Washington D. C.: CQ Press College, 2011, p. 67.

念进入全面发展时期，政府绩效管理逐渐成为一种新的管理制度。

由此可见，国外公共服务绩效评估的价值取向大致经历了由注重过程与效率转向更加关注民主、回应以及公平的发展历程，其关注点正从传统的过程、效率向公民期望的结果、促进社会公平与正义的作用转变，这一重大转向已经被世界各国政府所认同，并成为未来公共服务绩效评估的特点和趋势。

综上所述，本书将地方政府全民健身公共服务绩效的结构要素归纳为服务效率、服务质量、服务回应性和服务民主性，由此构建出地方政府全民健身公共服务绩效结构要素模型，如图3-1所示。

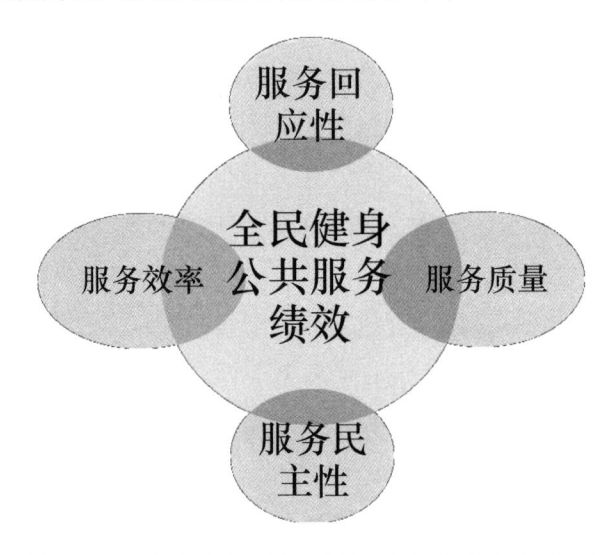

图3-1 地方政府全民健身公共服务绩效结构要素模型

第三节 影响因素关系模型的构建

一 地方政府全民健身公共服务绩效的影响因素构成

国内外理论界和实务界对地方政府全民健身公共服务绩效的研究，过多侧重于结构要素的探讨，而专门针对全民健身公共服务绩效影响因素的研究还不是很多，但是在其他公共服务领域以及体育领域中对于绩效评估影响因素的零散研究（见表3-2）依然对本书起到了借鉴作用。

表3-2　　　　与全民健身公共服务绩效相关的影响因素研究

学者	时间	影响因素	绩效类型
史莱芙（Shleifer）、维悉尼（Vishny）	1998	政府干预、政府规模、官员体系、公共产品供给、政治自由	政府质量
陈天祥	2007	政府管理、公民参与、利益主体协调、政治体制、政府技术环境（信息技术、信息化程度等、信息公开）	政府绩效
任金秋、曹淑芹、蔡永亮	2010	行政能力、廉洁程度、政策制订与执行、经济发展、政治民主、社会环境	政府绩效
陈文博	2012	公共投入、管理方法、供给机制、公共信息开放	公共服务绩效
哈梅芳、哈春芳	2016	组织管理、支付方式、资源配置、监督约束、行为改变	公共卫生服务绩效
隋少峰、李士雪	2006	外部政策、经费投入、体制改革、市场化程度、信息化水平	
弗里斯比（Frisby）	1986	体育组织结构、体育组织成效	大众体育组织治理绩效
维尔（Vail）	1986	组织适应、组织沟通、组织财务、组织成长、组织人力资源、组织计划	大众体育组织绩效
楚继军、段国新	2009	体育管理观念、居民参与意识、体育组织管理、体育社团发展程度、政府与社会组织协调机制	城市体育社团活动绩效
陈旸	2011	公众参与、政府形象	公共体育服务满意度
卢跃东	2013	服务精神、组织管理、服务能力、受体特征、政府形象	基于满意度的公共体育服务绩效
刘亮	2013	政府供给能力、政府供给偏好、体育制度（资源配置）	公共体育服务均等化

续表

学者	时间	影响因素	绩效类型
袁春梅	2014	经济发展水平、体育公共服务可及性、体育公共服务资源投入规模、地理位置因素、政策因素	体育公共服务效率绩效

注：上表内容为笔者根据现有文献资料整理所得。

从表3-2已有的研究文献来看，可以发现影响政府绩效、公共服务绩效以及体育领域公共服务绩效的宏观因素主要包括政治体制因素、经济发展因素和社会环境因素。其中政治体制因素包含了政府行政效率、政府公信力、政府干预、组织协调机制等；而经济发展因素中包含了财政投入、支付方式、资源规模、资源配置、公共产品供给、人口特征、地理位置等；在社会环境因素中既有政府形象、政府回应和公众参与等舆论环境，也有信息技术运用和政府信息化程度等技术环境，当然还有法律制度的完善程度、制度政策执行力度等法律环境。

在这些宏观因素中，本书结合第二章内容所提出的我国全民健身公共服务的基本内涵和时代特征，从"共建共享、以人为本"的核心发展理念、"多元供给、合作治理"的基本改革逻辑和"科技创新、提升绩效"的实践前沿路向三个方面，提炼出地方政府全民健身公共服务绩效的关键影响因素，包括组织协调、财政投入、设施配置、政策执行以及信息技术能力五个方面。

二 全民健身公共服务绩效影响因素的逻辑理路

正如前文一再强调的，全民健身公共服务是我国整体公共服务的主要组成部分。因此，在提炼其绩效影响因素时，除了要考虑到一般公共服务绩效评估的逻辑思路和总体框架外，还要在全民健身公共服务绩效评估时考虑到我国群众体育和全民健身发展情况的特征，因此在提炼组织协调、财政投入、设施配置、政策执行以及信息技术五个绩效影响因素的过程中,笔者还分析了该影响因素组合框架的普遍适用性和矛盾特殊性。

1. 普遍适用性

一方面,普遍适用性体现在公共服务绩效评估的根本目标上。党的十八届三中全会提出:"全面深化改革的总目标是完善和发展中国特色社会主义制度,推进国家治理体系和治理能力现代化。"在体育领域,群众体育治理体系在于体察不同体育利益主体对于自身或公共利益的追求(即组织协调),是各式行动方案(即财政投入、设施配置)与规则体系执行过程(即政策执行)的高度凝练与抽象,而这一过程首先是建立在治理者的理性决策基础上的。理性决策是根据评价行为结果的某些价值系统来选择偏好的行动方案,因此全民健身公共服务绩效是以了解和明晰绩效评估影响因素为前提的。此外,全民健身公共服务绩效评估主张科学化、标准化的管理方法(即信息技术能力),这与建设中国特色的社会主义现代化体育强国"低成本、高产出"的治理目标相吻合。因此,提炼出的地方政府全民健身公共服务绩效的五大影响因素是对我国国家群众体育治理体系建设和提高国家群众体育治理能力的有力回应。

另一方面,普遍适用性体现在公共服务绩效评估的工作流程上。全民健身公共服务绩效评估也同样遵循着"为何评估—谁来评估—评估什么—如何评估—评估何用"的一般公共服务的基本逻辑框架[1]。本书对于全民健身公共服务绩效影响因素的提炼也基本符合此种逻辑框架。第一,组织协调即要保证全民健身公共服务组织机构的利益均衡,避免评估资源的不足或冗余,最终解决"为何评估以及谁来评估"的问题。第二,设施配置、财政投入以及政策执行三个因素,回答了"评估什么"的问题。资金、设施、政策作为公共服务资源投入的核心内容,资金、设施、政策数量是否充足、结构

---

[1] 王凯等:《公共服务视域政府体育工作绩效异体评估研究》,《体育科学》2011年第9期。

是否合理、方式是否恰当都是影响公共服务绩效结果的主要因素。第三，信息技术能力在一定程度上影响公共服务绩效评估的信息传递机制和信息反馈机制，而信息技术的使用和传递直接影响评估的手段和方法，信息反馈机制的建立则将"评估何用"的最终价值体现出来，这些价值包括发挥信息共享确保公众的公共服务知情权、促进公众公共服务决策民主化等。

2. 矛盾特殊性

全民健身公共服务虽然是公共服务体系建设中的重要组成部分，但也在一定程度上存在着区别与其他领域公共服务的特殊性。因此，在分析全民健身公共服务绩效影响因素时，也不得不考虑所提炼出的每个影响因素在全民健身公共服务绩效评估时所具有的特殊性。

第一，组织协调。在全民健身领域，建立在组织协调基础上的绩效评估机制，是保障全民健身公共服务内部和外部需求，满足整个组织集中资源需求和分散资源需求的基础。在过去全国一盘棋的计划经济体制下，国家体育总局群体司、地方体育局的群体处专门负责全民健身公共服务项目，而其他科教司（处）、青少司（处）、政策法规司（处）等部门在整个服务过程中也起到关键作用，可见其中的组织协调工作方式比较单一。如今，随着我国社会经济的发展，全民健身公共服务参与主体日渐增多，全民健身公共服务组织协调的范围和难度都有所扩大。体育领域外部的环境复杂多变，全民健身公共服务内部与外部的主体多元化和主体利益诉求的个性化和多样化，导致现有内部组织协调工作难以适应当前的环境变化。因此，相较于其他领域公共服务的绩效评估，全民健身公共服务是一个相对比较复杂的系统，主要体现在其机构设置、部门配合、人员合作、职能分工等方面，组织协调作为全民健身公共服务绩效的影响因素，必须给予充分考虑和重视。

第二，设施配置。区域公共服务设施的规划、配置状况反映了该区域居民的物质和精神生活水平，其分布与组织则直接影响到区域的空间布局结构以及城市居民的生活质量①。2016年颁布的《体育事业发展"十三五"规划》中进一步明确了"落实全民健身国家战略，加快推动群众体育发展"的任务目标，提出："统筹规划，合理布局，规范标准，节约集约，重点建设一批便民利民的健身场地设施，逐步建成县（市、区）、街道（乡镇）、社区（村）三级群众健身场地设施网络，推进建设城市社区15分钟健身圈。"② 可见，设施配置依然是全民健身公共服务过程中的基础工作。相较于其他公共服务领域，我国全民健身公共服务设施配置的稀缺性和配置的非均衡性同时存在，相对匮乏的设施配置与公众健身需求之间的矛盾仍未缓解③。因此，充分考虑全民健身公共服务设施配置在不同群体、不同区域、不同体育项目中的特殊性，增强全民健身公共服务的公平性，是提高全民健身公共服务整体绩效的一个重要参考因素。

第三，财政支出。目前理论界和业界对于全民健身公共服务的性质有了比较一致的看法，即认为满足公共健身需求、实现公共健身利益是全民健身公共服务的主要目标。其中，公共性成为全民健身公共服务最重要的特性。过去，我国政府把体育作为纯公益性事业进行全额拨款，实行的是中央高度集中、统收统支的供给型体育公共财政支出政策，与体育事业发展相关的所有经费全部纳入中央和地方财政预算④，全民健身公共服务财政支出也不例外。值得注意的是，随着我国体育事业不断发展，政府用于全民健身公共服务的经费来源渠道也日渐增多。但是，根据现有的"体育部门预决算说明"，我国各级体育行政部门的全民健身公共服务经费依然主要依赖

---

① 郑皓、华宜、彭锐：《数字公共服务设施系统的简易实现途径》，《苏州科技学院学报》（工程技术版）2004年第1期。

② 国家体育总局：《体育发展"十三五"规划》，http://www.sport.gov.cn/n10503/c722960/content.html，2016年5月5日。

③ 陈华伟、丁聪聪、陈金伟：《全民健身公共体育资源配置效率评估及影响因素分析》，《西安体育学院学报》2016年第6期。

④ 李丽、张林：《体育事业公共财政支出研究》，《体育科学》2010年第12期。

于财政拨款①。近年来从中央到地方的体育部门都根据全民健身公共服务的实际情况对财政体制进行反思,但总体上承认全民健身公共服务财政支出的方式、规模和结构会对最终绩效产生重要影响。因此,将财政支出作为全民健身公共服务绩效的影响因素之一有着非常突出的现实背景。

第四,政策执行。将政策执行作为全民健身公共服务绩效影响因素之一,具有一定的理论基础。首先,公共管理和公共行政理论认为,公共政策执行评估是政府绩效评估中的重要环节,它是对政策执行各项工作的准备情况、执行行为与在执行过程中对公共政策目标的实现程度、对外在政策环境与公共问题的回应力与影响程度等方面的绩效评价与考核②。其次,有关政策执行对于绩效的影响机制国内外学者也进行了有益探讨。例如在国外,学者波斯地和查兰(Bossidy&Charan)就将执行力作为绩效评估的基本原则。之后,Gottschalk 发现战略及政策的执行与绩效有密切关系,并认为个体的行为和参与程度以及对政策执行责任的职能划分对于绩效有着显著影响③。虽然,目前在全民健身公共服务领域政策执行的研究刚刚起步,但已经有学者将政策执行的阻滞问题作为影响全民健身公共服务绩效的主要原因来分析④⑤⑥⑦。虽然学者们对于政策执行的成功

---

① 卢志成:《政府体育公共财政支出政策公平研究》,《体育科学》2014 年第 8 期。
② 毛劲歌、刘伟:《公共政策执行中的政府绩效评估探析》,《湖南大学学报》(社会科学版) 2008 年第 5 期。
③ Gottschalk, "Implementation of Formal Plans: The Case of Information Technology Strategy", *Long Range Planning*, Vol. 32, No. 3, 1999, pp. 362 – 372.
④ 刘红建:《群众体育政策执行阻滞问题及其治理路径研究》,博士学位论文,南京师范大学,2013 年。
⑤ 刘峥、唐炎:《公共体育服务政策执行阻滞的表现、成因及治理》,《体育科学》2014 年第 10 期。
⑥ 张瑞林、王晓芳、王先亮:《我国全民健身公共政策执行阻滞分析》,《上海体育学院学报》2013 年第 4 期。
⑦ 刘秋燕、范春晶:《中国群众体育政策执行偏差的表现及原因分析》,《经济研究导刊》2013 年第 15 期。

或者阻滞有着不同的解释，但是基本可以达成一致的是：全民健身公共服务政策执行中的变形、走样、偏差在很大程度上影响了全民健身公共服务的质量和效益。因此，将政策执行作为全民健身公共服务绩效影响因素之一后，如何将政策执行与其他影响因素结合和关联起来，如何进一步探究政策执行对全民健身公共服务绩效的影响机理，是目前该领域绩效评估的突破和挑战。

第五，信息技术能力。信息技术在全民健身公共服务体系中的应用对于最终绩效的影响正在与日俱增。在很长一段时间内，我国全民健身公共服务的信息技术建设很大程度上滞后于教育、医疗、养老等其他一般公共服务领域。这一方面是由于我国学界对于全民健身信息技术系统的研究起步较晚，集中的研究大概出现在21世纪第一个十年。另一方面，我国全民健身公共服务领域也存在特殊的问题，例如，缺乏明确的信息化建设目标和规划、全民健身信息资源开发力度不足，公共数据库建设水平低、缺乏专门的信息技术人才、个人数据和体育机构的数据之间相互割裂导致了全民健身公共服务的信息技术工作难以满足公众大数据时代的个性化需求。但是，我们还是应当看到信息技术能力在全民健身公共服务体系中的重要作用，信息技术作为新周期建设的重点行业，同样应该为我国全民健身公共服务的发展增添助力。信息技术不仅可以加强公众全民健身公共服务信息的传播和交流、还可以完善健身场地、设施的管理和利用，协调促进全民健身各个主体的资源往来。因此，信息技术在我国处于高速发展时期，它的发展自然也应该带动全民健身公共服务的发展，将信息技术作为全民健身公共服务绩效影响因素，在理论研究和实际工作方面均有非常重要的意义。

综上所述，关于在全民健身公共服务领域各个因素所表现出的特殊性，本书试图在本章后续的研究假设、变量评估以及模型修正的过程中，结合我国全民健身公共服务现实发展情况和问题，予以深入探讨。因此，笔者将组织协调、设施配置、财政支出、政策执行以及信息技术能力作为影响全民健身公共服务绩效的主要因素来构建分析框架。结合前文整理的全民健身公共服务绩效结构要素，现将影响因素与结构要素相关联，构建出我国地方政府全民健身公共服务绩效结构要素与影响因素之间的假设路径模型，如图3-2所示：

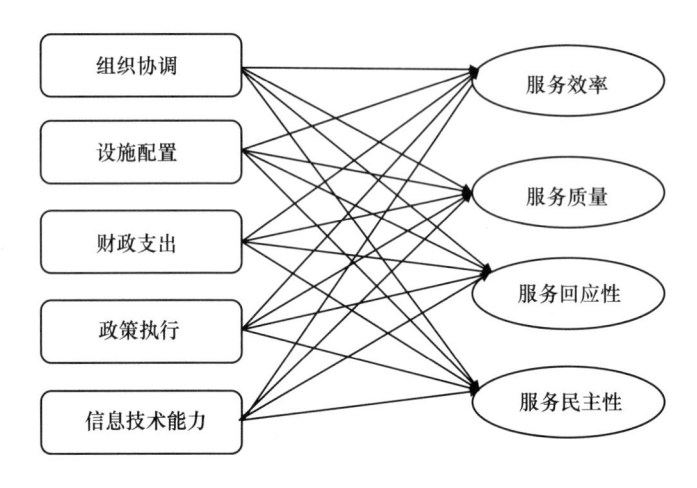

图3-2 地方政府全民健身公共服务绩效结构要素与影响因素的假设路径模型

第四节 评估模型构建的理论研究假设

一 组织协调与全民健身公共服务绩效

组织协调与绩效的关系最早出现在企业管理中，多数学者认为有效的组织协调和沟通对于提高企业的生产力和利润、增强员工的满意度和改善劳资关系都有正向影响。将组织协调与公共部门绩效联系起来，是借鉴企业管理方法与经验的创新，为政府管理改革提供了新视野，有助于提高公共服务供给的综合质量和效率①。曾凡军

---

① 刘少枫：《论新公共管理运动对公共部门绩效评估的影响》，《四川行政学院学报》2005年第3期。

在《基于整体性治理的政府组织协调机制研究》一书中指出，组织协调机制对政府整体性治理绩效的提升主要体现在解决政府组织之间的信息孤岛现象、缓解政府组织信任危机、救治部门碎片化和权力碎片化、建立组织伙伴关系、优化管理资源配置等多个方面，并认为政府组织的结构协调、制度协调和人际关系协调是影响政府整体性治理绩效的三个主要因素①。全民健身公共服务作为政府整体治理过程中的产物，本书的组织协调对地方政府全民健身公共服务绩效的影响主要借鉴上述内容进行分析和探讨：

首先，在政府组织的结构协调方面，机构设置和职能划分对于组织绩效的提升有很大影响。我国目前在体育系统形成了具有中国特色，符合我国国情、体情的体育行政管理体制，即举国体制。在这种体制下，体育主管部门仍然是国家行政部门之一，代表国家对包括全民健身公共服务在内的体育事业进行管理。体育行政系统在国家体育总局领导下，主要由地方各级体育局、体育主管机构的各个部门，各司其职、承担各地区内的全民健身公共服务工作。然而，有学者提出体育行政管理举国体制，虽然在半个多世纪的实际运行中取得了辉煌的制度绩效，但是随着经济社会的发展，由于体育行政系统内部的部门设置、部门权责模糊、管理理念落后、社会体育组织扶持和培育力度不够，使得我国地方政府全民健身公共服务职能出现失位、错位和越位等问题，这成为严重制约我国全民健身公共服务绩效提升的根本性影响因素。②③④ 因此，从全民健身公共服务绩效评估来看，把体育主管部门的机构设置和组织机构因素包含

---

① 曾凡军：《基于整体性治理的政府组织协调机制研究》，武汉大学出版社2013年版。

② 曹可强：《服务型政府建设背景下我国体育行政部门的转变》，《上海体育学院学报》2011年第1期。

③ 于永慧、卢元镇：《中国体育行政体制改革的政府角色》，《体育与科学》2010年第3期。

④ 王景波：《加强体育行政部门体育公共服务职能的研究》，《沈阳体育学院学报》2009年第1期。

进评估内容，明确组织机构的职能划分就显得尤为必要。

其次，政府组织的制度协调主要体现在部门配合以及惩戒机制两个维度，二者均对政府组织的公共服务绩效产生影响。整体性治理理论最早的提出者希克斯在其《整体性政府》一书中指出，由政府部门职能多元性引发的管理碎片化是造成整体性政府无法形成的主要原因。进一步讲，碎片化造成的主要问题是单一政府组织或部门无法解决棘手的政务问题，因此要更加强调部门之间的配合和协调。有学者认为，当前体育部门实施的绩效管理存在很多困境，其中包括，现行的我国体育行政管理体制的科层结构，是一种自上而下的贯彻命令的行政结构，在某些时候会阻滞部门之间的协同配合，造成互相监督和惩戒机制建立的动机缺失。[1] 此外，体育职能管理部门管理信息发展面临的困境，如对信息化管理的重视程度、了解程度和资金投入严重影响了部门之间的配合和监督，从而降低了体育行政部门的工作效率，导致最终公共服务绩效的降低。因此，本书采用现有学者对于体育主管部门之间的"协同配合"和"惩戒机制建立"两个因素，分析地方政府在全民健身公共服务过程中的绩效。

最后，在政府组织的人际关系协调方面，政府部门的人员合作程度是影响其公共服务绩效的主要指标。公共服务的发展以公众为服务对象，以人的全面发展为前提，同时人员也是政府组织部门成立的前提。政府组织的协调必须以人际关系的协调为基础。管理学家奈斯比特就曾在自己的著作中指出，"无论是企业还是公共部门，未来的竞争就是管理的竞争，竞争的焦点就在于内部成员间和外部组织之间的有效沟通。沟通是指可理解的信息或思想在两人或两人以上的人群中传递或交换的过程，整个管理工作都与沟通有关"。[2]

---

[1] 朱毅然：《我国体育部门实施绩效管理的多维困境和路径选择》，《商丘师范学院学报》2012年第12期。

[2] 周三多：《管理学原理与方法：第四版》，复旦大学出版社2007年版，第541页。

在这一方面，已经有学者指出乡（镇）政府公共服务能力的一个重要影响因素就是化解公共服务矛盾的能力（即政府的人际沟通协调能力）。[①] 政府组织内部人员的沟通的加强、信任的提高、责任感的增强都有利于提高政府组织的凝聚力，提高公共服务工作效率和配置资源的效率，有效降低公共服务运行和管理的成本，从而提升政府组织公共服务的绩效。而在体育领域，目前还很少有研究涉及体育行政管理人员人际关系对于全民健身公共服务绩效的影响机制。但是这并没有否定我们引介其他领域公共服务在政府组织人际关系协调方面的有益经验的必要性。因此，本书将体育行政部门管理人员的人际关系协调也纳入全民健身公共服务绩效评估的内容之中，旨在发掘它们潜在的关系机制。

综上所述，本书对组织协调和全民健身公共服务绩效的关系提出如下假设。

假设1-1：组织协调因素直接正向影响全民健身公共服务的效率。

假设1-2：组织协调因素直接正向影响全民健身公共服务的质量。

假设1-3：组织协调因素直接正向影响全民健身公共服务的回应性。

假设1-4：组织协调因素直接正向影响全民健身公共服务的民主性。

二 财政支出与全民健身公共服务绩效

国内外很多学者分析了财政支出对于公共服务均等化的影响机制。例如，霍夫曼和尤塞夫（Hofman&Yusef）分析了中央政府财政支出规模对于不同地区公共服务能力的影响，认为财政投入力度的

[①] 靳永翥：《乡（镇）政府公共服务能力：理论基础与要素构建》，《中共贵州省委党校学报》2013年第6期。

差异直接导致了地方政府财力不均,从而各地区经济社会发展以及公共服务水平差异化明显。① 我国著名经济学家钱颖一、金和辉以及巴里·温盖斯特(Barry R. Weingast)分析了我国的财政分权体制(财政支出方式),认为财政包干制度作为一种财政体制的改革和创新,能够增强地区经济和社会发展活力,缩小各地区经济发展和公共服务能力的差距②。基于此,本书主要从财政支出的三个方面对全民健身公共服务绩效的影响进行深入分析。

第一,财政支出的方式,即财政资金的供给方式,特指财政部门把国家集中起来的财政收入分配给各用款单位的具体方式。③ 可以看出,财政支出方式实际上是一种制度安排。目前,我国体育事业财政制度遵循国家宏观财政制度,采取分税制的财政管理体制,即分别实行全额预算管理、差额预算管理、自收自支管理及企业管理方式。④ 全民健身公共服务领域的财政支出方式,其实体现了我国体育事业财政制度的特征。有学者认为,全民健身公共服务的财政支出方式本质属性即其"公共性",体育事业的财政支出方式的改革方向是加大力度定位在全民健身公共服务供给过程中的政府职能⑤,这在一定程度上揭示了财政支出方式与全民健身公共服务绩效之间存在某种关联。

此外,不同的财政支出方式需要根据各地全民健身公共服务实际情况加以调整,否则实现全民健身公共服务的均等化只是一种政

---

① Hofinan, John Yusef, *Public Participation in Public Decisions*, SanFrancisco, Jossey-Bass, 1995, p. 3.

② Jin Hehui, Qian Yingyi, Barry R. Weingast, Regional Decentralization and Fiscial Incentives: Federalism, Chinese Style, *Journal of Public Economics*, Vol. 89, 2005, pp. 1742 – 1791.

③ 楼静:《改进财政支出方式:理论分析与政策建议》,硕士学位论文,浙江大学,2007年。

④ 李丽、杨小龙:《论我国体育事业财政制度的变迁》,《体育文化导刊》2012年第11期。

⑤ 毕红星:《体育财政公共属性及政策选择》,《体育文化导刊》2009年第10期。

治口号和宣言。① 还有学者从财政学的角度，剖析我国群众体育事权和财权的关系，认为分级政府强大的体育事权决定了全民健身公共服务资源的走向，同时事权与财权的不均衡也导致了政府对于全民健身公共服务的过度管控，提出必然要依靠分级政府根据自身经济发展条件，结合地方全民健身公共服务的实际情况，以提供与辖区内事权、财权相匹配的财政制度为基础，从而提高政府全民健身公共服务供给能力，最终提高地方全民健身公共服务绩效水平。② 可以发现，财政支出方式会影响全民健身公共服务的公平性和服务质量这一观点，已经在学界普遍达成共识。

第二，财政支出的规模。财政支出规模指政府在一定时期安排的财政支出的数量。财政支出规模广义上有三类计算方法，第一类为财政支出的总量，第二类为支出数额的绝对量，第三类则是财政支出占国民收入的相对量。全民健身公共服务财政支出，是政府提供全民健身公共服务的主要资金来源，包括财政拨款和体育彩票公益金。但是无论采用哪种计算方法，在政府将一定数量的经费和彩票公益金划拨给全民健身公共服务时，体育主管部门和公众都希望得到足量的资金支持，并且希望全民健身公共服务的质量与财政支出的数量对等。在这一方面，国内许多学者都认为，合理、科学的大众体育服务和全民健身公共服务财政支出水平，可以促进服务的效率和质量的提高，是对全民健身公共服务绩效产生影响的重要因素之一。虽然目前我国全民健身公共服务财政支出经费逐年增多，但是由于人均财政支出与发达国家仍然存在差距③，所以如何进一步提高全民健身公共服务财政支持力度，扩展全民健身公共服务经费

---

① 胡伟、程亚萍：《实现体育公共服务均等化：公共财政制度之作用与对策》，《上海体育学院学报》2013年第3期。
② 沈政：《论分级政府财政体制下的我国公共体育服务体系构建》，博士学位论文，北京体育大学，2014年。
③ 刘鹏：《认真谋划"十三五"推进健康中国建设》，http://sports.people.com.cn/n1/2015/1228/c22155-27986199.html，2015年12月29日。

来源渠道成为未来提升我国全民健身公共服务绩效的一个重要突破口。

第三，财政支出的结构，即指财政支出总额中各项支出的组合以及各项支出在支出总额中所占的比例。在全民健身公共服务领域，财政支出结构主要体现在不同地理位置（东、中、西部地区），不同区域（城乡之间）、不同人群（青少年群体、老年群体、残疾人群体等）以及不同全民健身公共服务项目（全民健身场地设施支出、全民健身活动支出、社会体育指导员培训支出）之间的支出组合以及占支出总额的比例情况。全民健身公共服务财政支出结构通过影响全民健身公共服务公平性，从而成为影响全民健身公共服务回应性绩效的重要因素。财政支出结构是否科学、是否均衡，直接影响着全民健身公共服务的效率。对于上述这一论点，郑娟从更加宏观的角度分析了公共体育服务领域在全民健身、竞技体育和体育产业的财政支出结构，认为我国在北京奥运会后体育财政支出效率上日益下降，原因在于2008年和2009年之间体育财政规模效率达到相对峰值，致使后续几年支出效率下降。邵伟钰运用数据包络分析方法的CCR、BCC和SE-DEA模型对我国地方群众体育财政投入效率进行了分析评价。其中，将群众体育事业支出、群众体育事业支出占体育事业支出比重作为研究测量的指标项，可以看出财政支出结构已经成为学者们研究全民健身公共服务绩效时关注的关键影响因素。

综上所述，本书对财政支出因素与全民健身公共服务绩效的关系提出如下假设。

假设2-1：财政支出因素直接正向影响全民健身公共服务的效率。

假设2-2：财政支出因素直接正向影响全民健身公共服务的质量。

假设2-3：财政支出因素直接正向影响全民健身公共服务的回

应性。

假设 2-4：财政支出因素直接正向影响全民健身公共服务的民主性。

三　设施配置与全民健身公共服务绩效

全民健身公共服务设施配置是指对全民健身场地设施（稀缺的资源）在各种不同用途上进行合理选择和分配。关于我国全民健身公共服务设施配置的研究，整体上来看主要从设施的建设与布局（可及性）、设施的数量和质量以及设施的运营开放和利用率进行的，但是这些研究最终都指向一个结论，即设施可及性和配置效率在很大程度上影响全民健身公共服务绩效。

首先，改善设施的建设和布局（可及性），不仅可以提高全民健身公共服务效率，并且能够拓宽居民参与健身活动的渠道，最终促进居民身体健康，实现提升全民健身公共服务绩效的目的。对于这一观点，国内外有很多学者的研究都有充分的证明。国外学者萨拉·尼古拉斯[1]（Sarah Nicholls）就从社会公平维度，以位于美国得克萨斯州布莱恩市的公共休闲公园为研究对象，利用地理信息系统（Geographic Information System，GIS），考察了国家休闲公园和当地居民分布之间的"空间匹配"状况，实证分析了各类国家休闲公园的空间配置的大众体育的公平绩效。日本学者 KoWan Tsou 也为公共体育设施的城市空间布局评价提供了衡量标准[2]，并探讨了公共体育设施可及性的问题，进而为优化城市体育设施布局，促进居民公平享用体育设施提出了建议。国内很多学者也将设施在地区、人群间

---

[1] Sarah Nicholls, Measuring the Accessibility and Equity of Public Parks: A Case Study Using GIS, *Managing Leisure*, No. 6, 2001, pp. 201-219.

[2] Tsou K., Hung Y., Chang Y., An Accessibility-based Integrated Measure of Relative Spatial Equity in Urban Public Facilities, *Cities*, Vol. 22, No. 6, 2005, pp. 424-435.

配置差异视为制约全民健身公共服务绩效改善的主要因素[1][2][3]，认为大众对于建设设施强烈的需求与全民健身公共服务设施的缺失产生矛盾，从而进一步导致供给不均衡的问题，最终降低全民健身公共服务绩效水平。

其次，长期以来受到经济社会发展水平的影响和我国体育管理体制的制约，我国全民健身公共服务设施的数量和质量问题没有得到应有的重视。有数据显示[4]，我国城市居民对于社区体育设施的数量和质量感到不满意，居民反映的体育设施数量太少（东、中、西部居民满意度仅为 45.2%、49.2% 和 45.3%），类型太少（东、中、西部居民满意度仅为 26.5%、31.4% 和 33.5%）和设施陈旧（东、中、西部居民满意度仅为 20.2%、24.2% 和 30.3%）等问题比较突出。国外对于公共体育设施数量和质量的研究，也一直围绕着公共服务绩效的主题展开。Chema 在自己的研究中指出，政府部门乐于将增加娱乐体育设施数量作为手段，认为公共体育设施的建设有利于政府资本的流通，从而改善当地经济环境，并能为当地居民提供更高质量的大众体育服务[5]。Gratton 同样认为，公共体育设施在注重数量的前提下，也必须强调公共体育设施在城市形象提升和社会活力彰显中的作用，即注重公共体育设施的质量和内涵。[6] Chad Seifried 也将公共体育设施的数量和质量

---

[1] 张峰筠、肖毅、吴殷：《城市社区公共体育设施场地的空间布局——以上海市杨浦区为例》，《上海体育学院学报》2014 年第 38 卷，第 80—83 页。

[2] 陈旸：《基于 GIS 的社区体育服务设施布局优化研究》，《经济地理》2010 年第 2 期。

[3] 孟蓓：《社区配套体育设施规划、建设和管理模式创新研究》，博士学位论文，首都经济贸易大学，2010 年。

[4] 戴健：《公共体育服务体系建设》，上海交通大学出版社 2015 年版，第 86—87 页。

[5] Chema, T., When Professional Sports Justify the Subsidy: A Reply to Robert A. Baade, Journal of Urban Affairs, Vol. 18, No. 1, 1996, pp. 19 – 22.

[6] Gratton, C., Shibli, S., & Coleman, R., "Sport and Economic Generation in Cities", Journal of Urban Studies, Vol. 42, No. 5/6, 2005, pp. 985 – 999.

作为推动社区发展和当地整体公共服务质量提升的重要变量因素。①尽管目前我国公共体育设施的总量不断增加，但是设施的供给不足和质量低下依然是困扰全民健身公共服务进一步发展的主要原因②，所以将全民健身公共服务的数量与质量作为影响其最终绩效的因素，不仅在理论上具有扎实的依据和基础，在新时代全民健身公共服务的工作实践形势中，也具有必要性和紧迫性。

最后，全民健身公共服务设施的运营开放和利用率也是国内外学者关注的重点问题，目前大多数研究者认为设施运营模式的差异以及利用率的高低都会直接影响全民健身公共服务设施的绩效。例如，日本学者什叶派坤（Shia Ping Kung）和英国学者皮特·泰勒（Peter Taylor）③ 就探讨了不同管理模式下英国公共体育中心的绩效情况，这些体育中心都要负责国家标准管理服务。两位学者首先将英国公共体育中心按照管理模型分为三种不同类型，第一种是地方政府直接进行管理；第二种是政府购买社会企业服务，委托企业进行经营管理；第三种是信托机构进行管理。他们以260个英国公共体育中心为样本，对各中心不同类型的使用者、财务状况、使用率、用户满意度等指标进行相关分析。结果发现，在地方政府内部管理模式下，虽然公共体育中心的公众满意度比较高，但与公共体育服务承接方的企业及信托机构相比，地方政府的财务状况较差。在公众满意度方面，信托机构的绩效介于政府机构和购买公共体育服务的承接企业之间。

---

① Chad Seifried, "An Alternative View of Public Subsidy and Sport Facilities Through Social Anchor Theory: City", *Culture and Society*, No. 4, 2013, pp. 49 – 55.

② 黄兆生：《城市社区体育设施规划与设计策略研究》，硕士学位论文，重庆大学，2010年。

③ Shia Ping Kung, Peter Taylor, "The Effect of Management Types on the Performance of English Public Sports Centres", *International Journal of Sport Policy and Politics*, No. 2, 2010, pp. 303 – 326.

而国内学者魏琳①等人，以上海 12 个大型体育场馆为分析对象，基于场馆公益开放时段的实证分析，构建了公众满意度指数模型，对大型体育场馆公共体育服务质量进行了测评，笔者将其中的设施的开放时段作为全民健身公共服务绩效研究的主要影响因素。此外，还有很多学者将设施的运营和利用情况作为影响全民健身公共服务绩效的因素进行分析。②

综上所述，本书对设施配置因素与全民健身公共服务绩效的关系提出如下假设。

假设 3-1：设施配置因素直接正向影响全民健身公共服务的效率。

假设 3-2：设施配置因素直接正向影响全民健身公共服务的质量。

假设 3-3：设施配置因素直接正向影响全民健身公共服务的回应性。

假设 3-4：设施配置因素直接正向影响全民健身公共服务的民主性。

四 政策执行与全民健身公共服务绩效

米德和霍恩（D. S. Van Meter & C. E. Van Horn）根据系统理论构建了一套政策执行的系统模型③，他们将这个系统模型主要内容都收录在他们的研究成果——《政策执行过程：概念性框架》一文中。他们在构建政策执行的系统模型过程中提出了影响政策产生的几个相关因素：（1）政策标准与目标；（2）政策资源；（3）组织间的沟

---

① 魏琳等：《上海市大型体育场馆公共体育服务质量评价——基于公益开放时段的实证分析》，《武汉体育学院学报》2016 年第 6 期。

② 陈元欣、王健：《我国公共体育场（馆）发展中存在的问题、未来趋势、域外经验与发展对策研究》，《体育科学》2013 年第 1 期。

③ Donald S. Van Meter and Carl E. Van Horn, "The Policy Implementation Process: A Conceptual Framework", *Administration & Society*, No. 6, 1975, p. 445.

通与强化行动；（4）执行机构的特性；（5）经济与政治环境；（6）执行人员的意向。该系统模型为本书全民健身公共服务的政策执行提供了理论指导。全民健身公共服务政策，作为体育行政系统输出的主要内容，在本质上是一种权威性的全民健身公共服务功能价值的分配方案，全民健身公共服务政策执行过程关系到其最终目标的实现，关系到全民健身公共服务的绩效。根据该政策执行理论模型的主要因素，本书从政策环境、政策目标和宣传、政策监督几个方面来分析对地方政府全民公共服务绩效的影响。

首先，在政策环境方面，1990年以后，随着西方经济社会的进一步发展，国外政策更加关注大众健身的重要性，陆续出台了许多体育政策。与国内整体的群众体育政策颁布与实施相比，国外开始更多地出台对弱势群体（妇女、儿童、老年人、残疾人等）的专门性，并且在政策执行和评估等阶段展开了大量研究。国外的研究大都认为符合社会经济发展水平和利于促进居民体育参与的政策都对大众体育服务发展具有积极的影响作用。艾勒[1]（Eyler）研究发现，大众体育政策环境对于大众体育尤其是女性参与体育运动具有促进作用，提出政策环境包括社会支持、家庭责任等要素。萨丽斯[2]（Sallis）指出，尽管目前由于缺乏统一和较权威的概念模型和评价方法，阻碍了政策环境的干预效果，但她依然认为政策的干预措施对推动大众体育发展具有积极影响。国内方面，近年来国家对于群众体育以及全民健身公共服务发展的政策扶持力度也日益加强；在学术界，对于全民健身公共服务发展的扶持政策的研究也进入了一个相对活跃的时期。上海体育学院戴健教授，在其《公共体育服务体系建设》一书中对从中华人民共和国

---

[1] Eyler A. A., Vest J. R., "Environmental and Policy Factors Related to Physical Activity in Rural White Women", *Women Health*, Vol. 366, No. 2, 2002, pp. 111–121.

[2] Sallis J. F., Bauman A., Pratt M., "Environmental and Policy Interventions to Promote Physical Activity", *American Journal of Preventive Medicine*, Vol. 15, No. 4, 1998, pp. 379–397.

成立到 2012 年我国出台的公共体育相关政策进行了一系列梳理和评述，认为 2002—2012 年是政策出台的快速增长阶段。这一时期的政策议题的连续性、政策内容的稳定性、政策发布部门的权威性都有一定程度的增强，对于我国新时期的全民健身公共服务绩效的提升具有不可忽视的作用。

其次，政策执行首先要求确定政策目标，其次要在目标的指引下进行政策的广泛宣传，从而为下一步的政策落实做好前期准备。事实上，政策目标的确定以及政策宣传的力度本身就是衡量政策执行好坏的标准之一。由于公共体育政策的复杂性，不同国家、不同地区甚至不同人群的公共体育政策目标都具有一定的差异性。在国外，以英国的政策"Sport for all"为例，这一政策以建立"最积极和最成功的体育国家"为远景目标，并将提升英国居民体育参与率和满足英国居民健身需求作为价值导向。此外，加拿大、德国、荷兰、日本分别在《积极生活》《黄金计划》《荷兰人在运动》和《体育振兴基本计划》政策文件中，将青少年、老年人、妇女以及弱势群体的健康水平提高作为其公共体育政策的根本目标。

此外，北欧国家挪威分别在 1987 年、1999 年以及 2007 年颁布实施和修改了《儿童体育条例》(Regulations on Children's Sport)，用来规范、组织和指导挪威全境 5—12 岁的儿童体育活动。瑞典制定了专门的残疾人体育政策计划(Disability Sports Policy Program)，主要目标是通过鼓励残疾人参与体育，帮助他们康复以及融入社会，并希望通过体育活动，最终降低政府对于残疾人救助服务的公共财政支出。[①] 在我国，全民健身公共服务政策的目标是依据一定现实问题而提出的，按照《国务院关于印发全民健身计划（2016—2020 年）的通知》提出的总体目标，我国将在群体体育健身意识、锻炼人数、参与体育水平、身体素质以及全民健身公共服务在体育产业

[①] 史小强、戴健：《北欧大众体育治理透视：制度环境、核心理念与运行机制——兼论对我国群众体育治理改革的启示》，《天津体育学院学报》2016 年第 3 期。

和国家社会经济中发挥的作用等方面进行战略部署。① 总而言之，无论何种类型的公共体育政策，都是将全体社会公众作为目标群体，旨在提高社会大众身体素质，提升人民的健康水平。但是由于社会大众在政策接受程度以及个体社会经济特征上存在差异，所以政策目标是否回应了群众需要，宣传是否因地制宜、因人制宜而具有差异性，这些因素都会不同程度地影响全民健身公共服务政策的执行，并进一步对绩效产生影响。

最后，为实现公共政策执行的合理性，就必须在公共政策执行的过程中进行有效的政策监督。在政策监督方面，国内外已经有很多学者进行了研究。研究结果普遍反映出，政策执行过程中的落实与监督对政策执行的绩效有所影响。威廉·邓恩（William N. Dunn.）将政策投入、政策过程、政策产出以及政策影响作为基本元素，构建了一个公共政策监督的总框架②，认为公共政策监督是一个系统过程，不仅在政策执行过程中要进行监督，在政策制定和政策评估的阶段也要进行监督，从而对整体政策的绩效产生影响。纳西斯（Nassis, P. P.）对希腊的公共体育政策的落实进行了分析，研究发现在政府落实公共体育政策过程中由于监督的缺失和资金来源的不足，导致体育政策制定者和组织内部人员的积极性下降，从而影响了政策执行的效率，进一步影响了整个公共体育服务绩效的表现。③ 在实践中，美国《社区预防服务指南》中，就将公共健康计划、政策落实在各州的大众体育服务和公共卫生服务过程中，对大众体育组织和卫生服务机构、人员提出标准，实行全程监督，对于当地的大众体育服务水平的质量和绩效提升起到了

---

① 国务院：《国务院关于印发全民健身计划（2016—2020年）的通知》，http://www.yq.gov.cn/art/2016/6/24/art_21761_740620.html，2016年6月15日。

② William N. Dunn, *Public Policy Analysis: An Introduction*, China Renmin University Press, 2002, p. 372.

③ Nassis, P. P., "Remove from Marked Records an Analysis of Sports Policy in Greece (1980–1992)", *Leisure in Industrial and Post-industrial Societies*, 1996, pp. 31–41.

关键作用。① 国内学者陈庆云也明确提出，公共政策监督受很多因素影响：包括政策目标的多元性、政策效果的多样性、政策资源的混合以及政策行为的重叠等。

在体育领域，刘红建在其博士学位论文中指出群众体育政策执行监督与评估机制的形式化是群众体育政策执行阻滞的制度因素之一，群众体育政策执行阻滞问题妨碍了公共体育利益转化成社会个体利益，降低了居民满意度，因而不利于全民健身公共服务事业的健康发展。目前还有很多学者都认为在全民健身公共服务政策执行中，不同程度地存在着各种"执行阻滞"现象。由于政策执行阻滞的存在，公共体育服务政策在执行中变形、走样，政策执行效果偏离既定目标，影响了公共体育服务的质量和效益。

综上所述，本书对政策执行因素和全民健身公共服务绩效的关系提出以下假设。

假设4-1：政策执行因素直接正向影响全民健身公共服务的效率。

假设4-2：政策执行因素直接正向影响全民健身公共服务的质量。

假设4-3：政策执行因素直接正向影响全民健身公共服务的回应性。

假设4-4：政策执行因素直接正向影响全民健身公共服务的民主性。

五 信息技术能力与全民健身公共服务绩效

目前对于全民健身公共服务信息技术能力没有统一、明确的概念界定，本书借鉴前文对于信息技术的概念的研究，将信息技术定义为：服务于全民健身公共服务领域，对全民健身公共服务信息进

---

① Sugawara M., "Community Mental Health Service, Social Work Activity and Clinical Ethics", *Seish in Shinkei gaku Zasshi*, Vol. 15, No. 12, 2003, pp. 1437–1443.

行搜集、传递、加工、存储、发布和利用的技术总和。目前，信息技术在全民健身公共服务领域中的主要应用有全民健身公共服务类信息网站、全民健身公共服务类的各种系统软件和数据库，以及全民健身公共服务电子政务系统等。本书依据目前国内外学者对于信息技术能力构成维度的文献分析（表3-3），主要借鉴 Melville 关于信息技术能力构成的基本框架，即按照信息技术基础设施、信息技术人力资源以及信息技术互补性资源三个维度，来研究信息技术能力对于全民健身公共服务绩效的影响。

表3-3　　国内外有关信息技术能力构成维度的主要观点

学者	时间	信息能力构成维度
梅塔（Meta）	1995	信息技术管理、信息技术规划、治理等因素
罗斯（Ross）	2007	政府管理、公民参与、利益主体协调、政治体制、政府技术环境（信息技术、信息化程度等、信息公开）
梅尔维尔（Melville）	2004	信息技术设施资源、信息技术人力资源、信息技术互补性资源
张嵩	2006	信息人力资源、信息技术基础设施、信息技术文化资源、信息技术使能的无形资源
殷国鹏、陈禹	2009	信息技术设施、信息技术管理技能、信息技术关系能力

首先，在信息技术基础设施方面，科恩[①]（Keen）将其定义为在具有不同软硬件系统和设施之间进行信息共享的能力。邓肯（Duncan）也对其进行了专门性研究，并将其定义为一套共享的信息技术资源构成的应用平台，主要包括网络和通信技术、数据以及核心应用软件。他对信息技术基础设施的资源特性进行了归纳和总结，并对应用软件捕获信息的能力进行了测量，提出了信息技术基础设

---

① Keen P., "Shaping the Future: Business Design Through Information Technology", *MIT Sloan Management Review*, Vol. 32, No. 4, 1991, pp. 96–106.

施捕获信息的能力与组织绩效有密切关系的假设①,并在此基础上进行了实证检验。在体育领域,信息技术基础设施(应用软件)的运用很多集中在对于运动员和居民运动表现绩效提高的影响方面,他们普遍认为电脑软件、影像设备、跟踪仪器等信息技术设施记录运动动作、反馈运动相关信息,可以为提高运动成绩贡献智慧,达到人力所不能及的目标。在国内,国家体育总局体育信息中心研究员邱旭东,从宏观角度对我国体育信息化建设的现状做了总结,并对我国目前公共体育信息技术基础设施中的网站建设情况、办公自动化系统和数据库建设情况进行了分析,认为加快建设技术适度先进、安全可靠的网络信息基础设施对于提高网络建设和应用的整体效益和体育工作具有重要推进作用。② 贺刚等在《关于传媒发展促进全民健身的思考中》一文中,也认为传媒的发展能够促进全民健身活动的多样性。③ 此外,丁秀诗等人④认为及时构建公共体育信息化平台对于提高居民城市全民健身公共服务的知晓度、引导公众理性监督、促进全民健身公共服务良性互动、提高服务效率和管理水平有着重要影响。

其次,近年来对于信息技术人力资源对于组织绩效的实证研究也开始不断涌现。在国外,安德森(Andersen)研究证明信息技术人力资源与组织绩效之间具有显著的正相关关系。⑤ 德瓦拉耶(De-

---

① Duncan, Nancy Bogucki, Capturing flexibility of information technology infrastructure: A study of resource characteristics and their measure, *Journal of Management Information Systems*, Vol. 12, No. 2, 1995, pp. 37 – 57.
② 邱旭东、刘文浩、梁效平等:《我国体育信息化建设现状及对策研究》,《中国体育科技》2013 年第 49 卷第 5 期。
③ 贺刚、江玮:《关于传媒发展促进全民健身的思考》,《新闻战线》2015 年第 3 期。
④ 丁秀诗等:《信息化建设对提升我国城市社区体育公共服务质量的作用探析》,《哈尔滨体育学院学报》2014 年第 5 期。
⑤ Andersen T. J., "Information Technology Strategic Decision Making Approaches and Organizational Performance in Different Industrial Settings", *The Journal of Strategic Information Systems*, Vol. 10, No. 2, 2001, pp. 101 – 119.

varaj）证明了信息技术实际应用程度越高、信息技术人才越多、知识结构越高，组织的财务和质量绩效就越好。① 近年来，随着投入不断增加，我国全民健身社区服务人员不断充实壮大，但目前尚缺乏针对信息技术人力资源变化与全民健身工作绩效关系的相关研究。零散的研究只是从理论层面进行归纳总结，并未进行实证检验。例如，赵雷鸣提出，由于体育信息技术人才缺乏，导致全民健身信息的开放性与用户需求的科学性之间存在一定的矛盾，从而影响了全民健身公共服务的绩效水平。邱旭东等在调查了国家体育总局直属单位和省、自治区、直辖市体育局的管理人员后也发现，虽然有62%的单位设置了专门的信息化建设领导部门，但信息化建设的人员和投入力度还非常缺乏，信息技术人员不足两个人的单位占到72.1%，而少数单位仅设置了一名管理岗位，且未投入任何技术保障人员②，这在很大程度上影响了我国全民健身公共服务的信息化建设和绩效水平。

最后，在信息技术能力的第三个维度——信息技术互补性资源方面，现有的文献在研究信息技术互补性资源与组织绩效的关系时都仅仅局限于企业内部。尼斯塞里把企业信息技术能力形成过程中与信息技术相协调的除企业内部资源以外的其他资源定义为互补性资源，并且剖析了信息技术及其互补性资源与组织绩效的关系。企业资源理论认为信息技术互补性资源是建立企业竞争优势、决定组织绩效的决定性因素，并假设较高的组织绩效来自更好的信息技术协调和学习能力。③ 在公共管理领域，国内外政府多年信息化实践总

---

① Devaraj S., Kohli R., Performance Impacts of Information Technology: Is Actual Usage the Missing Link?, *Management Science*, Vol. 49, No. 3, 2003, pp. 273–289.
② 邱旭东等：《我国体育信息化建设现状及对策研究》，《中国体育科技》2013年第49卷第5期。
③ Xie X. M., "How does Cooperative Innovation Affect Innovation Performance? Evidence from Chinese Firms", *Technology Analysis & Strategic Management*, Vol. 25, No. 8, 2013, pp. 939–956.

结出的重要经验是，信息化绝不仅仅是信息技术部门内部的事情，凡是信息化成功的部门总是少不了高层管理者和多部门协同的深度参与。在信息技术时代，信息技术是一种稀缺资源和财富，但是只有共享的信息资源才能释放信息以及数据的价值①。我国学者梁新华和颜佳华认为政府信息服务流程能力的提升是一个利用现代信息技术对传统政府信息服务流程进行再梳理、优化和重新设计的过程，意在提高公共管理和公共服务的绩效，而政府信息服务流程能力需要政府各部门协作，其中协同能力是组织或组织中的个人进行协同合作的能力。

在全民健身公共服务领域的信息技术互补性资源对于公共服务绩效的影响有待进一步探究和完善。由于全民健身公共服务信息技术本质上是一个公共服务性质的信息平台，服务于政府、社会和公众，该平台是实现全民健身公共服务供给主体和需求主体的重要形式和纽带，通过服务实现全民健身公共服务领域的信息聚合，可及时发现不足与问题，最大限度地利用全民健身公共服务资源，从而满足更广泛的公众健身需求。因此，本书将信息技术能力中的信息技术互补性资源也纳入到全民健身公共服务绩效的影响因素中进行分析。

综上所述，本书对信息技术能力因素和全民健身公共服务绩效的关系提出以下假设。

假设 5-1：信息技术能力因素直接正向影响全民健身公共服务的效率。

假设 5-2：信息技术能力因素直接正向影响全民健身公共服务的质量。

假设 5-3：信息技术能力因素直接正向影响全民健身公共服务的回应性。

---

① 闫晓丽：《大数据时代的个人信息及隐私保护立法研究》，《保密科学技术》2015 年第 9 期。

假设 5-4：信息技术能力因素直接正向影响全民健身公共服务的民主性。

本章小结

本章在前一章构建地方政府全民健身公共服务绩效评估理论体系的基础上，进一步从研究操作的技术层面出发，更加深入地分析了地方政府全民健身公共服务绩效评估模型构建的基本原则，并对地方政府全民健身公共服务绩效评估模型的构成要素和影响因素进行了解释。在以往研究的基础上，本书将全民健身公共服务绩效评估的层次限定在地方政府层面，选择公众主观评价的方式作为本书的实证调查方法。从"服务效率""服务质量""服务回应性"和"服务民主性"四个维度构建了地方政府全民健身绩效的结构要素模型。并将组织协调、财政支出、设施配置、政策执行和信息技术能力五个变量作为地方政府全民健身公共服务绩效的影响因素，并进一步构建了地方政府全民健身公共服务绩效结构要素和影响因素之间的假设路径模型。本章内容为下一章对地方政府全民健身公共服务绩效模型的问卷量表进行设计、执行和优化做了理论铺垫。

第 四 章

研究问卷量表的设计、执行与优化

问卷设计是研究调查的计划，主要用于得到研究者想要研究问题的答案。因此，问卷设计的内容和结构要充分保证数据变异的控制和效度[1]。本研究属于公共行政和公共管理领域的研究，而研究地方政府全民健身公共服务的结构要素和影响要素之间的关系路径模型，特别是第三章内容提出的地方政府全民健身公共服务绩效评估的结构模型和其影响因素模型的九个变量，都无法直接进行测量。因此，本研究采用横向问卷调查法来实现数据收集。本章内容基于前一章所提出的研究思路和地方政府全民健身公共服务绩效评估模型的理论假设，在研究方法论的指导下，进行研究问卷的科学设计，从而将假设转化为观测量，并对研究所要观测的变量内容和结构做出真实、客观、严谨和科学的设计安排。在对原始问卷经过一系列分析、观察以及筛选剔除后形成正式问卷，为之后一章的地方政府全民健身公共服务绩效评估的假设路径模型的实证检验提供客观依据。

---

[1] 陈晓萍、徐淑英、樊景立：《组织与管理研究的实证方法》，北京大学出版社2008年版。

第一节 "全民健身公共服务绩效评估"问卷设计的价值取向

价值取向对研究问卷量表的设计具有重要的宏观指引和规范作用，是实现整个地方政府全民健身公共服务绩效评估模型科学合理构建的基本前提。它不仅决定着地方政府全民健身公共服务绩效评估的内涵，而且在一定程度上影响着地方政府全民健身公共服务绩效评估方法的选择。价值取向应该贯穿于地方政府全民健身公共服务绩效评估的全过程，作为全民健身公共服务绩效评估模型研究问卷设计、开发、修正以及实证运用的灵魂和纲领。因此，在构建地方政府全民健身公共服务绩效评估模型之前，首先应该统一最终价值标准并理解其价值意蕴。

一 彰显"权利共享、以人为本"的公共性本质

地方政府全民健身公共服务的上位概念是"公共服务"，因此全民健身公共服务绩效与全民健身领域的企业绩效有着本质区别。这种区别源自全民健身公共服务的公共性，失去"公共性"价值考量的全民健身公共服务绩效评估将会造成政府与公众之间的信任危机。因此，全民健身公共服务绩效评估指标体系的科学设置，必须以实现公共体育权益为首要价值规范和终极目标。

第一，无差别地对待和保障公民基本体育权利是全民健身公共服务绩效评估的逻辑起点和现实要求。全民健身公共服务工作的主旨就是动员和引导所有公民积极参与体育锻炼。面向全国广大人民群众、突出全民性是全民健身公共服务的基本着眼点，而其最终目的是努力使我国公民所享有的体育权利达到尽可能广泛的程度。全民健身公共服务对象主体具有广泛性，应不分性别、年龄、职业、宗教信仰、种族民族地将广大公民的基本体育权利纳入最基础的权

利范畴。即使公民被剥夺政治权利或限制人身自由，基本的体育权利也应当保留。① 然而，随着我国市场经济体制的不断深化改革，最初的体育形态与手段逐渐多样化，体育市场化、体育社会化趋势不断显现，加之公民之间的体育禀赋和所掌握的体育资源存在较大差异，导致某一部分公民在激烈的市场竞争条件下处于不利位置，而现代体育参与的准入门槛越来越多样化和复杂化，最终威胁到某些弱势群体的基本体育权利。这就要求地方政府在供给全民健身公共服务时，使这些处于弱势地位的公民的基本体育权利得到维护。可以发现，全民健身公共服务绩效评估首先是对地方政府全民健身公共服务工作绩效的考核，因此更多注重服务的普惠性而不是服务的规模和效益。如果全民健身公共服务绩效成为某些阶层或利益团体的代理人，或者被社会中既得体育利益集团操控，那么绩效评估就会偏离其公共性轨道，即便是效率再高，也会被视作绩效不高的表现，丧失绩效评估的本源意义。

第二，最大限度地辨识和满足公共体育利益需求是全民健身公共服务绩效评估的基本标准和最终落脚点。在政治学视野中，利益的定义域和承载主体的不同导致利益表现形态的不同，形成了个体利益、集团利益、阶层利益、民族利益、国家利益等。而作为公共体育利益上位概念的公共利益，与上述任何一种利益都有区别。即使是与公共利益最为接近的利益形式——国家利益，与公共利益还是有很大区别的。国家利益往往由政府来代表，而政府作为"理性人"会存在自身利益，这就使国家利益可能偏离公共利益。体育作为一种社会公共利益出现，是基于体育多元功能而定的②。现代公民的体育需求不断多元化、个性化，加之公共利益本身就是高度抽象

---

① 于善旭：《保护公民体育权利：全民健身计划的法制透视》，《天津体育学院学报》1995 年第 4 期。

② 胡科：《作为权利的体育》，《体育学刊》2007 年第 2 期。

和模糊的，甚至只能定义为抽象的秩序①，导致学界对于公共体育利益具体化的界定产生了不同的观点，但又都遵循公共利益的三个主要特征：即合法性、普遍性及合理性。目前，对于公共体育利益的界定倾向于：对社会整体或者是社会不特定的大多数人的体育利益以及体育需要的满足②，并受到法律保护。《中华人民共和国体育法》第二条明确规定了国家发展体育事业，开展群众性的体育活动，提高全民族身体素质。可见，体育是一项有利于全体公民的公共事业，是具有普遍共享性的福利事业。《全民健身计划》直接以"开展群众性的体育活动，增强人民体质"的宪法规定为引领，将"最大限度地满足人民切身利益的体育需要"作为全民健身公共服务工作的基本宗旨。

社会中的公共体育利益需求随着我国经济社会的发展变化以及人们生活水平的不断提高而不断发生着变化，公共体育利益需求不断变化不仅要求全民健身公共服务供给模式的协同性变化，也要求全民健身公共服务在绩效评估过程中顺应其变化，将及时了解和辨识社会公共体育利益需求的变化作为全民健身公共服务绩效评估的基本标准。此外，绩效评估更应该注重城乡居民之间，针对不同收入、不同年龄等群体之间公共体育需求差异性的研究，将公民满意度融入到全民健身公共服务绩效评估模型的设计之中，体现"以人为本"的核心理念。

二 坚持"效率优先、兼顾公平"的有效性原则

效率与公平的问题，在政府绩效和公共服务绩效评估的实践中由来已久。总体而言，西方国家公共部门的绩效评估经历了一个由效率标准向结果标准转变的过程。

---

① ［奥地利］哈耶克：《经济、科学与政治——哈耶克思想精粹》，冯克利译，江苏人民出版社2000年版，第393页。

② 夏青、秦小平：《经济社会转型期"体育公共利益"的界定和保护》，《河北体育学院学报》2012年第6期。

缘起19世纪末20世纪初的西方传统公共行政学，针对政府规模的不断扩大，政府职能不断增多的现象，提出了公共组织的有效性概念，并认为如何在花费最少的金钱与资源的条件下，以最有效率的方式来从事各种活动，是政府的核心目标[①]。"效率至上"的价值观念在20世纪70年代末的政府绩效评估发展过程中走向鼎盛，可以说这一阶段的政府绩效评估正是建立在科学、理性的基础上的，它侧重于从技术手段改善的角度来探究政府效率的提升。但是，这一时期的政府绩效狭隘地关注政府的经济性指标，忽视了政府活动的结果和社会影响，严重违背了政府"公共性"的价值目标，带来了一系列不良结果。之后，随着社会经济的发展，传统公共行政所主张的效率模式已经不能适应政府治理的新需要。新公共行政学派的出现，改变了政府绩效"效率至上"的旧有价值观点，提出了公平有时候要比效率更加重要的"公平至上"的新理念。这一时期的政府绩效评估由单纯重视对政府活动经济效率的追求转变为更加关注结果和公平。之后，随着新公共管理理论在公共部门实践活动中的盛行，政府效率更多地被理解为必须内化组织结构的组成要素，并体现为优质的、高效益的公共服务，政府绩效评估只有在政府行为"有效性"和"公共性"联系在一起时才有意义。

可见，西方国家政府绩效评估的实践和理论发展，为处于经济社会转型阶段和绩效评估探索阶段的我国提供了相关经验启示。因此，将我国全民健身公共服务的绩效评估的价值选择与具体国情、体情结合是必由之路。在地方政府全民健身公共服务绩效评估问卷的设计和开发过程中，必须避免出现过去西方国家在"效率中心主义"时期，将政府绩效评估作为纯粹的科学化、流水化的工艺制造过程的现象；必须坚持西方国家近期理论发展中的"有效性"和"公共性"原则，通过适当的制度安排和变革，努力实现全民健身公

---

① Wilson W., The Study of Administration, *Political Science Quarterly*, No. 2, 1987, pp. 197 - 220.

共服务绩效评估的效率和公平的双重目标。

因此，在确立这一价值维度的基础上，地方政府全民健身公共服务绩效评估必须要考虑复杂的现代经济社会发展所带来的一些问题，比如社会阶层分化、全民健身的公共体育服务需求多样化、公共体育需求表达程度等，这些因素都会对公众全民健身公共服务的绩效产生不同的认知和评价结果。具体而言，就是需要在地方政府全民健身公共服务绩效评估模型的设计初始阶段，将描述全民健身公共服务投入、产出及效果的基础性"效率指标"和反映地区之间、城乡之间、不同人群的享有全民健身公共服务的"均等化指标"结合起来。真正做到处理好绩效评估中效率和公平的关系，深刻理解"效率是公平的基础，公平是效率的条件"的内涵。

三 追求"公众满意、民主参与"的回应性目标

从 20 世纪 80 年代中期开始，政府绩效评估关注的焦点逐渐转向效益和"顾客满意"，公共服务质量及其公众满意度成为绩效评估过程的重中之重。可见，公众是否满意、公众参与程度已经越来越成为检验体育主管部门全民健身公共服务绩效发展水平的重要标志之一。在本书问卷量表的设计和开发过程中，确定回应性这一价值维度，就必须考虑如何体现公众满意、如何保障公众民主参与绩效评估的问题，只有这样才能较为全面地选取关键要素，对容易产生争议的指标设计做出客观回答，保证地方政府全民健身公共服务绩效评价的准确性。当前受行政环境和文化的影响，我国公众满意度评价和民主参与绩效评估在政府绩效评估过程中会遇到很多特有的障碍。[①] 但是不能否认，公众满意度评估和公众参与绩效评估是政府绩效评估未来的方向，而体育领域的全民健身公共服务也同样如此。

---

① 张红艳：《我国政府绩效评估中开展公众满意度评价的障碍及解决途径》，《学习论坛》2005 年第 1 期。

一方面，坚持绩效评估中的公众满意度评价、鼓励公众参与评价有利于增强"地方政府全民健身公共服务绩效评估模型"的社会相关性。将普通公众所能理解的、有意义的指标设计在"地方政府全民健身公共服务绩效评估模型"之中，可以为公众提供评价地方体育主管部门和对其提出改进意见的机会，亦可使全民健身公共服务的发展事实和公众切身感受结合起来，从而改善体育主管部门工作人员受到"鞭策"的困境，降低体育主管部门低效率工作的概率。此外，将公众的调查结果融入"地方政府全民健身公共服务绩效评估模型"的实证分析过程，可以为地方政府提供全民健身公共服务呈现出一个更为明确的目标，只有在体育主管部门工作人员对公众期望和满意度有更多了解时，才可能从实质上改善政府公共服务质量。

另一方面，公众满意度评价和公众参与绩效评估，可以有效彰显公民的主体地位，为科学完善绩效评估制度提供实践依据。随着社会经济的发展，我国公民的主体意识不断提升，公众作为全民健身公共服务的最直接的接受者，对其有着最为直观的感受，公民的感受直接关系着全民健身公共服务的绩效状况。公众不再仅仅是公共体育政策或者全民健身相关政策的被动接受者，而成为表达自身体育利益、影响全民健身公共服务相关政策和实践活动的有生力量。公众通过参与评估，督促体育行政部门必须按正当的程序进行支出，同时必须有效率地利用资源使其工作达到预期的结果，这在一定程度上提升了体育主管部门全民健身公共服务工作的透明度。体育行政管理体制是我国整体行政管理体制的一个缩影，由中央、省、市、县等层级组成，而且层级之间等级森严，横向层级之间也存在诸多壁垒和界限，压缩了公众参与政府绩效评估的空间。而有公民参与的全民健身公共服务绩效评估对于突破体育行政的层级限制，实现各级体育行政部门有效治理、体育主管部门行动的合法化、全民健身公共政策的科学化都有重要意义。

第二节 "地方政府全民健身公共服务绩效"的变量测量

前一章内容建立的假设路径模型主要包括 5 个影响因素变量、4 个绩效结构变量以及 20 个假设关系路径。由于 9 个变量都属于难以直接观测的潜变量，因此需要运用因子分析法和结构方程模型法对关系模型进行分析整合。要将潜变量转化为可以直接评估的观测变量，必须有编制和设计问卷的步骤。

一 地方政府全民健身公共服务绩效结构要素的变量测量

（一）全民健身公共服务效率

公共服务效率的实质就是公共资源的投入和产出比例，能够反映公共服务效果和其消耗的公共服务资源之间的投入产出关系。① 而在公共服务供给过程中，所需要的资源包括资金、人员、物质以及服务部门可以获取并消耗的资源；产出则是指公共服务最终的产品数量和服务内容。② 传统公共行政模式下，受科学管理思想的影响，政府绩效和公共服务绩效的重点关注领域就是服务效率。

地方政府全民健身公共服务是公共体育服务和我国整体公共服务的主要组成部分，因此需要对地方政府全民健身公共服务的效率进行重点考察。

本书中，地方政府全民健身公共服务效率是指：在进行适当的人力、财力、物力等资源投入的前提下，在地方政府全民健身公共

---

① 王伟同：《中国公共服务效率评价及其影响机制研究》，《财经问题研究》2011 年第 5 期。
② 娄峥嵘：《我国公共服务财政支出效率研究》，博士学位论文，中国矿业大学，2008 年。

服务职能部门进行相应的组织活动和管理行为后,可以为当地居民提供满意的全民健身公共服务,反映的是全民健身公共服务资源投入与产出之间的关系。与任何其他种类的公共服务一样,全民健身公共服务的效率不可能达到最优,只能追求居民满意的相对最优。

表4-1　地方政府全民健身公共服务效率的初始测量题项来源

评估目标	全民健身公共服效率（XL）题项的简要描述	文献来源
资金使用效率	全民健身公共服务资金使用较为合理、高效（XL1）	余平（2010）；谭秀阁、杨建飞、王珏（2013）；邵伟钰（2014）；郑娟（2015）
设施使用效率	全民健身公共服务设施利用情况良好（XL2）	萨拉（2001）；什叶派坤（2010）；陈元欣、王健（2010）；魏琳（2016）
组织活动效率	全民健身公共服务组织活动丰富多彩（XL3）	张强（2011）；维尔（Vail, 1986）
组织活动效率	全民健身公共服务组织活动参与率较高（XL4）	维尔（Vail, 1986）；科斯基（Koski, 1995）；
组织活动效率	组织活动负责人受尊敬程度（XL5）	科斯基（Koski, 1995）
人员配置效率	全民健身公共服务人员配置充足、结构合理（XL6）	马利·拜尔和奥博托·曼德拉（2002）；弗里斯比（Frisby, 1986）；刘亮（2011）

注：文献来源见本书参考文献部分。

根据已有研究成果（表4-1），本书对于地方政府全民健身公共服务效率的评估从资金使用效率、设施利用效率、组织活动效率以及人员配置效率四个维度进行。

（二）全民健身公共服务质量

服务质量是地方政府全民健身公共服务绩效评估的基本标准和核心部分。公共服务质量最初是将企业全面质量管理的思想理念、基本原则以及运行方式运用到了政府公共部门。在此应用过程中，学者贝特米（Beltrami）将公共服务质量的概念演化分为三个阶段：第一阶段，公共服务质量是被当作一种标准和程序，与早期企业技术中的服务质量内涵相同；第二阶段，公共服务质量更多地体现了服务效果的含义，最终将服务的质量与服务的目的结合在一起；第三阶段，公共服务质量更多的是接近于顾客满意度，在不断地发展过程中将公众作为公共服务的目标人群和"顾客"，以公众为导向，以测量公众对服务的预期、感知以及需求的满足为主要内容。

本书采用贝特米关于公共服务质量第三阶段的概念，作为地方政府全民健身公共服务质量的基本内涵，即地方政府全民健身公共服务质量可以作为评价服务好坏的基本标准，通过对公众服务预期、公众服务感知以及服务整体满意度之间的关系来测量。

表4-2　地方政府全民健身公共服务质量测量指标的文献来源

评估目标	全民健身公共服质量（ZL）题项简要描述	文献来源
公众服务预期	期望全民健身公共服务质量能够满足需求（ZL1）	奥利弗（Olive，1989）；魏傲霞（2012）
公众服务感知	全民健身公共服务质量有所提升（ZL2）	郑旗（2015）；张堃、仇华等（2016）；周文静（2017）；魏琳等（2016）
	全民健身公共服务质量与预期水平相符（ZL3）	张堃（2016）；韦伟、王家宏（2015）
	全民健身公共服务覆盖范围不断扩大（ZL4）	吴文龙（2015）；秦勇、张秋（2012）等
公众服务整体满意度	全民健身公共服务质量整体令人满意（ZL5）	王梦阳（2011）；刘巍（2011）；卢跃东（2013）等

注：文献来源见本书参考文献部分。

在全民健身公共服务领域，已经有大量研究（表4-2）针对上述三个方面进行了很多有价值的探索，为本书对于全民健身公共服务质量评估的构建和指标描述提供了理论指导。

（三）全民健身公共服务回应性

回应性应该被作为一个学术概念理解，它隶属于公共管理学和公共行政学。在《公共部门管理》一书中，美国学者格洛弗·斯塔林将回应性定义为："一个组织对公众提出的诉求、意愿作出及时回应，即政府对公众所提出要求的作出反应的行为。"[1] 之后，我国很多学者开始了对公共服务回应性的研究，虽然研究重心各不相同，但对于其概念的界定却基本达成了共识，即公共部门能够积极地采取公共决策与措施，公正、有效地实现公众的需求和利益，并对社会公众的需求做出有效回应。这从根本上肯定了公共治理与服务最终必须接受社会公众评议的事实。

地方政府全民健身公共服务对公众需求的回应、对公共决策的措施调整、对公众相关信息的公开、对不同群体的需求均衡问题的解决，在很大程度上会决定社会公众对于地方政府全民健身公共服务好与坏的评价（表4-3）。因此对全民健身公共服务进行绩效评估，必须把回应性确立为其中一个重要维度。在确立这一维度进行绩效评价时，必须要考虑我国经济、政治、社会发展复杂程度、全民健身公共服务特殊性等问题，比如不同地区、不同人群、不同项目之间的全民健身公共服务需求多样化所导致的需求表达程度的不同，可能最终导致社会公众对地方政府全民健身公共服务同一个内容的绩效产生不同的认知和评价结果。所以只有确定全民健身公共服务的回应性这一内容维度，才能较为全面地选取关键要素，对容易产生争议的全民健身公共服务绩效做出客观回答，保证绩效评估的准确性。

---

[1]［美］格罗弗·斯塔林：《公共部门管理》，常健等译，上海译文出版社2003年版，第66页。

表4-3　地方政府全民健身公共服务回应性测量指标的文献来源

评估目标	全民健身公共服回应性（HYX）题项简要描述	文献来源
服务透明	全民健身公共服务信息公开（HYX1）	王凯（2011）；王淑英（2012）；刘亮（2011）；张大超（2014）等
服务公平	全民健身公共服务均等化程度（HYX2）	唐小英（2016）；袁春梅（2014）；周冬（2011）
	全民健身公共服务分层供给水平（HYX3）	汤际澜、谢正阳（2014）；刘亮（2015）；秦小明（2010）等
需求满足	全民健身公共服务公众需求回应度（HYX4）	陈旸（2011）；刘巍（2011）；卢跃东（2013）等
政策调整	全民健身公共服务政策调整较为及时（HYX5）	蒲鸿春、王志伟（2017）；刘红健（2014）；孙晓（2010）

注：文献来源见本书参考文献部分。

（四）全民健身公共服务民主性

伴随着我国经济的不断发展，人民生活水平日益提高，全民健身市场活动中多元化社会主体不断得到培育和成长，全民健身公共领域也随之扩大。公众参与健身的权利意识和民主意识逐渐增强，这势必要求我国体育主管部门在全民健身公共服务治理过程中为公众的民主参与提供便利的渠道。此外，新公共服务理论提倡政府在治理系统中以"公众为中心"进行行政管理。它主张公共利益是追求的目标、政府不应当只重视公共服务的生产率，更应该重视人，强调以人为本的理念。作为服务型政府建设的重要理论源泉，新公共服务理论同样对全民健身公共服务绩效评估具有指导意义。这启示我们在做全民健身公共服务的绩效评估时应该更加关注服务接受者——广大公众，同时还要扩大健身群众对地方体育主管部门的服务态度、服务质量、服务水平和服务能力的认知与评议的广度和深度。

根据党的十八大报告中提出的"以扩大有序参与、推进信息公开、加强议事协商、强化权力监督为重点，拓宽范围和途径，丰富内容和形式，保障人民享有更多更切实的民主权利"，本书将地方政府全民健身公共服务民主性理解为一种制度安排——全民健身公共服务政策对于公众参与和开放、地方政府全民健身公共服务职能部门受到民意制约的制度安排。此外，在理论界已经有大量研究（表4-4）针对上述几个方面进行了诸多讨论，本书将着重对地方政府全民健身公共服务民主性评估的服务知晓、服务参与、服务评议、服务法治、服务问责等内容进行深入的实证分析。

表4-4　地方政府全民健身公共服务民主性测量指标的文献来源

评估目标	全民健身公共服民主性（MZX）题项简要描述	文献来源
服务知晓	了解全民健身公共服务相关情况（MZX1）	王凯（2011）；王淑英（2012）；刘亮（2011）等
服务参与	经常参与全民健身公共服务赛事、培训等活动（MZX2）	程志理等（2016）；官永彬（2015）；王梦阳（2013）；陈丽娟（2015）
服务评议	经常参与全民健身公共服务评议活动（MZX3）	谢正阳（2011）；卢倩（2010）；刘峥（2014）等
服务评议	鼓励公众提供全民健身公共服务反馈信息（MZX4）	张大超（2014）；李燕（2016）等
服务法治	全民健身公共服务过程存在腐败行为（MZX5）	李朝刚（2010）；吴进进（2017）；张瑞林（2013）；潘迪钦（2013）等
服务问责	全民健身公共服务建立了完善的问责机制（MZX6）	黎晋添（2008）；李雪琼（2013）；于善旭（2012）

注：文献来源见本书参考文献部分。

二　地方政府全民健身公共服务绩效影响因素的变量测量

（一）组织协调

"组织协调"的研究始见于利特瓦克和迈耶①（Litwack & Mey-

---

① Litwick, Eugene Meyer, Henry, "A Balance Theory of Coordination between Bureaucratic Organizations and Community Primary Groups", *Administrative Science Quarterly*, No. 11, 1966, pp. 31-58.

er),他们在研究社会服务组织的过程中首次使用了"组织协调机制"一词,强调组织机构各个要素间、各个系统间为了组织目标而进行的一系列的行为改变。著名管理学家亨利·法约尔的组织管理理论认为,管理活动由计划、组织、协调、指挥、控制等重要因素构成。地方政府全民健身公共服务是一项涉及面广、任务繁多、相关利益主体众多的管理工作,因而在服务供给过程中,必然需要组织协调。组织协调是地方政府全民健身公共服务实现其目标与提升其绩效的重要组织和机构基础,主要体现在全民健身公共服务的供给过程中相关机构和组织的关系和互动。

根据第三章内容中对于现有文献的总结和归纳,笔者确定本书对于组织协调因素的评估从以下方面进行:(1)机构设置;(2)职能划分;(3)部门配合;(4)人员合作沟通;(5)惩戒机制。

(二)财政支出

财政支出作为政府资源配置的主要方式,其用途是保障政府供给切实符合社会公众需求和意愿的公共产品和公共服务。财政支出是指政府主体所有活动的费用支出总和,包括现有财政管理体制下预算内外支出以及债务支出等内容[①]。刘尚希、杨元杰、张洵提出,财政支出影响着城乡公共服务水平,认为财政支出的相关制度安排是政府各项公共服务资金投入和分布的决定性因素。支出的方式(是否实行城乡分割)、支出的规模(财政支出的资金投入)以及支出的结构(地区差异、人群差异、不同公共服务项目差异)决定着是否能在地区之间以及城乡之间实现同等的建设力度来提升公共服务供给能力。[②]

根据第三章内容中对于财政支出与全民健身公共服务绩效影响的文献总结,笔者确定本书对于财政支出因素的评估方面为:(1)

[①] 李延均、杨光焰:《公共财政学》,立信会计出版社2011年版,第107页。

[②] 刘尚希、杨元杰、张洵:《基本公共服务均等化与公共财政制度》,《经济研究参考》2008年第40期。

财政支出的方式;(2)财政支出的规模;(3)财政支出的结构。

(三) 设施配置

地方政府全民健身公共服务设施是我国公共体育服务体系的重要组成部分,是我国全民健身公共服务发展的物质载体。当前对于公共体育设施比较权威的理解是:"各级人民政府或社会力量举办,向公众开放用于开展各类体育活动的公益性体育馆、体育场、游泳池、灯光球场、社区体育中心、体育健身苑点、体育公园等的建筑物、场地和设备。"[①]

根据第三章内容中对于设施配置与地方政府全民健身公共服务绩效影响的文献总结,笔者确定本书对于设施配置因素的评估方面为:(1)设施配置数量;(2)设施配置布局规划;(3)场地设施占地面积;(4)设施建设与维护;(5)设施开放与运行。

(四) 政策执行

政策执行是整个政策运行过程中的核心环节,它是将政策方案付诸实施,把政策内容变为现实从而实现政策目标的必经之路,"在实现政策目标的过程中,方案确定的功能只占10%,而其余90%取决于有效的执行"[②]。因此,如果没有精准、高效的政策执行,再好的政策方案也只能是纸上谈兵。在众多解释政策执行理论的流派中,系统理论认为公共政策的执行本质就是将政策系统与周围环境进行物质、能量和信息的交换过程。

根据第三章内容中对于政策执行与地方政府全民健身公共服务绩效影响的文献总结,笔者确定本书对于政策执行因素的评估方面为:(1)政策执行环境;(2)政策制定目标;(3)政策宣传;(4)政策落实;(5)政策监督。

---

① 戴健:《公共体育服务体系建设》,上海交通大学出版社2015年版,第64页。
② 陈振明:《政策科学——公共政策分析导论》,中国人民大学出版社2003年版,第260、276页。

(五) 信息技术能力

信息技术从广义上理解，是指完成信息搜集、传递、加工、存储、发布和利用等功能技术的总和。① 而信息技术能力，从本质上讲则是对信息技术的管理能力，包括与信息技术相关的成本管理、系统开发和项目管理。② 对信息技术能力与绩效的关系研究，倾向于信息技术被用于创造企业竞争优势、改进企业绩效以及提升组织绩效等方面。之后，有学者进一步扩大研究范畴，将研究视角延伸到信息技术和网络应用对于提高政府效率的影响的分析上，认为信息技术能力③和业务流程重组④等改革，能提高政府效率。

近年来，随着信息网络技术的飞速发展，国家各部门及各领域的公共服务平台发展迅速。在全民健身公共服务领域，随着"强化全民健身科技创新、推动移动互联网、云计算、大数据、物联网等现代信息技术手段与全民健身相结合，建设全民健身管理资源库、服务资源库和公共服务信息平台，加强全民健身人才队伍建设，发挥互联网等科技手段在人才培训中的作用"⑤ 成为新时期我国全民健身公共服务事业发展的应有之义，信息技术能力在全民健身公共服务发展过程中的作用将会进一步凸显。

根据第三章内容中对于信息技术能力与地方政府全民健身公共服务绩效影响的文献总结，笔者确定本书对于信息技术能力因素的

---

① 胡新丽：《信息技术对政府环境决策的影响研究》，博士学位论文，华中科技大学，2012年。

② Ross J. W. Beathcm. Dalelg, "Develop Long-term Competitiveness through it Assets", *Sloan Management Review*, 1996, pp. 31 – 43.

③ Thersa Heintze and Stuart Bretschneider, "Information Technology and Restructuring in Public Organizations: Does Adoption of Information Technology Affect Organizational Structures, Communications, and Decision Making?" *Journal of Public Administration Research and Theory*, Vol. 10, No. 4, 2000, pp. 801 – 830.

④ Thomas R. Gulledge Jr. and Rainer A., Sommer, Business Process Management: Public Sector Implications, Business, *Process Management Journal*, Vol. 8, No. 4, pp. 364 – 376.

⑤ 国务院：《国务院关于印发全民健身计划（2016—2020年）的通知》，http://www.yq.gov.cn/art/2016/6/24/art_ 21761_ 740620. html，2016年6月15日。

评估方面为：(1) 信息技术基础设施资源；(2) 信息技术人力资源；(3) 信息技术互补性资源。

基于上述分析，现将本书有关地方政府全民健身公共服务绩效评估的影响因素变量的测量题项（表4-5）整理如下。

表4-5　地方政府全民健身公共服务绩效影响因素测量变量与简要描述

潜变量	观测变量	绩效影响因素变量评估的题项简要描述
组织协调	部门配合	地方政府各职能部门之间配合紧密、协调有序（ZZXT1）
	机构设置	地方政府机构设置较为合理（ZZXT2）
	职能分工	地方政府的职能分工明确（ZZXT3）
	人员合作	地方政府体育行政人员建立良好的合作氛围（ZZXT4）
		地方政府体育行政人员之间主动交流、沟通（ZZXT5）
	惩戒机制	地方政府内部具备完善的全民健身公共服务惩戒机制（ZZXT6）
设施配置	设施数量规模	全民健身公共服务设施数量较为充足（SSPZ1）
	设施布局规划	全民健身公共服务设施规划科学、布局合理（SSPZ2）
	设施占地面积	全民健身公共服务设施占地面积能够最大限度满足居民使用需求（SSPZ3）
	设施建设维护	全民健身公共服务设施能够得到及时的补充和维护（SSPZ4）
	设施开放运行	全民健身公共服务设施开放时段有所加长（SSPZ5）
		全民健身公共服务设施开放频率有所提升（SSPZ6）
财政支出	支出方式	全民健身公共服务公共财政支出制度较为合理（CZZC1）
	支出规模	全民健身公共服务公共财政支出经费较为充足（CZZC2）
		全民健身公共服务公共财政支出经费适度（CZZC3）
	支出结构	全民健身公共服务支出结构较为均衡（CZZC4）
政策执行	政策环境	全民健身公共服务相关政策外部环境良好（ZCZX1）
	政策目标	全民健身公共服务相关政策目标明确（ZCZX2）
	政策宣传	全民健身公共服务相关政策宣传比较到位（ZCZX3）
	政策落实	全民健身公共服务相关政策落实坚决（ZCZX4）
	政策监督	全民健身公共服务政策的监督程序较为严格（ZCZX5）

续表

潜变量	观测变量	绩效影响因素变量评估的题项简要描述
信息技术能力	IT 基础设施资源	全民健身公共服务拥有完善的信息共享传递平台（XXJS1）
	IT 人力资源	工作人员具备处理相关信息问题所需要的 IT 技术能力（XXJS2）
	IT 互补性资源	体育主管部门与其他信息技术部门或业务部门联系和合作紧密（XXJS3）

第三节 初始问卷的执行与优化

一 初始问卷测度题项的整理与修订

基于前几章对于地方政府全民健身公共服务绩效评估相关研究的理论分析，本书设计了初始调查量表。但是，通过理论分析得出的量表难免会出现诸如语句难理解、问题表达不清等问题，可能导致研究者得不到真实回答，从而影响量表效度。[①] 为了解决这一问题，本书在形成的初始问卷的基础上，对国内全民健身公共服务领域的 20 位从业人员、专家学者进行了小规模的访谈和调查（表 4-6）。

表 4-6　　　　　　咨询专家一览（n=20）

基本情况		人数	所占比例（%）
性别	男	17	85.0
	女	3	15.0
年龄（岁）	≤40	4	20.0
	41—50	6	30.0
	≥51	10	50.0
来源	体育行政管理部门	4	20.0
	高等院校	16	80.0

---

① 马庆国：《管理统计》，科学出版社 2002 年版，第 137—139 页。

续表

基本情况		人数	所占比例（％）
职称	中级	3	15.0
	副高级	8	40.0
	正高级	9	45.0
从事全民健身相关研究/管理平均年限（年）	≤5	5	25.0
	6—10	6	30.0
	≥11	9	45.0
熟悉程度	非常熟悉	12	60.0
	比较熟悉	6	30.0
	一般熟悉	2	10.0

研究主要对表4-1、表4-2、表4-3、表4-4以及表4-5的地方政府全民健身公共服务绩效的经验性预选评估指标进行专家咨询，将上述五个表中22个结构要素测量题项以及24个影响因素测量题项设计成专家问卷，对每个题项设计"不符合""需修改及修改建议"与"符合"三个选填项。根据征集的专家意见（表4-7），针对经验性量表可能存在的语言表达等题项问题进行了删除、修改以及合并等操作。

表4-7　地方政府全民健身公共服务绩效评估题项专家修订意见

评估指标	符合率（％）	主要意见和建议	处理结果
XL1	100		保留
XL2	100		保留
XL3	90.0	建议修改表述内容	保留
XL4	75.0	修改表述内容	保留
XL5	70.0	难以量化统计、维度不同	保留
XL6	100		保留
ZL1	100		保留
ZL2	80.0	建议修改表述内容	保留
ZL3	85.0	建议修改表述内容	保留

续表

评估指标	符合率（%）	主要意见和建议	处理结果
ZL4	95.0	建议修改表述内容	保留
ZL5	100		保留
HYX1	100		保留
HYX2	100		保留
HYX3	80.0	与HYX2重复	保留
HYX4	100		保留
HYX5	100		保留
MZX1	100		保留
MZX2	95.0	建议修改表述内容	保留
MZX3	100		保留
MZX4	25.0	与MZX3重复，建议删除	删除
MZX5	100		保留
MZX6	100		保留
ZZXT1	100		保留
ZZXT2	100		保留
ZZXT3	100		保留
ZZXT4	100		保留
ZZXT5	90.0	与ZZXT4重复	保留
ZZXT6	85.0	难以理解，建议修改语言表述	保留
SSPZ1	100		保留
SSPZ2	100		保留
SSPZ3	100		保留
SSPZ4	100		保留
SSPZ5	75.0	不建议分类，建议与SSPZ6合并	合并
SSPZ6	70.0	不建议分类，建议与SSPZ5合并为"全民健身公共服务设施开放程度有所提升"	合并
CZZC1	100		保留
CZZC2	100		保留
CZZC3	80.0	难以做出判断，建议修改表述内容	保留
CZZC4	100		保留

续表

评估指标	符合率（%）	主要意见和建议	处理结果
ZCZX1	100		保留
ZCZX2	100		保留
ZCZX3	100		保留
ZCZX4	100		保留
ZCZX5	100		保留
XXJS1	100		保留
XXJS2	100		保留
XXJS3	100		保留

从表4-7的结果可以看出，笔者最初设计的地方政府全民健身公共服务绩效结构要素四个维度的22个测量问项，以及地方政府全民健身公共服务绩效影响因素五个维度的24个测量题项，专家尽管在不同题项之间的认可度存在些许不同，但是整体符合率在70%以上。按照专家意见，笔者将MZX4题项直接删除，并将SSPZ5和SSPZ6两个题项进行了合并。这样，在咨询专家有关意见和建议之后，形成了本书的最初预调查问卷，其中包括全民健身公共服务结构绩效四个维度的21个测量问项，以及全民健身公共服务绩效影响因素五个维度的23个测量问项，可以进入下一步的问卷修改步骤。

二 调查问卷前测

（一）前测问卷的内容和结构设计

问卷前测主要是通过探索性因子分析确定问卷的效度，并据此剔除不符合的题项，并对剩余题项进行信度分析，再通过克朗巴哈系数法判断问卷信度。只有在问卷前测通过以后，才能证明本书设计的问卷能够很好地测量研究模型中的各个变量。因此，在大规模发放问卷并进行数据分析之前，要进行问卷前测，这样才能保证后续大规模问卷发放的数据科学有效,并以此判断本书的假设是否成立。在第三章确定研究假设与对本章量表评估题项修改、提炼的基础上,设计了本书的预调查问卷。问卷共由三部分组成。

第一部分为问卷被测者的基本信息,包括性别、年龄、居住地、学历、目前的身份、经济水平、参与身体锻炼的频率、对全民健身公共服务活动熟悉程度 8 个问题选项。

第二部分为全民健身公共服务绩效评估量表调查,包括地方政府全民健身公共服务绩效结构要素四个维度的 21 个评估问项,以及地方政府全民健身公共服务绩效影响因素五个维度的 23 个评估问项。鉴于李克特量表(Likert Scale)易于编制且具有较高的信度,本书采用该量表,将设计的初始量表的每个问项的回答分成 5 个等级,旨在使量表的鉴别力以及表达意见的程度都最为合适。[①] 其中地方政府全民健身公共服务绩效结构要素维度的量表和地方政府全民健身公共服务绩效影响因素的量表的选项数字从 1 到 5 依此表示为极不符合、不太符合、基本符合、比较符合以及非常符合。

第三部分为被测者主观开放问题,主要询问被测者对于当前地方政府全民健身公共服务绩效评估的意见和建议。

(二) 预调查问卷发放的样本选择

为保证本研究大范围数据收集的质量,提高调查的严谨性和问卷量表整体信度、效度,笔者选取小样本范围进行预先测试。由于结构方程模型(Simultaneous Equation Model)吸取了因子分析和路径分析的优点,能够观察不能直接或准确测量的变量(潜变量)之间的关系,因此本书采用结构方程模型实现对全民健身公共服务结

---

① 吴明隆:《SPSS 统计应用实务:问卷分析与应用统计》,科学出版社 2003 年版,第 23 页。

构绩效和绩效影响因素变量之间的关系的测量。按照结构方程模型方法对样本量的要求,很多学者依据自身实证研究的弱经验方法,认为样本量至少要达到变量路径数量或待估参数数目的 5—10 倍。① 所以,本书通过测算初始量表的题项数目(44 项),首先确定了预调查问卷的样本数量为 250 份。

其次,由于受限于研究的可行性,预调查采取便利抽样的方法(主要发放地区为上海市内),对普通公众进行问卷发放。此外,鉴于本书的主题是地方政府全民健身公共服务绩效评估,发放的样本必须覆盖不同区域,因此笔者选取杨浦区、虹口区、黄浦区、浦东新区以及宝山区五个地区,总共发放问卷 250 份,回收问卷 242 份,回收率为 96.8%;其中,有效问卷为 230 份,回收问卷的最终有效率为 92%,达到了预调查问卷发放质量的标准。

三 预调查数据的信度、条目分析及效度分析

(一) 绩效结构要素及影响因素测量变量的信度分析

信度是指测量结果一致性或稳定性的程度。一致性主要反映的是测验内部题目之间的关系,考察测验的各个题目是否测量了相同的内容或特质。稳定性是指用一种测量工具(譬如同一份问卷)对同一群受试者进行不同时间上的重复测量结果间的可靠系数,如果问卷设计合理,重复测量的结果间应该高度相关。

由于本书并没有进行多次重复测量,所以主要采用克朗巴哈系数法来测量数据的信度。本书对地方政府全民健身公共服务绩效结构要素及其影响因素测量变量进行信度检验,具体结果见表 4-8。

---

① McQuiitty, Shaun, Statistical Power and Structural Equation Models in Business Research, *Journal of Business Research*, No. 57, 2004, pp. 175–183.

表4-8　　　地方政府全民健身公共服务绩效预调查量表信度结果

检测变量	题项	克朗巴哈系数	总体克朗巴哈系数
XL	6	0.921	0.948
ZL	5	0.911	
HYX	5	0.906	
MZX	5	0.929	
ZZXT	6	0.885	0.840
SSPZ	5	0.880	
CZZC	4	0.867	
ZCZX	5	0.864	
XXJS	3	0.878	

各个测量变量的克朗巴哈系数均在 0.850 以上，各量表的总体克朗巴哈系数分别为 0.948 与 0.840，说明量表具有较好的内部一致性。同时在一定程度上反映了本书测量量表的信度是符合实证要求的，为本书后续研究结果的有效性提供了有力的保证，并能够进入后续的因子分析过程。

（二）绩效结构要素及影响因素测量变量的条目分析

本书通过独立样本 T 检验进行问卷题项条目的分析和筛选。CR 值作为条目间区分度的指标，进行条目分析和筛选。具体方法为：按照被试者量表总得分的高低进行排序，将前 27% 的被试者定义为高分组，后 27% 的被试者定义为低分组。对两组在各条目上的得分进行差异性 t 检验。CR 值达到显著水平（$P < 0.05$）则表示鉴别力良好，反之则考虑删除该条目。

1. 绩效结构要素题项条目分析

对测量绩效结构要素潜在变量的 21 个测量题项进行项目分析，具体见表 4-9。

表4-9 绩效结构要素测量题项高低分组独立样本 T 检验结果一览

		方差方程的 Levene 检验		均值方程的 T 检验						
		F	Sig.	T(CR)	df	Sig.（双侧）	均值差值	标准误差值	差分的 95% 置信区间	
									下限	上限
XL1	假设方差相等	23.433	0.000	12.370	122.000	0.000	1.95161	0.15778	1.63928	2.26394
	假设方差不相等			12.370	83.932	0.000	1.95161	0.15778	1.63786	2.26537
XL2	假设方差相等	29.331	0.000	14.810	122.000	0.000	2.62903	0.17752	2.27762	2.98044
	假设方差不相等			14.810	77.198	0.000	2.62903	0.17752	2.27557	2.98250
XL3	假设方差相等	25.719	0.000	11.625	122.000	0.000	1.95161	0.16788	1.61927	2.28396
	假设方差不相等			11.625	81.731	0.000	1.95161	0.16788	1.61762	2.28561
XL4	假设方差相等	4.392	0.038	15.514	122.000	0.000	2.37097	0.15283	2.06842	2.67351
	假设方差不相等			15.514	111.995	0.000	2.37097	0.15283	2.06815	2.67379
XL5	假设方差相等	27.791	0.000	10.028	122.000	0.000	1.74194	0.17371	1.39805	2.08582
	假设方差不相等			10.028	84.124	0.000	1.74194	0.17371	1.39649	2.08738
XL6	假设方差相等	16.312	0.000	11.425	122.000	0.000	2.17742	0.19058	1.80014	2.55470
	假设方差不相等			11.425	95.366	0.000	2.17742	0.19058	1.79908	2.55576
ZL1	假设方差相等	3.487	0.064	15.854	122.000	0.000	2.24194	0.14141	1.96200	2.52187
	假设方差不相等			15.854	118.003	0.000	2.24194	0.14141	1.96190	2.52197
ZL2	假设方差相等	5.663	0.019	11.866	122.000	0.000	2.01613	0.16990	1.67979	2.35247
	假设方差不相等			11.866	97.132	0.000	2.01613	0.16990	1.67892	2.35334

续表

		方差方程的 Levene 检验		均值方程的 T 检验					差分的 95% 置信区间	
		F	Sig.	T(CR)	df	Sig.(双侧)	均值差值	标准误差值	下限	上限
ZL3	假设方差相等	5.267	0.023	16.759	122.000	0.000	2.16129	0.12897	1.90599	2.41659
	假设方差不相等			16.759	95.710	0.000	2.16129	0.12897	1.90528	2.41730
ZL4	假设方差相等	3.883	0.051	12.429	122.000	0.000	2.04839	0.16481	1.72213	2.37464
	假设方差不相等			12.429	110.739	0.000	2.04839	0.16481	1.72180	2.37497
ZL5	假设方差相等	1.708	0.194	16.410	122.000	0.000	2.43548	0.14842	2.14168	2.72929
	假设方差不相等			16.410	112.985	0.000	2.43548	0.14842	2.14145	2.72952
HYX1	假设方差相等	16.488	0.000	9.399	122.000	0.000	1.70968	0.18189	1.34960	2.06975
	假设方差不相等			9.399	93.736	0.000	1.70968	0.18189	1.34851	2.07085
HYX2	假设方差相等	14.545	0.000	12.345	122.000	0.000	2.09677	0.16984	1.76055	2.43299
	假设方差不相等			12.345	95.303	0.000	2.09677	0.16984	1.75961	2.43394
HYX3	假设方差相等	2.704	0.103	13.654	122.000	0.000	2.08065	0.15239	1.77898	2.38231
	假设方差不相等			13.654	102.857	0.000	2.08065	0.15239	1.77842	2.38287
HYX4	假设方差相等	4.105	0.045	11.648	122.000	0.000	2.09677	0.18001	1.74043	2.45312
	假设方差不相等			11.648	101.446	0.000	2.09677	0.18001	1.73970	2.45384
HYX5	假设方差相等	1.955	0.165	12.286	122.000	0.000	2.08065	0.16935	1.74540	2.41589
	假设方差不相等			12.286	105.848	0.000	2.08065	0.16935	1.74488	2.41641

续表

		方差方程的 Levene 检验		均值方程的 T 检验					差分的 95% 置信区间	
		F	Sig.	T(CR)	df	Sig.(双侧)	均值差值	标准误差值	下限	上限
MZX1	假设方差相等	0.572	0.451	14.970	122.000	0.000	2.01613	0.13468	1.74952	2.28273
	假设方差不相等			14.970	111.443	0.000	2.01613	0.13468	1.74927	2.28299
MZX2	假设方差相等	2.937	0.089	16.505	122.000	0.000	2.17742	0.13192	1.91626	2.43858
	假设方差不相等			16.505	107.803	0.000	2.17742	0.13192	1.91592	2.43892
MZX3	假设方差相等	0.549	0.460	14.488	122.000	0.000	2.25806	0.15586	1.94953	2.56660
	假设方差不相等			14.488	102.453	0.000	2.25806	0.15586	1.94894	2.56719
MZX4	假设方差相等	0.502	0.480	14.762	122.000	0.000	2.27419	0.15406	1.96923	2.57916
	假设方差不相等			14.762	108.082	0.000	2.27419	0.15406	1.96883	2.57955
MZX5	假设方差相等	8.473	0.004	16.197	122.000	0.000	2.01613	0.12447	1.76972	2.26254
	假设方差不相等			16.197	89.767	0.000	2.01613	0.12447	1.76883	2.26343

表4-9显示绩效结构要素测量题项的CR值均达到显著水平，这表明地方政府全民健身公共服务绩效结构要素的测量变量各个条目均具有良好的鉴别度，可予以保留。

2. 绩效影响因素的条目分析

对绩效影响因素测量变量的23个测量题项进行项目分析，具体详见表4-10。

表4-10 绩效影响因素变量测量题项高低分组独立样本T检验结果一览

		方差方程的Levene检验		均值方程的T检验					差分的95%置信区间	
		F	Sig.	T（CR）	df	Sig.（双侧）	均值差值	标准误差值	下限	上限
ZZXT1	假设方差相等	42.460	0.000	5.568	122.000	0.000	1.08065	0.19409	0.69643	1.46486
	假设方差不相等			5.568	90.179	0.000	1.08065	0.19409	0.69507	1.46622
ZZXT2	假设方差相等	35.150	0.000	9.397	122.000	0.000	1.88710	0.20083	1.48954	2.28465
	假设方差不相等			9.397	90.671	0.000	1.88710	0.20083	1.48816	2.28603
ZZXT3	假设方差相等	81.075	0.000	9.373	122.000	0.000	1.77419	0.18929	1.39947	2.14892
	假设方差不相等			9.373	77.346	0.000	1.77419	0.18929	1.39729	2.15110
ZZXT4	假设方差相等	36.620	0.000	8.692	122.000	0.000	1.61290	0.18556	1.24557	1.98024
	假设方差不相等			8.692	90.063	0.000	1.61290	0.18556	1.24426	1.98155
ZZXT5	假设方差相等	101.051	0.000	7.005	122.000	0.000	1.46774	0.20951	1.05299	1.88250
	假设方差不相等			7.005	80.748	0.000	1.46774	0.20951	1.05085	1.88463

续表

		方差方程的 Levene 检验		均值方程的 T 检验						
		F	Sig.	T (CR)	df	Sig.(双侧)	均值差值	标准误差值	差分的95%置信区间	
									下限	上限
ZZXT6	假设方差相等	43.788	0.000	8.148	122.000	0.000	1.62903	0.19993	1.23325	2.02482
	假设方差不相等			8.148	91.234	0.000	1.62903	0.19993	1.23191	2.02616
SSPZ1	假设方差相等	18.205	0.000	4.482	122.000	0.000	0.77419	0.17273	0.43226	1.11613
	假设方差不相等			4.482	112.474	0.000	0.77419	0.17273	0.43197	1.11642
SSPZ2	假设方差相等	13.928	0.000	5.844	122.000	0.000	1.09677	0.18766	0.72527	1.46827
	假设方差不相等			5.844	97.231	0.000	1.09677	0.18766	0.72432	1.46922
SSPZ3	假设方差相等	71.226	0.000	2.852	122.000	0.005	0.59677	0.20927	0.18250	1.01105
	假设方差不相等			2.852	88.385	0.005	0.59677	0.20927	0.18092	1.01263
SSPZ4	假设方差相等	32.572	0.000	5.298	122.000	0.000	1.00000	0.18875	0.62635	1.37365
	假设方差不相等			5.298	97.235	0.000	1.00000	0.18875	0.62539	1.37461
SSPZ5	假设方差相等	84.163	0.000	4.596	122.000	0.000	0.95161	0.20706	0.54172	1.36150
	假设方差不相等			4.596	79.948	0.000	0.95161	0.20706	0.53955	1.36367
CZZC1	假设方差相等	16.051	0.000	10.112	122.000	0.000	1.61290	0.15951	1.29714	1.92867
	假设方差不相等			10.112	110.159	0.000	1.61290	0.15951	1.29680	1.92901

续表

		方差方程的 Levene 检验		均值方程的 T 检验						
		F	Sig.	T (CR)	df	Sig.（双侧）	均值差值	标准误差值	差分的95%置信区间	
									下限	上限
CZZC2	假设方差相等	38.346	0.000	10.586	122.000	0.000	1.90323	0.17980	1.54730	2.25915
	假设方差不相等			10.586	89.622	0.000	1.90323	0.17980	1.54601	2.26044
CZZC3	假设方差相等	24.124	0.000	8.950	122.000	0.000	1.58065	0.17661	1.23102	1.93027
	假设方差不相等			8.950	104.751	0.000	1.58065	0.17661	1.23045	1.93084
CZZC4	假设方差相等	47.273	0.000	5.918	122.000	0.000	1.30645	0.22077	0.86941	1.74350
	假设方差不相等			5.918	90.180	0.000	1.30645	0.22077	0.86786	1.74505
ZCZX1	假设方差相等	18.892	0.000	3.972	122.000	0.000	0.62903	0.15837	0.31553	0.94254
	假设方差不相等			3.972	106.628	0.000	0.62903	0.15837	0.31507	0.94299
ZCZX2	假设方差相等	20.605	0.000	4.868	122.000	0.000	0.96774	0.19879	0.57422	1.36126
	假设方差不相等			4.868	92.849	0.000	0.96774	0.19879	0.57298	1.36250
ZCZX3	假设方差相等	45.208	0.000	2.654	122.000	0.009	0.54839	0.20659	0.13941	0.95736
	假设方差不相等			2.654	93.290	0.009	0.54839	0.20659	0.13815	0.95862
ZCZX4	假设方差相等	35.001	0.000	5.185	122.000	0.000	1.00000	0.19286	0.61821	1.38179
	假设方差不相等			5.185	92.187	0.000	1.00000	0.19286	0.61697	1.38303

续表

		方差方程的 Levene 检验		均值方程的 T 检验						
		F	Sig.	T（CR）	df	Sig.（双侧）	均值差值	标准误差值	差分的95%置信区间	
									下限	上限
ZCZX5	假设方差相等	21.310	0.000	4.485	122.000	0.000	0.82258	0.18342	0.45948	1.18569
	假设方差不相等			4.485	99.895	0.000	0.82258	0.18342	0.45867	1.18649
XXJS1	假设方差相等	29.571	0.000	10.363	122.000	0.000	1.75806	0.16965	1.42222	2.09391
	假设方差不相等			10.363	94.380	0.000	1.75806	0.16965	1.42123	2.09490
XXJS2	假设方差相等	15.603	0.000	9.359	122.000	0.000	1.87097	0.19992	1.47520	2.26673
	假设方差不相等			9.359	98.215	0.000	1.87097	0.19992	1.47424	2.26769
XXJS3	假设方差相等	17.681	0.000	10.635	122.000	0.000	2.12903	0.20020	1.73272	2.52535
	假设方差不相等			10.635	90.808	0.000	2.12903	0.20020	1.73135	2.52671

从表4-10可以发现，地方政府全民健身公共服务绩效影响因素测量的23个测量题项均通过项目分析的鉴别度要求，表明被试者能够较好地区分各个题项，因此绩效影响因素的23个问项均予以保留。

（三）绩效结构要素及影响因素测量量表的效度分析

探索性因子分析是检验所测结果结构效度的重要方法之一，其目的在于简化一组庞杂的测量，找出可能存在于观测变量背后的公共因子结构，将存在较大共性的研究变量简化出来，使之更为明确。但是，因子分析有一定的前提。

首先，因子分析的变量必须是连续性变量，符合线性关系的假设，顺序变量和类别变量不得使用因子分析简化结构。本研究的变量为公民对于地方政府全民健身公共服务绩效情况同意或符合程度的判断，属于连续性变量，符合因子分析的要求。其次，问卷发放抽样的过程必须具有随机性，并且样本有一定的规模。本研究之前介绍过本次预调查的有效数据为230个，检测变量分别为21个与23个，预调查的数据符合探索性因子分析的要求。同时变量之间一定程度的相关性是通过KMO与Bartlett测试来检验的。

1. 绩效构成要素探索性因子分析

对地方政府全民健身公共服务绩效结构要素测量变量预调查数据进行因子分析，结果如表4-11所示。

表4-11 地方政府全民健身公共服务绩效结构要素测量变量KMO与Bartlett检验

取样足够度的Kaiser-Meyer-Olkin度量		0.892
Bartlett的球形度检验	近似卡方	4726.023
	df	210.000
	Sig.	0.000

Kaiser指出执行因子分析的KMO值大小判断标准为：KMO<0.5（完全无法接受）、0.5<KMO<0.6（无法接受）、0.6<KMO<0.7（勉强接受）、0.7<KMO<0.8（可接受）、0.8<KMO<0.9（适合）、KMO>0.9（非常适合）。表4-11的结果显示KMO值为0.892，适合进行因子分析，同时近似卡方为4726.023，自由度为210，显著性概率为0.000，因此Bartlett球形检验也显示本研究各个变量非常适合进行因子分析。

对地方政府全民健身公共服务绩效结构要素测量变量的预调查数据进行探索性因子分析，采用方差极大旋转和特征根大于1的方法提取公共因子，所得结果如表4-12所示。

表4-12 地方政府全民健身公共服务绩效结构要素测量变量第一次探索性因子分析结果

测量问项	成分				特征根	解释方差（%）总：77.890
	1	2	3	4		
XL3	0.889	0.229	0.110	0.135	10.350	20.207
XL6	0.878	0.188	0.120	0.112		
XL1	0.866	0.246	0.148	0.145		
XL2	0.842	0.244	0.090	0.259		
XL4	0.594	0.232	0.104	0.534		
MZX3	0.167	0.847	0.174	0.219	2.649	20.045
MZX1	0.230	0.840	0.147	0.211		
MZX5	0.106	0.822	0.325	0.210		
MZX2	0.279	0.774	0.148	0.168		
MZX4	0.323	0.764	0.186	0.148		
HYX1	-0.015	0.134	0.853	0.253	1.866	19.788
HYX4	0.137	0.228	0.830	0.189		
HYX5	0.107	0.179	0.758	0.358		
HYX2	0.132	0.291	0.739	0.260		
XL5	0.514	0.070	0.667	0.073		
HYX3	0.206	0.505	0.594	0.128		
ZL1	0.222	0.236	0.105	0.891	1.492	17.851
ZL5	0.240	0.256	0.238	0.762		
ZL4	0.101	0.173	0.363	0.759		
ZL2	0.022	0.104	0.506	0.711		
ZL3	0.355	0.246	0.293	0.620		

从表4-12可以发现，"XL4"这个变量在因子1与因子4上的载荷系数分别是0.594和0.534，XL5在因子1与因子3上的载荷系数分别为0.514与0.667，HYX3在因子2与因子3上的载荷系数分别为0.505与0.594，ZL2在因子3与因子4上的载荷系数分别是0.506与0.711，说明被试者对这四个测量问项辨别度不高，根据变量删除的原则将这四个变量剔除后再对剩余的变量进行第二次因子

分析，结果如表4-13所示。

表4-13　　地方政府全民健身公共服务绩效结构要素
测量变量第二次探索性因子分析结果

测量问项	成分				特征根	解释方差（%）
	1	2	3	4		80.830
MZX3	0.842	0.166	0.174	0.229	8.529	22.835
MZX5	0.835	0.106	0.341	0.179		
MZX1	0.828	0.221	0.119	0.242		
MZX2	0.783	0.285	0.159	0.162		
MZX4	0.775	0.318	0.203	0.127		
XL3	0.233	0.892	0.079	0.166	2.366	21.320
XL6	0.177	0.891	0.119	0.124		
XL1	0.242	0.881	0.120	0.174		
XL2	0.239	0.841	0.103	0.251		
HYX1	0.139	0.007	0.870	0.200	1.622	19.410
HYX4	0.215	0.158	0.833	0.169		
HYX5	0.174	0.125	0.795	0.315		
HYX2	0.281	0.154	0.790	0.220		
ZL1	0.235	0.200	0.147	0.872	1.185	17.260
ZL5	0.249	0.235	0.265	0.779		
ZL4	0.162	0.090	0.372	0.773		
ZL3	0.240	0.339	0.303	0.656		

第二次探索性因子分析的KMO值为0.904，近似卡方为3618.877，自由度为136，显著性概率为0.000。各个因子载荷系数均在0.5以上，表明各个因子之间存在良好的区分度，而且每个因子内部的观测变量之间存在高度的相关性；四个公共因子的方差总解释率达到了80.83%，符合因子分析的要求；最后依据因子分析提取的结果将因子1、因子2、因子3、因子4分别命名为服务民主性、服务效率、服务回应性、服务质量，这与问卷设计的内容基本相符。

2. 绩效影响因素探索性因子分析

对地方政府全民健身公共服务绩效影响因素测量变量的预调查数据进行探索性因子分析，得出结果如表 4-14 所示。

表 4-14　　地方政府全民健身公共服务绩效影响因素测量变量 KMO 与 Bartlett 检验

取样足够度的 Kaiser-Meyer-Olkin 度量		0.860
Bartlett 的球形度检验	近似卡方	3561.425
	df	253.000
	Sig.	0.000

从表 4-14 的结果显示 KMO 值为 0.860，认为适合进行因子分析，同时近似卡方为 3561.425，自由度为 253，显著性概率为 0.000，因此 Bartlett 球形检验也认为本研究变量适合进行因子分析。

对地方政府全民健身公共服务绩效影响因素测量变量的预调查数据进行探索性因子分析，同样采用方差极大旋转和特征根大于 1 的方法提取公共因子，所得结果如表 4-15 所示。

表 4-15　　全民健身公共服务绩效影响因素测量变量第一次探索性因子分析结果

测量问项	成分					特征根	方差贡献率（%）
	1	2	3	4	5		72.346
ZZXT6	0.889	-0.062	-0.030	0.103	0.133		
ZZXT3	0.822	0.006	-0.094	0.218	0.224		
ZZXT2	0.804	0.079	0.016	0.272	0.104	6.810	18.119
ZZXT4	0.798	0.000	-0.001	0.202	0.151		
ZZXT1	0.749	-0.132	-0.195	0.185	0.151		

续表

测量问项	成分					特征根	方差贡献率（%）
	1	2	3	4	5		72.346
ZCZX2	0.002	0.820	0.160	0.018	-0.032	5.035	16.129
ZCZX3	-0.186	0.797	0.198	-0.031	-0.016		
ZCZX4	-0.010	0.784	0.282	0.004	-0.058		
ZCZX1	0.053	0.733	0.171	-0.126	-0.027		
ZCZX5	-0.023	0.706	0.244	-0.037	0.003		
SSPZ5	-0.099	0.297	0.839	-0.149	0.055	1.907	14.331
SSPZ1	-0.137	0.267	0.801	0.067	-0.023		
SSPZ4	-0.111	0.418	0.714	-0.013	0.011		
SSPZ2	-0.022	0.340	0.714	0.006	0.037		
ZZXT5	0.520	-0.144	0.560	-0.102	0.169		
SSPZ3	0.027	0.448	0.542	-0.292	-0.005		
CZZC1	0.270	-0.041	-0.046	0.873	0.176	1.669	11.959
CZZC2	0.344	0.002	-0.051	0.768	0.152		
CZZC4	0.372	-0.200	-0.166	0.741	0.086		
CZZC3	0.040	-0.009	0.052	0.649	0.588		
XXJS1	0.151	-0.036	0.072	0.177	0.883	1.218	11.808
XXJS2	0.245	0.025	0.003	0.049	0.857		
XXJS3	0.305	-0.105	0.031	0.211	0.794		

从表4-15可以发现，"ZZXT5"这个测量问项在因子1与因子3上的载荷系数分别是0.520和0.560，CZZC3在因子4与因子5上的载荷系数分别为0.649与0.588，说明被测试者对绩效影响因素的这两个问题项辨别度不高，根据变量删除的原则将这两个变量剔除后再对剩余的变量进行第二次因子分析，结果如表4-16所示。

表4-16 全民健身公共服务绩效影响因素测量变量第二次探索性因子分析结果

测量问项	成分					特征根	方差贡献率（%）
	1	2	3	4	5		73.605
ZZXT6	0.871	-0.033	-0.080	0.137	0.106		
ZZXT3	0.835	0.003	-0.093	0.221	0.196		
ZZXT2	0.815	0.054	0.045	0.115	0.264	6.557	18.624
ZZXT4	0.807	-0.031	0.034	0.169	0.203		
ZZXT1	0.763	-0.130	-0.200	0.148	0.166		
ZCZX2	-0.018	0.840	0.174	-0.024	0.031		
ZCZX3	-0.193	0.807	0.219	-0.018	-0.033		
ZCZX4	-0.004	0.772	0.322	-0.060	-0.007	4.671	16.382
ZCZX1	0.073	0.700	0.235	-0.037	-0.147		
ZCZX5	-0.016	0.685	0.291	0.003	-0.047		
SSPZ5	-0.096	0.257	0.837	0.057	-0.165		
SSPZ1	-0.125	0.221	0.815	-0.017	0.048		
SSPZ2	0.004	0.265	0.771	0.041	-0.018	1.719	15.803
SSPZ4	-0.107	0.354	0.767	0.031	-0.009		
SSPZ3	0.063	0.384	0.596	-0.015	-0.331		
XXJS1	0.149	-0.037	0.063	0.884	0.160		
XXJS2	0.234	0.021	0.006	0.870	0.051	1.326	11.518
XXJS3	0.290	-0.103	0.020	0.813	0.218		
CZZC1	0.273	-0.020	-0.056	0.179	0.860		
CZZC2	0.330	0.007	-0.036	0.181	0.790	1.164	11.278
CZZC4	0.362	-0.188	-0.165	0.108	0.759		

绩效影响因素第二次探索性因子分析的KMO值为0.861，近似卡方为3139.799，自由度为210，显著性概率为0.000。各个因子载荷系数均在0.5以上，表明各个因子之间存在良好的区分度，而且每个因子内部的观测变量之间存在高度的相关性；五个公共因子的方差总解释率达到了73.605%，符合因子分析的要求；最后针对因子分析提取的结果将因子1、因子2、因子3、因子4、因子5分别命名为组织协调、政策执行、设施配置、信息技术能力、财政支出，这与问卷设计的内容基本相符。

最终剔除不合理指标后，与调查量表的信度结果详见表4-17，各个测量变量的克朗巴哈系数均在0.85以上，各量表的总体克朗巴哈系数分别为0.936与0.822，说明剔除不合理指标后预调查量表具有较好的内部一致性。

表4-17　　　　　剔除不合理指标后预调查量表信度结果

检测变量	题项	克朗巴哈系数	总体克朗巴哈系数
XL	4	0.898	0.936
ZL	4	0.944	
HYX	4	0.907	
MZX	5	0.929	
ZZXT	5	0.911	0.822
SSPZ	5	0.880	
CZZC	3	0.870	
ZCZX	5	0.864	
XXJS	3	0.878	

四　最终问卷的优化与形成

经整理上述文献和部分题项的语言表述，通过专家论证以及预调查问卷的信度、效度及条目分析，现将本研究最终形成的地方政府全民健身公共服务绩效结构要素测量变量与影响因素变量的测量题项整理如下（见表4-18、表4-19）。

表4-18　　　地方政府全民健身公共服务绩效结构要素测量变量

潜变量	观测变量	变量的简要描述
服务效率	资金使用效率	地方政府能够合理高效地使用全民健身公共服务经费
	设施利用效率	全民健身公共服务设施利用情况良好
	组织活动效率	全民健身公共服务组织活动丰富多彩、特色突出
	人员配置效率	全民健身公共服务拥有稳定、充足的管理人员

续表

潜变量	观测变量	变量的简要描述
服务质量	服务预期水平	全民健身公共服务可能会令您失望
	服务感知效果	全民健身公共服务与政府所承诺的质量水平基本吻合
	服务覆盖区域	全民健身公共服务覆盖区域越来越广泛
	服务满意程度	地方政府全民健身公共服务状况整体令人满意
服务回应性	服务透明	全民健身公共服务信息越来越公开
	服务公平	全民健身公共服务均等化水平逐渐提高
	需求满足	地方政府全民健身公共服务积极回应了居民的健身需求
	政策调整	地方政府能够迅速调整政策，有效解决全民健身公共服务过程中存在的问题
服务民主性	服务知晓	您对全民健身公共服务的相关情况比较了解
	服务参与	您可以自由地参与全民健身公共服务相关活动
	服务评议	您经常参与全民健身公共服务的评议活动
	服务法治	您认为全民健身公共服务过程中政府存在腐败行为
	服务问责	地方政府全民健身公共服务建立了完善的行政和民主问责制度

表4-19　地方政府全民健身公共服务绩效影响因素测量变量

潜变量	观测变量	变量的简要描述
组织协调	部门配合	全民健身公共服务与教育、卫生、文化、财政、旅游等部门间的配合紧密、协调有序
	机构设置	体育主管部门负责全民健身公共服务的机构设置较为合理
	职能分工	体育主管部门的职能分工有利于开展各项全民健身公共服务活动
	人员合作	全民健身公共服务的工作人员具有良好的合作氛围
	惩戒机制	体育主管部门内部具备完善的全民健身公共服务惩戒机制

续表

潜变量	观测变量	变量的简要描述
设施配置	设施数量规模	全民健身公共服务设施数量较为充足，规模合适
	设施布局规划	全民健身公共服务设施规划科学、布局合理
	设施占地面积	全民健身公共服务设施占地面积能够最大限度满足居民使用需求
	设施建设维护	全民健身公共服务设施能够得到及时的补充和维护
	设施开放运行	全民健身公共服务设施开放程度有所提升
财政支出	支出方式	全民健身公共服务公共财政支出制度较为合理
	支出规模	全民健身公共服务的公共财政支出经费较为充足
	支出结构	全民健身公共服务在不同人群、不同地域、不同项目间的支出结构较为合理
政策执行	政策环境	全民健身公共服务相关政策的颁布与实施具有良好的外部环境
	政策目标	全民健身公共服务相关政策目标具有一定的稳定性和连贯性
	政策宣传	全民健身公共服务相关政策的宣传形式和力度较为深入完善
	政策落实	全民健身公共服务相关政策在落实过程中存在较少阻碍和偏差
	政策监督	全民健身公共服务相关政策的监督程序较为完整
信息技术能力	IT 基础设施	全民健身公共服务拥有完善的信息共享传递平台
	IT 人力资源	工作人员具备处理全民健身公共服务相关信息问题所需要的 IT 技术能力
	IT 关系资产	体育主管部门与其他信息技术部门或业务部门联系和合作紧密

本章小结

本章根据公共服务基本理论，明确了地方政府全民健身公共服务绩效评估问卷量表设计的价值取向，认为新时期地方政府全民健身公共服务绩效评估模型的量表应该彰显"权利共享、以人为本"的公共性本质，应该坚持"效率优先、兼顾公平"的有效性原则，应该追求"公众满意、民主参与"的回应性目标。在此基础上，分别针对"服务效率""服务质量""服务回应性"和"服务民主性"的结构要素和组织协调、财政支出、设施配置、政策执行和信息技术能力等影响因素的变量设计了测度量表。继而通过对初始问卷量表的预先调查，收集 250 份样本数据，结合专家隶属度判断方法、信度分析方法以及探索性因子分析方法，对量表进行了修正，最终得到了包括 17 个题项的绩效结构要素测量量表和包括 21 个题项的绩效影响因素测量量表。正式问卷量表的形成，为后续展开实证分析提供了测量工具。

第五章

地方政府全民健身公共服务绩效的评估模型检验与修正

本章在第三章与第四章内容的基础上,主要分析实证得到的地方政府全民健身公共服务绩效结构要素与影响因素之间的路径模型,探讨绩效结构要素与绩效影响因素的各个潜在变量间可能存在的因果关系,着重关注影响因素各变量对于地方政府全民健身公共服务绩效结构要素是否存在显著作用,验证之前的研究假设是否成立,进一步讨论不同维度影响因素对绩效结构要素公众认知指标的作用机理,使我们更加系统地、全面地了解地方政府全民健身公共服务绩效变化的内外部环境条件。

第一节 正式问卷调查的基本情况

一 调查区域的划分

2016年的《全民健身计划(2016—2020年)》明确提出:"强化全民健身发展重点,着力推动基本公共体育服务均等化;坚持普惠性、保基本、兜底线、可持续、因地制宜的原则,重点扶持革命老区、民族地区、边疆地区、贫困地区发展全民健身事业。"① 可见，随着各项政策的不断颁布与实施，我国全民健身公共服务区域规划逐渐迈向正轨。但是，目前我国不同地区全民健身公共服务发展水平的实际差距仍然较大。因此，为了更加深入地研究全民健身公共服务发展水平，统筹和兼顾不同地区地方政府全民健身公共服务绩效水平的差异，有必要对不同地区因地制宜地进行分类指导。

根据党的十六大报告精神，我国最新经济区域划分为东部、中部、西部和东北四个地区，表明东部、中部、西部经济区的划分已不适应当前我国经济发展要求，经济区域由"三大地区"发展到"四大地区"。即东部包括北京市、天津市、河北省、上海市、江苏省、浙江省、福建省、山东省、广东省、海南省、台湾省、香港特别行政区、澳门特别行政区；中部包括山西省、安徽省、江西省、河南省、湖北省和湖南省；西部包括内蒙古自治区、广西壮族自治区、重庆市、四川省、贵州省、云南省、西藏自治区、陕西省、甘肃省、青海省、宁夏回族自治区和新疆维吾尔族自治区；东北包括辽宁省、吉林省和黑龙江省。为科学反映我国不同区域的社会经济发展状况，结合地方政府全民健身公共服务绩效评估研究的目的，本研究采用最新区域划分方式展开研究。

为尽可能保证研究的科学性、完整性和全面性，同时考虑到地方政府全民健身公共服务绩效评估的行政级别和人口规模，本研究采取分层、随机便利抽样的方法，选取除港澳台地区以外的"四大地区"具有代表性的12个省、自治区和直辖市进行问卷发放，总共发放问卷2400份（表5-1）。具体区域划分情况如下：东部地区包括江苏省、上海市、浙江省；中部地区包括山西省、江西省和湖南省；西部地区包括四川省、青海省、云南省和宁夏回族自治区；东

---

① 国务院：《国务院关于印发全民健身计划（2016—2020年）的通知》，http：//www.yq.gov.cn/art/2016/6/24/art_21761_740620.html，2016年6月15日。

北地区包括辽宁省与吉林省。经过初步整理与分析，共得到有效问卷2130份，占发放问卷总数的88.8%。

表5-1　　　　　　　　　正式调查问卷发放情况

样本地区	样本省级数量	样本市级数量	回收率（%）	有效问卷数量	有效回收率（%）
东部地区	3	600	98.3	541	90.2
中部地区	3	600	97.7	522	87.0
西部地区	4	800	99.1	714	89.3
东北地区	2	400	94.0	353	88.3
合计	12	2400	97.7	2130	88.8

二　调查样本的特征

在本研究的2130份有效问卷中，调查对象涵盖了不同性别、不同年龄、不同职业、不同受教育程度、不同经济收入水平、不同参与体育锻炼水平、不同对全民健身公共服务知晓程度的12个省份的普通居民。通过分析受访者的基本特征，可了解调查样本的构成情况，详见表5-2。

表5-2　　　　　　　　　调查对象的基本情况

基本信息	类别	频数	占比（%）
性别	男	1130	53.1
	女	1000	46.9
年龄	25周岁及以下	166	7.8
	26—35周岁	492	23.1
	36—45周岁	1024	48.1
	46—55周岁	400	18.8
	56—65周岁	38	1.8
	66周岁及以上	10	0.5

续表

基本信息	类别	频数	占比（%）
学历	高中及以下	116	5.4
	大专	482	22.6
	大学本科	1392	65.4
	硕士研究生	130	6.1
	博士研究生	10	0.5
身份	公务员	228	10.7
	企业工作人员	1220	57.3
	离退休人员	32	1.5
	教育工作者	418	19.6
	学生	110	5.2
	自由工作者	104	4.9
	其他	18	0.8
家庭人均月收入	1500元及以下	68	3.2
	1501—2500元	38	1.8
	2501—3500元	712	33.4
	3501—5000元	1162	54.6
	5001—7000元	126	5.9
	7001元及以上	24	1.1

从性别结构来看：该研究的性别占比基本持平，男性占比略高于女性占比，分别为53.1%和46.9%。可见，本次正式发放的问卷在性别结构的项目特征上总体呈现出比较均衡的分布。

从年龄结构来看：本次调查受访者中，25周岁以下占7.8%；26—35周岁占23.1%；36—45周岁占48.1%；46—55周岁占18.8%；56—65周岁占1.8%；66周岁及以上占0.5%。可见，此次调查的受访者多集中于中青年、中年及中老年阶段，这与此次问卷发放采用的路边拦截以及网络发放相结合的形式有关。

从职业身份结构来看：本次调查被访者中，行政机关公务员被访者占10.7%；企业工作人员占57.3%；离退休人员占1.5%；教育工作者占19.6%；学生占5.2%；自由工作者占4.9%；其他职业占0.8%。

从受教育程度结构来看：本次调查被访者中，高中及以下占5.4%；拥有大专学历的占22.6%；大学本科占比最高，达到65.4%；硕士研究生占6.1%；博士研究生占问卷人数的0.5%。由此可以发现，此次调查对象从受教育程度在大专以上学历的人数占比超过90%，说明受访者对问卷内容和题项具有较好的理解和反馈能力，数据搜集具有一定的可靠性。

从经济收入水平结构来看：所调查的受访者中，家庭人均月收入集中在2501—5000元的人数为1847人，占总调查人数的88.0%。可以说明，此次调查中受访对象以工薪阶层为主，充分体现了我国地方全民健身公共服务需求的普及性和此次调查的大众代表性。

第二节 模型检验的方法介绍

一 探索性因子分析

探索性因子分析（Exploratory Factor Analysis，EFA）方法是一种旨在探究多个观察变量之间的关系、结构以及性质，并通过数据分析来达到变量维度减少的技术。因此，探索性因子分析方法能够将看似独立而又密切相关的变量综合为更加少数的关键因素，而这些因素往往具有不可直接观测的某种共同特征。

对于探索性因子分析方法来说，由于没有先验理论作为支撑，研究者只能在前期理论积累的基础上，进行主观判断并提出观测变量的构念内容和特征，通过因子载荷，凭直觉推断数据的因子结构。在一般情况下，对于正式问卷的分析，首先必须进行探索性因子分析，保证研究问卷的建构效度。

二 验证性因子分析

验证性因子分析（Confirmatory Factor Analysis，CFA）主要是通过数据统计分析软件，决定探索性因子分析后的定义因子模型拟合的实际数据能力，用来检验观测变量的因子个数和因子载荷是否与预先建立的理论预期一致。一般情况下，在研究中对问卷进行探索性因子分析并进行效度检测后，如果还需要对问卷和量表的因子结构和具体的观测指标的实际数据进行对应检验，那么就需要进行验证性因子分析。简单来说，在前期理论假设得出的数学模型中，首先要根据先验理论决定构念（公共）因子，同时还要根据实际数据信息将模型中某些参数设定为某一定值。这样，验证性因子分析才能充分发挥作用，并在已知因子的情况下检验所搜集的数据资料是否按事先预定的结构方式产生作用。

本研究采用验证性因子分析方法来检验前述内容中我国地方政府全民健身公共服务绩效评估的结构要素模型、结构要素与影响因素之间关系模型的假设是否成立，通过实证分析验证前期理论积累、判断和假设的最终结果。

三 结构方程模型

结构方程模型（Structure Equation Modeling，SEM）近年来在体育学科的应用统计领域中发展迅速，它也被称为协方差结构模型（Covariance Structure Models），可同时分析一组具有相互关系的方程式，尤其是具有因果关系的方程式。它的工作原理是通过寻找变量间内在的结构关系，验证某种结构关系或模型的假设是否合理、模型是否正确，并且如果模型存在问题，可以指出如何加以修改。[1] 对于研究人员、研究对象和研究问题而言，SEM 可以同时检验潜变量

---

[1] 王爱学：《公共产品政府供给绩效评估理论与实证分析》，博士学位论文，中国科学技术大学，2008 年，第 99 页。

(Latent Variable)、观测变量（Manifest Variable）、显变量以及误差变量之间的关系。

本书采用结构方程模型方法，主要考虑到该方法的几个优点。

（1）关于我国地方政府全民健身公共服务绩效自变量的不可观测性，结构方程模型允许回归方程的自变量含有测量误差。在传统的统计方法中，自变量往往可以直接测得，但在管理学和社会学的研究中，比如本研究中地方政府全民健身公共服务的财政支出、组织协调、设施配置、政策执行和信息技术能力的变量，在测量中都会存在一定的测量误差，而结构方程能在数学层面将这种误差有机地在最终的模型中进行调整和修改，并增强最终模型的科学性和解释性。

（2）本研究中，我国地方政府全民健身绩效结构要素模型和其与影响因素之间的关系模型，并不是单个自变量对单个因变量的方程，而是多对多的变量关系。因此，运用结构方程模型可以同时处理多个因变量，并能够对多个因变量诸如全民健身公共服务的质量、效果、回应性和民主性绩效等信息都加以分析，提高模型的有效性。

（3）运用结构方程模型可以避免传统数理统计方法中只估计每一个路径关系的缺陷，能够估计整个全民健身公共服务绩效模型的拟合程度，根据研究中搜集的实际数据情况，结合相关拟合指数，选择最合适的模型。

第三节　数据分析与模型检验步骤

一　调查数据的信度和效度分析

（一）信度分析

本书第四章内容主要对量表进行优化，并得到最终的正式调查问卷，本部分再次检验正式调查数据的质量，对正式调查数据进行信度分析，结果详见表5-3。

表5-3　　　　　　　　　　正式问卷信度分析

检测变量	题项	克朗巴哈系数	总体克朗巴哈系数
服务效率	4	0.935	0.929
服务质量	4	0.883	
服务回应性	4	0.913	
服务民主性	5	0.932	
组织协调	5	0.913	0.848
设施配置	5	0.872	
财政支出	3	0.873	
政策执行	5	0.859	
信息技术	3	0.873	

正式问卷各个测量变量的克朗巴哈系数均在0.85以上，绩效及影响因素测量量表的总体克朗巴哈系数分别为0.929与0.848，说明正式量表具有较好的内部一致性。表明了本研究测量量表的信度是符合实证要求的，为本书后续研究结果的有效性提供了有力的保证。

(二) 效度分析

本研究的效度分析，主要采用探索性因子分析法与验证性因子分析法。

对地方政府全民健身公共服务绩效测量数据进行探索性因子分析，对正式调查问卷的各个测量题项的效度进行检验，并按照一定要求进行效度认证。研究结果如表5-4所示。

表 5-4　　地方政府全民健身公共服务绩效结构要素
　　　　　测量变量的 KMO 与 Bartlett 检验

取样足够度的 Kaiser-Meyer-Olkin 度量		0.909
Bartlett 的球形度检验	近似卡方	31141.644
	df	136.000
	Sig.	0.000

表 5-4 的结果显示，本研究地方政府全民健身公共服务绩效结构要素测量变量的样本数据的 KMO 值为 0.909，适合进行因子分析，同时近似卡方为 31141.644，自由度为 136，显著性概率为 0.000，因此 Bartlett 球形检验也显示本研究变量适合进行因子分析。

（1）对全民健身公共服务绩效结构要素测量变量的正式调查数据进行探索性因子分析。本研究采用方差极大旋转和特征根大于 1 的方法提取公共因子，所得结果如表 5-5 所示。

表 5-5　　地方政府全民健身公共服务结构绩效测量
　　　　　变量探索性因子分析结果

| 测量问项 | 成分 | | | | 特征根 | 解释方差（%） |
	1	2	3	4		79.855
MZX5	0.885	0.119	0.238	0.146	8.085	22.803
MZX2	0.820	0.259	0.140	0.155		
MZX3	0.818	0.236	0.172	0.211		
MZX4	0.789	0.249	0.205	0.224		
MZX1	0.772	0.300	0.089	0.237	2.302	22.458
XL4	0.213	0.873	0.120	0.114		
XL1	0.241	0.869	0.161	0.135		
XL3	0.249	0.865	0.147	0.153		
Xl2	0.252	0.841	0.104	0.185		

续表

测量问项	成分				特征根	解释方差（%）
	1	2	3	4		79.855
HYX1	0.152	0.078	0.869	0.125	1.653	19.170
HYX4	0.141	0.129	0.856	0.203		
HYX3	0.163	0.123	0.829	0.190		
HYX2	0.220	0.189	0.824	0.199		
ZL1	0.226	0.208	0.093	0.841	1.536	17.424
ZL3	0.107	-0.009	0.284	0.803		
ZL4	0.263	0.156	0.259	0.781		
ZL2	0.236	0.273	0.139	0.764		

从表5-5可以发现，四个公共因子各题项的载荷系数均在0.7以上，且没有同时存在两个及以上因子上同时出现载荷系数在0.5以上的题项，因子1包含MZX5、MZX2、MZX3、MZX4和MZX1，将其命名为服务民主性；因子2包含XL4、XL1、XL3和Xl2，将其命名为服务效率；因子3包含HYX1、HYX4、HYX3和HYX2，将其命名为服务回应性；因子4包含ZL1、ZL3、ZL4和ZL2，将其命名为服务质量。从公共因子提取的情况来看，每个公共因子所包括的测量题项与本书设计的问卷契合度较好，符合研究的要求。

（2）对地方政府全民健身公共服务绩效结构要素测量进行一阶验证性因子分析。首先，确定测量模型参数估计的方法。为了进一步分析地方政府全民健身绩效构成要素四个潜变量的结构效度及各个题项与各潜变量之间的相关关系，本部分对数据结构进行验证性因子分析。使用结构方程模型软件AMOS20.0，运用极大似然估计法，在对地方政府全民健身公共服务结构绩效的测量模型进行初始估计、模型修正后，最终的参数结果如图5-1所示。

第五章　地方政府全民健身公共服务绩效的评估模型检验与修正　173

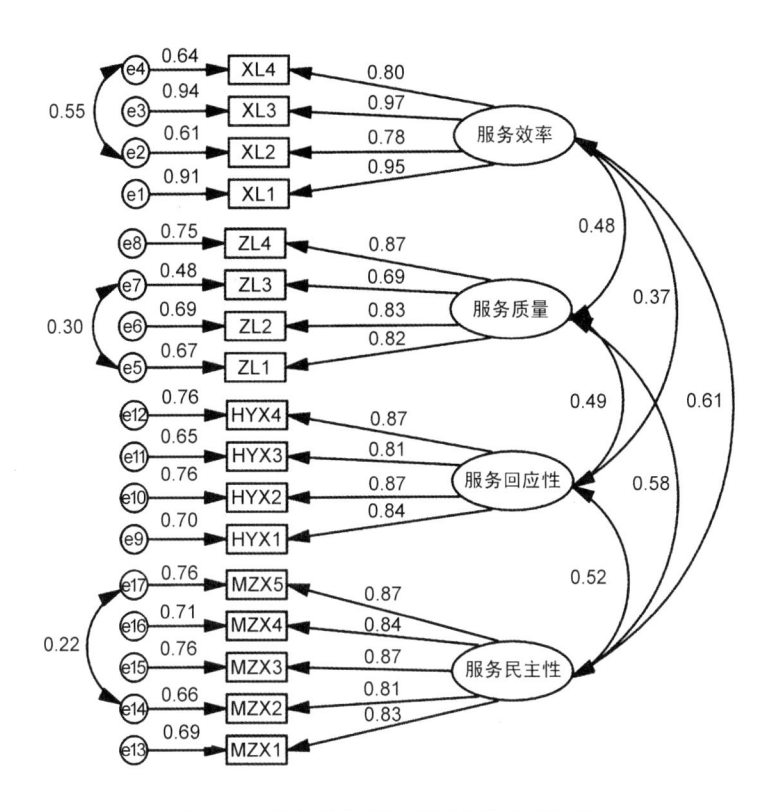

图5-1　绩效结构测量模型参数估计结果

然后，对地方政府全民健身公共服务绩效的结构要素测量模型进行拟合评价。在评估测量模型因子载荷系数是否显著时，把未经标准化的回归系数设置为固定参数1，不参与显著性检验，从表5-6可以看出，绩效测量模型各指标均通过了检验。

表5-6　地方政府全民健身公共服务绩效结构要素测量模型参数估计结果

变量关系			Estimate	S. E.	C. R.	P
XL1	<----	服务效率	1.000			
XL2	<----	服务效率	0.963	0.026	37.452	***
XL3	<----	服务效率	1.080	0.016	69.358	***
XL4	<----	服务效率	0.946	0.024	39.529	***

续表

变量关系			Estimate	S.E.	C.R.	P
ZL1	<---	服务质量	1.000			
ZL2	<---	服务质量	0.971	0.032	30.377	***
ZL3	<---	服务质量	0.810	0.028	28.644	***
ZL4	<---	服务质量	1.145	0.036	31.596	***
HXY1	<---	服务回应性	1.000			
HXY2	<---	服务回应性	1.064	0.030	35.139	***
HXY3	<---	服务回应性	0.978	0.031	31.578	***
HXY4	<---	服务回应性	1.057	0.030	35.247	***
MZX1	<---	服务民主性	1.000			
MZX2	<---	服务民主性	0.955	0.030	31.890	***
MZX3	<---	服务民主性	1.100	0.031	35.985	***
MZX4	<---	服务民主性	1.083	0.032	34.012	***
MZX5	<---	服务民主性	0.939	0.026	35.780	***

注：*** 表示 $P<0.001$。

由表5-7为地方政府全民健身公共服务绩效结构要素四个潜变量的观察变量的载荷系数，可以发现各载荷系数均在0.7以上，达到了模型检验标准的要求。

表5-7　地方政府全民健身公共服务绩效结构要素测量模型标准参数

变量关系			Estimate
XL1	<---	服务效率	0.953
XL2	<---	服务效率	0.780
XL3	<---	服务效率	0.968
XL4	<---	服务效率	0.799
ZL1	<---	服务质量	0.818
ZL2	<---	服务质量	0.831
ZL3	<---	服务质量	0.690
ZL4	<---	服务质量	0.866
HXY1	<---	服务回应性	0.835

续表

变量关系			Estimate
HXY2	<---	服务回应性	0.869
HXY3	<---	服务回应性	0.809
HXY4	<---	服务回应性	0.871
MZX1	<---	服务民主性	0.831
MZX2	<---	服务民主性	0.814
MZX3	<---	服务民主性	0.875
MZX4	<---	服务民主性	0.843
MZX5	<---	服务民主性	0.875

随后，从绩效测量模型的最终拟合情况（表5-8）来看，各个拟合指标均符合标准要求，可以认为绩效测量效度较好，该变量与其指标均予以保留，符合本书的研究需要，可以做进一步分析。

表5-8　地方政府全民健身公共服务绩效结构要素测量模型一阶验证性因子分析拟合情况

拟合程度的指标	指标值	判断标准
自由度（df）	110	
卡方统计量（x^2）	383.171	
x^2/df	6.973	
NFI	0.953	>0.9
CFI	0.959	>0.9
GFI	0.926	>0.9
IFI	0.959	>0.9
RFI	0.942	>0.9
TLI	0.949	>0.9
RMSEA	0.074	<0.05优，<0.08良
SRMR	0.045	<0.05优，<0.08良

在一阶验证性因子分析的基础上,对地方政府全民健身公共服务结构绩效进行了二阶验证性因子分析,模型图如下(见图5-2):

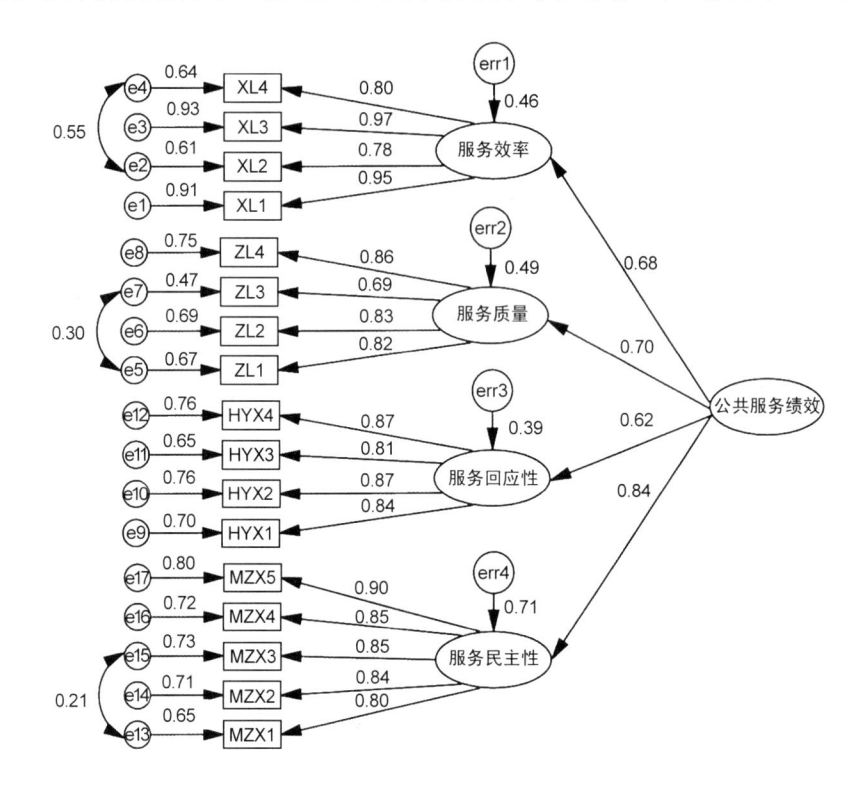

图 5-2　结构绩效二阶测量模型参数估计结果

二阶验证性因子分析的模型拟合情况详见表5-9,各个拟合指标均符合标准要求,可以认为绩效测量效度较好,该变量与其指标均予以保留,符合本书的研究需要,可以做进一步分析。

表 5-9　二阶验证性因子分析最终拟合情况

拟合程度的指标	指标值	判断标准
自由度(df)	112.000	
卡方统计量(x^2)	785.521	
x^2/df	7.014	

续表

拟合程度的指标	指标值	判断标准
NFI	0.952	>0.9
CFI	0.958	>0.9
GFI	0.925	>0.9
IFI	0.958	>0.9
RFI	0.941	>0.9
TLI	0.949	>0.9
RMSEA	0.074	<0.05 优，<0.08 良
SRMR	0.052	<0.05 优，<0.08 良

（3）对地方政府全民健身公共服务绩效的影响因素测量进行效度分析。方法与检验绩效结构要素测量效度的方法相同，因此，本研究对地方政府全民健身公共服务绩效影响因素测量数据进行探索性因子分析，结果如表5－10所示。

表5－10　　地方政府全民健身公共服务绩效影响因素测量
变量KMO与Bartlett检验

取样足够度的 Kaiser-Meyer-Olkin 度量		0.902
Bartlett 的球形度检验	近似卡方	27841.211
	df	210.000
	Sig.	0.000

表5－10的结果显示绩效影响因素的测量变量KMO值为0.902，适合进行因子分析，同时近似卡方为27841.211，自由度为210，显著性概率为0.000，因此Bartlett球形检验也认为非常绩效影响因素也适合进行因子分析。紧接着，本研究采用方差极大旋转和特征根大于1的方法提取地方政府全民健身公共服务绩效影响因素变量的公共因子，所得结果如表5－11所示。

表5-11 地方政府全民健身公共服务绩效影响因素探索性因子分析结果

测量问项	成分					特征根	方差贡献率（%）
	1	2	3	4	5		72.538
ZZXT5	0.861	-0.109	-0.016	0.153	0.137		
ZZXT4	0.826	-0.012	0.008	0.160	0.231		
ZZXT3	0.813	-0.073	0.002	0.219	0.251	6.390	18.846
ZZXT2	0.811	0.008	0.070	0.138	0.274		
ZZXT1	0.761	-0.109	-0.091	0.185	0.161		
SSPZ1	-0.047	0.809	0.215	0.030	0.034		
SSPZ5	-0.109	0.775	0.282	-0.016	-0.127		
SSPZ4	-0.013	0.753	0.324	0.050	-0.035	5.153	16.065
SSPZ3	-0.159	0.752	0.305	0.021	-0.033		
SSPZ2	0.009	0.711	0.290	-0.006	0.013		
SSPZ1	0.083	0.241	0.775	0.004	-0.049		
ZCZX3	-0.148	0.260	0.763	-0.004	-0.103		
ZCZX2	0.108	0.294	0.751	0.012	0.013	1.582	15.345
ZCZX5	-0.094	0.268	0.738	-0.029	0.016		
ZCZX4	0.024	0.385	0.701	-0.064	0.055		
XXJS1	0.180	0.054	-0.018	0.872	0.168		
XXJS2	0.258	0.058	0.024	0.840	0.142	1.104	11.508
XXJS3	0.273	-0.041	-0.063	0.825	0.179		
CZZC1	0.323	-0.014	0.024	0.215	0.828		
CZZC2	0.357	-0.001	0.001	0.170	0.787	1.003	10.538
CZZC3	0.377	-0.104	-0.110	0.187	0.778		

从表5-11可以发现，五个公共因子各题项的载荷系数均在0.7以上，且没有两个及以上因子同时出现载荷系数在0.5以上的题项。因子1包含ZZXT5、ZZXT4、ZZXT3、ZZXT2、ZZXT1，将其命名为组织协调；因子2包含SSPZ1、SSPZ2、SSPZ3、SSPZ4、SSPZ5，将其命名为设施配置；因子3包含ZCZX1、ZCZX2、ZCZX3、ZCZX4、ZCZX5，将其命名为政策执行；因子4包含XXJS1、XXJS2、XXJS3，将其命名为信息技术；因子5包含CZZC1、CZZC2、CZZC3，将其命

名为财政支出。从公共因子提取的情况来看，全民健身公共服务影响因素所包括的测量题项与本书设计的问卷契合度较好，符合研究的要求。

（4）对地方政府全民健身公共服务绩效影响因素测量变量进行验证性因子分析。首先，同样使用 AMOS 工具，运用极大似然估计法，通过对全民健身公共服务影响因素测量模型进行初始估计、模型修正，最终的参数结果如图5-3所示：

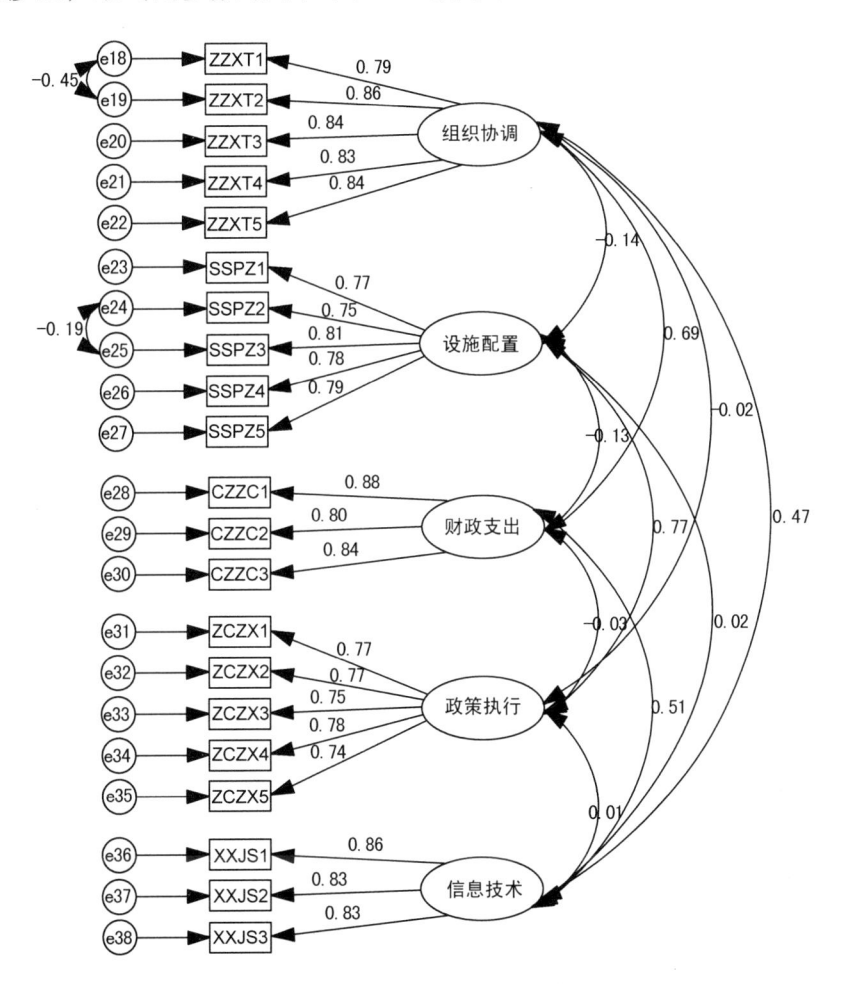

图5-3 地方政府全民健身公共服务绩效影响因素测量模型参数估计结果

然后，对地方政府全民健身公共服务绩效影响因素的测量模型进行拟合评价分析。同样地，对绩效影响因素测量模型因子载荷系数评估其是否显著时，把未经标准化的回归系数设置为固定参数1，不参与显著性检验，从表5-12可以看出，绩效测量模型各指标均通过了检验。

表5-12 地方政府全民健身公共服务绩效影响因素测量模型参数估计结果

变量关系			Estimate	S.E.	C.R.	P
ZZXT5	<---	组织协调	1.000			
ZZXT4	<---	组织协调	0.976	0.028	34.457	***
ZZXT3	<---	组织协调	1.021	0.029	35.176	***
ZZXT2	<---	组织协调	1.085	0.031	35.288	***
SSPZ4	<---	设施配置	1.000			
SSPZ3	<---	设施配置	1.043	0.037	28.086	***
SSPZ2	<---	设施配置	1.031	0.041	25.239	***
SSPZ1	<---	设施配置	0.878	0.033	26.647	***
ZCZX4	<---	政策执行	1.000			
ZCZX3	<---	政策执行	0.960	0.038	25.368	***
ZCZX2	<---	政策执行	0.994	0.038	26.355	***
ZCZX1	<---	政策执行	0.838	0.032	26.241	***
ZZXT1	<---	组织协调	0.883	0.029	30.732	***
SSPZ5	<---	设施配置	1.031	0.037	27.717	***
ZCZX5	<---	政策执行	0.917	0.036	25.279	***
CZZC3	<---	财政支出	1.000			
CZZC2	<---	财政支出	0.994	0.033	30.079	***
CZZC1	<---	财政支出	0.920	0.027	33.482	***
XXJS3	<---	信息技术能力	1.000			
XXJS2	<---	信息技术能力	1.014	0.033	30.559	***
XXJS1	<---	信息技术能力	0.935	0.030	31.587	***

注：***表示P<0.001。

表5-13为地方政府全民健身公共服务绩效影响因素的五个潜

变量的观察变量的载荷系数，可以发现各载荷系数均在 0.7 以上，达到了模型检验标准的要求。

表 5-13　地方政府全民健身公共服务绩效影响因素测量模型标准参数

变量关系			Estimate
ZZXT5	<---	组织协调	0.844
ZZXT4	<---	组织协调	0.830
ZZXT3	<---	组织协调	0.841
ZZXT2	<---	组织协调	0.855
SSPZ4	<---	设施配置	0.778
SSPZ3	<---	设施配置	0.815
SSPZ2	<---	设施配置	0.747
SSPZ1	<---	设施配置	0.767
ZCZX4	<---	政策执行	0.780
ZCZX3	<---	政策执行	0.745
ZCZX2	<---	政策执行	0.770
ZCZX1	<---	政策执行	0.768
ZZXT1	<---	组织协调	0.786
SSPZ5	<---	设施配置	0.792
ZCZX5	<---	政策执行	0.743
CZZC3	<---	财政支出	0.836
CZZC2	<---	财政支出	0.800
CZZC1	<---	财政支出	0.879
XXJS3	<---	信息技术能力	0.828
XXJS2	<---	信息技术能力	0.831
XXJS1	<---	信息技术能力	0.863

之后，从地方政府全民健身公共服务绩效影响因素测量模型的最终拟合情况（表 5-14）来看，各个拟合指标均符合标准要求，可以认为绩效影响测量效度较好，该变量与其指标均予以保留，符合本书的研究需要，可以做进一步分析。

表 5-14　　地方政府全民健身公共服务绩效影响因素测量
模型最终拟合情况

拟合程度的指标	指标值	判断标准
自由度（df）	177.000	
卡方统计量（x^2）	1045.967	
x^2/df	5.909	
NFI	0.931	>0.9
CFI	0.942	>0.9
GFI	0.919	>0.9
IFI	0.942	>0.9
RFI	0.918	>0.9
TLI	0.931	>0.9
RMSEA	0.067	<0.05 优，<0.08 良
SRMR	0.059	<0.05 优，<0.08 良

二　模型的识别

在结构方程模型求解之前，首先要判断模型是否可识别，这是模型是否存在解的关键。结构方程模型识别法主要包括 T 法则和两步法则。本书主要采用 T 法则进行检验。T 法则认为在结构方程模型中，记 p 为外因测量指标数量、q 为内因测量指标数量，故可以产生 $(p+q)(p+q+1)/2$ 个不同的方差或协方差。如果理论模型成立，则有 $\Sigma = \Sigma(\theta)$，可以得到 $(p+q)(p+q+1)/2$ 个不同的方程，记 t 为模型未知参数的个数，则模型可识别的一个必要条件是：$t < (p+q)(p+q+1)/2$。本书所确定的初始模型中 $p=21$，$q=17$，则 $(p+q)(p+q+1)/2 = 741$，而 $t=110 < (p+q)(p+q+1)/2 = 741$，证明模型可以识别。

三　模型的求解

根据本书第三章理论假设，构建的地方政府全民健身公共服务绩效的结构要素与影响因素初始假设路径模型如图 5-4 所示。

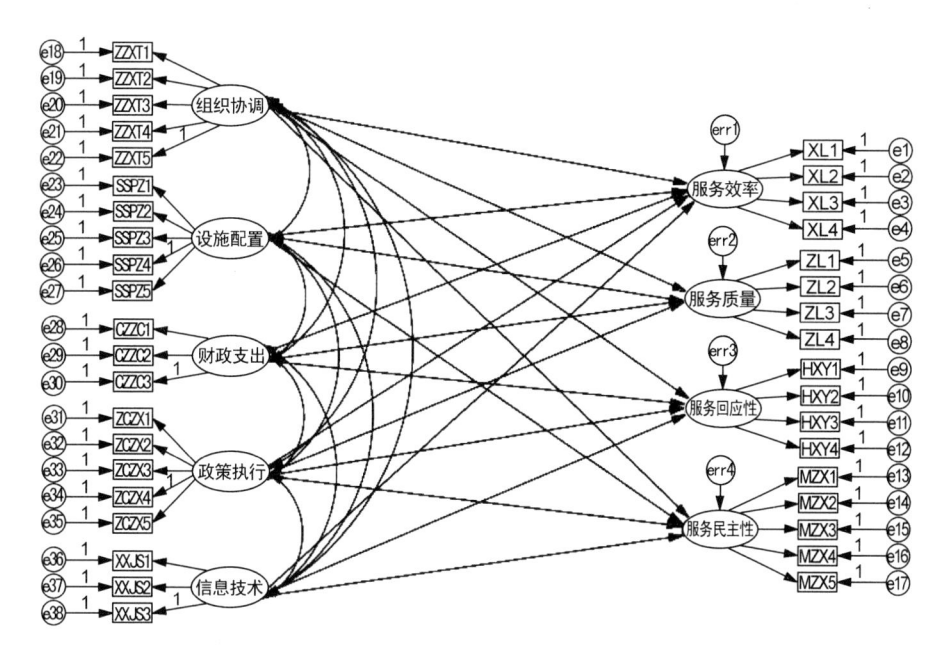

图 5-4 地方政府全民健身公共服务绩效的结构要素与影响因素初始假设路径模型

模型评价首先要考察模型结果中估计出的参数是否具有统计意义，需要对路径系数或载荷系数进行统计显著性检验。从表 5-15 中可以看出，设施配置与服务回应性、信息技术与服务质量、财政支出与服务民主性的路径关系显著性 P 值大于 0.05，认为这三个路径关系在统计学上不显著；其余路径关系显著性 P 值均小于 0.05，认为路径关系显著。

表 5-15　　　　　　　　　初始模型路径关系

变量关系			Estimate	S. E.	C. R.	P
服务效率	<---	设施配置	0.553	0.047	11.857	***
服务质量	<---	设施配置	0.333	0.044	7.591	***
服务民主性	<---	设施配置	0.307	0.035	8.808	***
服务效率	<---	财政支出	0.196	0.030	6.636	***
服务效率	<---	政策执行	0.339	0.047	7.173	***

续表

变量关系			Estimate	S. E.	C. R.	P
服务效率	<---	信息技术能力	0.222	0.024	9.378	***
服务质量	<---	政策执行	0.245	0.045	5.474	***
服务回应性	<---	政策执行	0.317	0.047	6.788	***
服务民主性	<---	政策执行	0.204	0.035	5.776	***
服务回应性	<---	信息技术能力	0.232	0.024	9.854	***
服务民主性	<---	信息技术能力	0.115	0.018	6.499	***
服务质量	<---	财政支出	0.166	0.028	5.902	***
服务回应性	<---	财政支出	0.288	0.029	9.767	***
服务民主性	<---	组织协调	0.597	0.027	22.151	***
服务回应性	<---	组织协调	0.189	0.032	5.986	***
服务质量	<---	组织协调	0.394	0.031	12.617	***
服务效率	<---	组织协调	0.193	0.032	6.039	***
服务回应性	<---	设施配置	0.082	0.045	1.833	0.067
服务民主性	<---	财政支出	0.028	0.022	1.250	0.211
服务质量	<---	信息技术能力	0.041	0.022	1.840	0.066
ZZXT5	<---	组织协调	1.000			
ZZXT4	<---	组织协调	1.010	0.021	47.884	***
ZZXT3	<---	组织协调	1.056	0.021	49.516	***
ZZXT2	<---	组织协调	1.090	0.023	47.342	***
SSPZ4	<---	设施配置	1.000			
SSPZ3	<---	设施配置	1.017	0.027	37.330	***
SSPZ2	<---	设施配置	0.963	0.030	32.628	***
SSPZ1	<---	设施配置	0.880	0.025	35.889	***
ZCZX4	<---	政策执行	1.000			
ZCZX3	<---	政策执行	0.992	0.030	33.573	***
ZCZX2	<---	政策执行	1.027	0.029	35.029	***
ZCZX1	<---	政策执行	0.854	0.025	33.818	***
ZZXT1	<---	组织协调	0.838	0.021	39.717	***
SSPZ5	<---	设施配置	1.040	0.028	37.598	***
ZCZX5	<---	政策执行	0.917	0.028	32.824	***
CZZC3	<---	财政支出	1.000			

续表

变量关系			Estimate	S.E.	C.R.	P
CZZC2	<---	财政支出	0.967	0.023	42.315	***
CZZC1	<---	财政支出	0.911	0.019	47.996	***
XXJS3	<---	信息技术能力	1.000			
XXJS2	<---	信息技术能力	0.991	0.023	42.387	***
XXJS1	<---	信息技术能力	0.902	0.020	44.332	***
XL1	<---	服务效率	1.000			
XL2	<---	服务效率	1.003	0.018	55.454	***
XL3	<---	服务效率	1.053	0.012	89.812	***
XL4	<---	服务效率	0.979	0.017	57.007	***
ZL1	<---	服务质量	1.000			
ZL2	<---	服务质量	0.947	0.022	43.648	***
ZL3	<---	服务质量	0.848	0.023	37.501	***
ZL4	<---	服务质量	1.132	0.024	46.536	***
HXY1	<---	服务回应性	1.000			
HXY2	<---	服务回应性	1.104	0.022	49.881	***
HXY3	<---	服务回应性	0.995	0.022	45.288	***
HXY4	<---	服务回应性	1.065	0.022	49.350	***
MZX1	<---	服务民主性	1.000			
MZX2	<---	服务民主性	1.057	0.022	47.260	***
MZX3	<---	服务民主性	1.120	0.023	48.222	***
MZX4	<---	服务民主性	1.126	0.024	47.410	***
MZX5	<---	服务民主性	1.019	0.020	51.570	***

注：***表示 P<0.001。

四 模型的评价

通过模型拟合指数对理论结构模型的拟合程度进行考察，不同类别的模型拟合指数可以从模型复杂性、样本大小、相对性与绝对性等方面对理论模型进行度量。本研究的初始模型拟合指数见表5-16，可以发现 GFI 与 RFI 值指标未达标，需要进行进一步修正。

表 5-16　　初始模型拟合指数

统计检验量	适配标准	拟合结果	模型适配判断
绝对适配度指数			
卡方值	越小越好	5991.241	符合
SRMR 值	<0.05 优；<0.08 良	0.0547	符合
RMSEA 值	<0.05 优；<0.08 良	0.063	符合
GFI 值	>0.9	0.871	不符合
增值适配度指数			符合
NFI 值	>0.9	0.906	符合
RFI 值	>0.9	0.896	不符合
IFI 值	>0.9	0.915	符合
TLI 值	>0.9	0.906	符合
CFI 值	>0.9	0.915	符合
简约适配度指数			符合
PGFI 值	>0.5	0.746	符合
PNFI 值	>0.5	0.819	符合
PCFI 值	>0.5	0.827	符合

五　模型的修正

模型修正的意义在于用所获得的数据考察依据相关理论提出的初始假设路径模型。如果假设模型偏离数据所揭示的情况，则需要根据数据所反映的情况对初始路径模型进行修正，不断重复这个过程，直至得到一个与数据拟合较好而同时模型总体的实际意义、模型变量之间的实际意义和所得的参数都有合理解释的模型为止。

模型修正的方法主要是去除不显著的路径关系和参考修正指数（MI）。本书在去除3个不显著的路径关系后，对模型进行了11次修正，修正后的模型拟合结果详见表 5-17。

表 5-17　修正后模型拟合指数

统计检验量	适配标准	拟合结果	模型适配判断
绝对适配度指数			
卡方值	越小越好	4478.865	修正后减小，符合
SRMR 值	<0.05 优；<0.08 良	0.0543	符合
RMSEA 值	<0.05 优；<0.08 良	0.054	符合
GFI 值	>0.9	0.902	符合
增值适配度指数			符合
NFI 值	>0.9	0.930	符合
RFI 值	>0.9	0.921	符合
IFI 值	>0.9	0.939	符合
TLI 值	>0.9	0.932	符合
CFI 值	>0.9	0.939	符合
简约适配度指数			符合
PGFI 值	>0.5	0.763	符合
PNFI 值	>0.5	0.829	符合
PCFI 值	>0.5	0.838	符合

修正后的模型拟合结果见表 5-18，从表中可以看出修正后的模型相比初始模型有了很大的改善，其中卡方值明显减小，GFI 值也从原来的 0.871 变为 0.902，RFI 值由原来的 0.896 变为 0.921，均达到标准水平，模型有了明显改善。修正后的模型路径关系见表 5-18，均达到显著水平。

表 5-18　修正后模型路径关系

变量关系			Estimate	S.E.	C.R.	P
服务效率	<---	设施配置	0.524	0.047	11.113	***
服务质量	<---	设施配置	0.341	0.041	8.301	***
服务民主性	<---	设施配置	0.296	0.034	8.575	***
服务效率	<---	财政支出	0.198	0.030	6.662	***
服务效率	<---	政策执行	0.352	0.048	7.325	***

续表

变量关系			Estimate	S. E.	C. R.	P
服务效率	<---	信息技术能力	0.229	0.024	9.549	***
服务质量	<---	政策执行	0.250	0.042	5.898	***
服务回应性	<---	政策执行	0.390	0.026	15.039	***
服务民主性	<---	政策执行	0.216	0.035	6.150	***
服务回应性	<---	信息技术能力	0.239	0.023	10.489	***
服务民主性	<---	信息技术能力	0.132	0.017	7.809	***
服务质量	<---	财政支出	0.167	0.026	6.483	***
服务回应性	<---	财政支出	0.293	0.029	10.009	***
服务民主性	<---	组织协调	0.587	0.022	26.703	***
服务回应性	<---	组织协调	0.171	0.029	5.818	***
服务质量	<---	组织协调	0.411	0.028	14.582	***
服务效率	<---	组织协调	0.176	0.031	5.599	***
ZZXT5	<---	组织协调	1.000			
ZZXT4	<---	组织协调	0.994	0.021	48.337	***
ZZXT3	<---	组织协调	1.040	0.021	50.198	***
ZZXT2	<---	组织协调	1.110	0.022	49.929	***
SSPZ4	<---	设施配置	1.000			
SSPZ3	<---	设施配置	1.039	0.027	38.092	***
SSPZ2	<---	设施配置	0.996	0.030	33.522	***
SSPZ1	<---	设施配置	0.871	0.024	35.814	***
ZCZX4	<---	政策执行	1.000			
ZCZX3	<---	政策执行	0.954	0.030	32.071	***
ZCZX2	<---	政策执行	0.993	0.029	33.735	***
ZCZX1	<---	政策执行	0.853	0.025	34.085	***
ZZXT1	<---	组织协调	0.867	0.021	42.303	***
SSPZ5	<---	设施配置	1.029	0.027	37.574	***
ZCZX5	<---	政策执行	0.916	0.028	33.078	***
CZZC3	<---	财政支出	1.000			
CZZC2	<---	财政支出	0.968	0.023	42.333	***
CZZC1	<---	财政支出	0.912	0.019	47.954	***
XXJS3	<---	信息技术能力	1.000			

续表

变量关系			Estimate	S.E.	C.R.	P
XXJS2	<---	信息技术能力	0.991	0.023	42.339	***
XXJS1	<---	信息技术能力	0.903	0.020	44.324	***
XL1	<---	服务效率	1.000			
XL2	<---	服务效率	0.959	0.019	51.396	***
XL3	<---	服务效率	1.055	0.011	92.363	***
XL4	<---	服务效率	0.939	0.018	53.097	***
ZL1	<---	服务质量	1.000			
ZL2	<---	服务质量	1.001	0.024	42.036	***
ZL3	<---	服务质量	0.762	0.022	34.193	***
ZL4	<---	服务质量	1.161	0.027	42.746	***
HXY1	<---	服务回应性	1.000			
HXY2	<---	服务回应性	1.132	0.025	45.131	***
HXY3	<---	服务回应性	0.990	0.025	40.290	***
HXY4	<---	服务回应性	1.035	0.022	47.682	***
MZX1	<---	服务民主性	1.000			
MZX2	<---	服务民主性	1.062	0.024	43.936	***
MZX3	<---	服务民主性	1.136	0.022	50.955	***
MZX4	<---	服务民主性	1.145	0.025	46.124	***
MZX5	<---	服务民主性	1.016	0.021	47.804	***

注：***表示 $P<0.001$。

本章小结

本章内容主要运用问卷调查法，对地方政府全民健身公共服务绩效评估模型进行了实证检验。首先，笔者对调查样本的区域选择做了解释，并发放2400份调查问卷，有效收回2130份，发现调查样本的总体分布比较合理，可以相对科学地反映各个地方全民健身公共服务绩效状况。之后，笔者采用结构方程建模的数据分析方法，对探索性因子分析形成的地方政府全民健身公共服务绩效评估模型问卷量表再次进行验证性因子分析。对建构的模型进行了 11 次修正之后，拟合数据表明，所设计的地方政府全民健身公共服务绩效评估模型的问卷量表拟合效果达到良好。本章的技术操作过程是地方政府全民健身公共服务绩效评估模型建构的重要环节，实现了地方政府全民健身绩效评估研究从理论分析到实践评估的过渡。拟合模型的结果，为后文分析地方政府全民健身公共服务绩效水平和探讨影响地方政府全民健身公共服务绩效的关键因素提供了数据支撑。

第 六 章

地方政府全民健身公共服务绩效评估的实证发现与问题讨论

本书第五章对2130份调查问卷数据的实证检验结果进行了统计分析，得出了与实际情况拟合较好的我国地方政府全民健身公共服务绩效结构要素和影响因素关系的关系路径模型。本章旨在对第五章得出的关系路径模型的最终结果进行分析和解释。按照前文思路和方法，下面对我国地方政府全民健身公共服务绩效结构因素和影响因素的实际结果和关键问题进行剖析。本章对地方政府全民健身公共服务绩效的总体水平、受访者个体属性与各个绩效结构要素的关系以及影响全民健身公共服务绩效的关键因素进行结果总结和问题审视，以期为接下来一章提出我国地方政府全民健身公共服务绩效的提升路径提供理论依据。

第一节 地方政府全民健身公共服务绩效现状的统计描述

本小节的主要内容是围绕前一章地方政府全民健身公共服务绩效结构要素的四个维度建立了相关评价指数，对目前我国地方政府全民健身公共服务的服务质量、服务效率、服务民主性和服务回应性的水平现状进行了统计描述，并在此基础上对不同地区、不同居民个体属性的全民健身公共服务绩效的差异情况进行了简单比较，希望从中发现一些共性问题和规律。

一 地方政府全民健身公共服务绩效指数的建立

首先，本小节按照一定的数理方法构建了我国地方政府全民健身公共服务的绩效指数。具体方法如下：

（1）地方政府全民健身公共服务绩效结构要素具体指标的得分，分别由每个对应题项的样本测量数值相加后求平均值所得；

（2）地方政府全民健身公共服务绩效结构要素的四个维度绩效得分，分别由对应构成要素的得分乘以各自权重后求和所得；

（3）地方政府全民健身公共服务绩效的总体得分，由绩效结构要素各维度绩效得分分别乘以各自权重后求和所得，由图5-2中结构绩效二阶测量模型中的Gamma参数值归一化处理得到。

因此，在以这样的方法处理后，所得到的每一项指数得分数值都会落在1—5分的范围，便于横向比较，得分越高说明地方政府全民健身公共服务绩效越好。

二 地方政府全民健身公共服务绩效的总体水平

此次研究的数据结果如表6-1所示，地方政府全民健身公共服务绩效平均得分为3.33分，略高于5级分值的中等强度3分，说明地方政府全民健身公共服务总体绩效水平在此次的受访者调查中，呈现出较为良好的结果，并且还有很大的提升空间。

在绩效结构要素的各个维度得分方面，全民健身公共服务效率、服务回应性的均分在四个维度中相对较高，分别达到3.46分和3.43分。而全民健身公共服务的服务质量（3.24分）的均分最低，其次是全民健身公共服务民主性得分，3.33分，与全民健身公共服务绩效得分持平。相比而言，四个维度的得分差距并不是很大，绩效结构要素的各个维度得分集中程度良好。

从各个维度的具体构成要素的绩效得分来看,得分最高的均来自服务效率维度的三个指标,分别为设施利用效率、组织活动效率和人员配置效率,得分均是 3.52 分。而绩效得分最低的构成要素是服务预期水平,得分仅为 3.09 分,说明当前我国地方政府的全民健身公共服务与群众的预期结果还存在一定差距。

同样在表 6-1 中,通过其 Pearson 相关系数的分析可以发现,地方政府全民健身公共服务绩效结构要素的四大维度及 17 项构成指标都与总体绩效呈正相关（$P<0.01$）,其中"全民健身公共服务民主性"维度与之相关程度最为紧密,系数值高达 0.832,其次是"全民健身公共服务效率"维度。相关系数较高的具体构成要素（$r>0.75$）包括"服务法治"和"服务评议",说明新时期居民对全民健身公共服务绩效的法制化建设以及参与水平均给予了高度重视。

表 6-1　　地方政府全民健身公共服务绩效的总体水平描述

结构绩效指标	SD	Mean	与总体结构绩效的 Pearson 相关性
服务效率	1.2716	3.46	0.768**
资金使用效率	1.276	3.45	0.717**
设施利用效率	1.505	3.52	0.703**
组织活动效率	1.343	3.52	0.723**
人员配置效率	1.452	3.52	0.673**
服务质量	1.085	3.24	0.761**
服务预期水平	1.229	3.09	0.662**
服务感知效果	1.201	3.36	0.683**
服务覆盖区域	1.2	3.19	0.552**
服务满意程度	1.37	3.32	0.707**
服务回应性	1.18	3.43	0.711**
服务透明	1.291	3.51	0.582**
服务公平	1.366	3.41	0.690**

续表

结构绩效指标	SD	Mean	与总体结构绩效的 Pearson 相关性
需求满足	1.312	3.37	0.622**
政策调整	1.328	3.44	0.633**
服务民主性	1.09	3.33	0.832**
服务知晓	1.212	3.27	0.729**
服务参与	1.226	3.19	0.722**
服务评议	1.282	3.26	0.750**
服务法治	1.303	3.25	0.762**
服务问责	1.117	3.23	0.726**
总体结构绩效得分	0.888	3.33	1.000

注：**表示 $P<0.01$。

三 不同地区地方政府全民健身公共服务绩效的分布差异

由表 6-2 可以发现，不同地区地方政府全民健身公共服务总体绩效水平没有明显差异。在"服务效率""服务回应性"和"服务民主性"三个维度的绩效分布差异也均不具有统计学意义。而不同地区的居民之间在"服务质量"维度方面表现出了显著性差异，P 值远小于 0.05，在统计学上具有意义。从东部、西部、中部和东北四个地区的"服务质量"均数分值可以发现，东部地区的居民对地方政府全民健身公共服务质量绩效的满意程度最高，均值达到 3.3109，而东北地区的居民对当地政府全民健身公共服务质量绩效的满意度最低，均值为 2.9896。

表 6-2　不同地区的地方政府全民健身公共服务绩效水平分布

结构绩效	地区分布	SD	Mean	F	显著性
服务效率	东部地区	1.28116	3.4585	0.335	0.800
	中部地区	1.26238	3.4836		
	西部地区	1.26768	3.4687		
	东北地区	1.26073	3.3902		

续表

结构绩效	地区分布	SD	Mean	F	显著性
服务质量	东部地区	1.06306	3.3109	6.709	0.000**
	中部地区	1.09168	3.2060		
	西部地区	1.02510	3.2791		
	东北地区	1.17820	2.9896		
服务回应性	东部地区	1.17546	3.4208	0.254	0.858
	中部地区	1.17369	3.4709		
	西部地区	1.20625	3.4248		
	东北地区	1.18790	3.4093		
服务民主性	东部地区	1.09157	3.2584	0.848	0.468
	中部地区	1.08170	3.2144		
	西部地区	1.07775	3.2885		
	东北地区	1.10739	3.1627		
总体绩效水平	东部地区	0.87531	3.3548	1.560	0.197
	中部地区	0.88978	3.3330		
	西部地区	0.88312	3.3592		
	东北地区	0.93564	3.2285		

注：*表示 $P<0.05$；**表示 $P<0.01$。

本研究还采用 LSD 法（Least-significant Difference）对不同地区的"全民健身公共服务质量"绩效得分做了事后两两比较。研究发现，东部、西部和中部地区的"全民健身公共服务质量"绩效都维持在较高水平，发展较差的东北地区平均值最低，与发展水平较好的东部地区、中部地区、西部地区之间的差异都具有统计学意义，东部、中部、西部三个地区之间不存在显著差异（见表6-3）。

表6-3　　　　"全民健身公共服务质量"绩效得分两两比较

(I) 地区	(J) 地区	均值差 (I-J)	标准误	显著性	95%置信区间	
					下限	上限
东部	中部	0.10487	0.05823	0.072	-0.0093	0.2191
	西部	0.03174	0.07128	0.656	-0.1081	0.1715
	东北	0.32123*	0.07329	0.000	0.1775	0.4650
中部	东部	-0.10487	0.05823	0.072	-0.2191	0.0093
	西部	-0.07313	0.07905	0.355	-0.2282	0.0819
	东北	0.21636*	0.08087	0.008	0.0578	0.3749
西部	东部	-0.03174	0.07128	0.656	-0.1715	0.1081
	中部	0.07313	0.07905	0.355	-0.0819	0.2282
	东北	0.28948*	0.09072	0.001	0.1116	0.4674
东北	东部	-0.32123*	0.07329	0.000	-0.4650	-0.1775
	中部	-0.21636*	0.08087	0.008	-0.3749	-0.0578
	西部	-0.28948*	0.09072	0.001	-0.4674	-0.1116

注：*表示均值差的显著性水平为0.05。

第二节　个体属性对地方政府全民健身公共服务绩效评估的影响

一　居民受教育水平对全民健身公共服务绩效评定的影响

从表6-4可以看出，不同受教育水平的居民之间在对全民健身公共服务总体绩效评价时具有明显的差异。"服务效率""服务质量""服务民主性"和"服务回应性"四个地方政府全民健身公共服务绩效维度的分布差异均具有统计学意义。

表6-4　不同受教育水平居民评定全民健身公共服务绩效的比较

结构绩效	受教育水平	Mean	SD	组间df	组内df	F	P
服务效率	高中及以下	3.3053	1.19790	4.000	2125.000	4.164	0.002**
	大专	3.3084	1.32766				
	大学本科	3.4969	1.26868				
	硕士研究生	3.6598	1.12609				
	博士研究生	4.2254	0.21229				
服务质量	高中及以下	3.1857	0.93547	4.000	2125.000	6.631	0.000**
	大专	3.0744	1.12904				
	大学本科	3.2701	1.09056				
	硕士研究生	3.5211	0.89601				
	博士研究生	4.0012	0.49845				
服务回应性	高中及以下	3.3929	1.15464	4.000	2125.000	4.869	0.001**
	大专	3.2648	1.25384				
	大学本科	3.4672	1.17449				
	硕士研究生	3.6530	0.92081				
	博士研究生	4.1539	0.38847				
服务民主性	高中及以下	3.2925	1.10585	4.000	2125.000	4.049	0.003**
	大专	3.1439	1.12905				
	大学本科	3.2403	1.07868				
	硕士研究生	3.4767	1.01785				
	博士研究生	4.0797	0.31758				
总体绩效水平	高中及以下	3.2912	0.81933	4.000	2125.000	7.698	0.000**
	大专	3.1926	0.89806				
	大学本科	3.3588	0.88921				
	硕士研究生	3.5701	0.83527				
	博士研究生	4.1115	0.22939				

注：*表示$P<0.05$；**表示$P<0.01$。

具体观察四个维度均数分值可以发现，"服务效率"绩效水平与不同受教育水平的居民学历呈现正相关，即学历越高的居民对于全民健身公共服务的绩效满意度越高，其中具有博士研究生学历的居民对于"服务效率"绩效水平的评分高达 4.2254，充分说明了这部分居民对于我国当前全民健身公共服务效率的理解和肯定；在"服务质量""服务回应性"和"服务民主性"三个维度，不同受教育水平居民的评分分布呈"U"形分布，即大专学历的居民评分最低，均值分数分别为 3.0744、3.2648、3.1439。

二 居民经济收入水平对全民健身公共服务绩效评定的影响

从表 6-5 可以看出，居民的月收入水平因素在全民健身公共服务的"服务效率""服务质量""服务民主性"和"服务回应性"维度的分布差异均具有统计学意义。

在"服务效率"绩效水平方面，月收入在 1500 元及以下的居民评分最低，均值仅为 3.0794，远低于其他收入者。可见，处于最低收入水平的居民对于当地全民健身公共服务的"服务效率"意见最大。而其中月收入在 5001—7000 元的居民评分最高，均值达到 3.6771。

"服务质量"和"服务回应性"绩效水平与居民的月收入水平呈现正相关，即居民的月收入越高，则全民健身公共服务的"服务质量"和"服务回应性"绩效水平越高，其中月收入在 7000 元以上的居民评分分别高达 3.4743 和 3.7919。而随着居民月收入水平的不断降低，"服务质量"和"服务回应性"绩效水平也不断降低。

在"服务民主性"绩效水平方面，虽然不同收入水平的居民在评分上也呈现出了较大的波动，但是，与"服务效率"绩效水平相同的是，月收入在 5001—7000 元的居民评分最高，均值达到 3.4325。而"服务民主性"绩效水平最低评分依然来自月收入在 1500 元以下的人群。

表6-5 不同经济收入居民评定全民健身公共服务绩效的比较

结构绩效	收入	Mean	SD	组间 df	组内 df	F	显著性
服务效率	1500元及以下	3.0794	1.18717	5.000	2124.000	2.890	0.013*
	1501—2500元	3.5186	1.05947				
	2501—3500元	3.3768	1.34295				
	3501—5000元	3.4993	1.25880				
	5001—7000元	3.6771	1.06492				
	7000元以上	3.6220	0.92264				
服务质量	1500元及以下	3.1439	1.03195	5.000	2124.000	2.996	0.011*
	1501—2500元	2.9669	1.04519				
	2501—3500元	3.1560	1.08063				
	3501—5000元	3.2772	1.10351				
	5001—7000元	3.4607	0.96102				
	7000元以上	3.4743	0.83366				
服务回应性	1500元及以下	3.2154	1.18853	5.000	2124.000	4.267	0.001**
	1501—2500元	3.3062	1.14487				
	2501—3500元	3.3075	1.26843				
	3501—5000元	3.4976	1.14663				
	5001—7000元	3.6438	0.92077				
	7000元以上	3.7919	0.85907				
服务民主性	1500元及以下	2.9798	0.95821	5.000	2124.000	2.436	0.033*
	1501—2500元	3.1797	0.99451				
	2501—3500元	3.1725	1.12588				
	3501—5000元	3.2745	1.08760				
	5001—7000元	3.4325	0.92317				
	7000元以上	3.3630	1.18567				
总体绩效水平	1500元及以下	3.0957	0.83559	5.000	2124.000	4.771	0.000**
	1501—2500元	3.2360	0.89123				
	2501—3500元	3.2458	0.89698				
	3501—5000元	3.3778	0.89000				
	5001—7000元	3.5443	0.78278				
	7000元以上	3.5464	0.84352				

注：* 表示 P<0.05；** 表示 P<0.01。

可以推断，在地方政府全民健身公共服务未来的发展规划中，更应该更加关注低收入群体。应在全民健身公共服务的居民参与、信息反馈、感知效果等内容安排和设计方面，加快制定专门针对低收入者的保障政策，维护低收入群体的公共体育权益，进一步缩小外在因素所造成的高、低收入群体参与全民健身公共服务的差距。

三 居民参与体育锻炼频率对全民健身公共服务绩效评定的影响

从表6-6可以看出，居民参与体育锻炼的频率在全民健身公共服务的"服务效率""服务质量"和"服务民主性"三个维度的绩效水平方面有显著差异。而在"服务回应性"维度的绩效水平差异没有统计学意义。

表6-6 不同参与体育锻炼频率的居民对评定全民健身公共服务绩效的比较

结构绩效	锻炼频率	Mean	SD	组间 df	组内 df	F	显著性
服务效率	从不参加	2.3777	1.03926	2.000	2127.000	16.537	0.000**
	偶尔参加	3.3746	1.29020				
	经常参加	3.5679	1.23951				
服务质量	从不参加	2.3782	0.83124	2.000	2127.000	11.030	0.000**
	偶尔参加	3.2043	1.10084				
	经常参加	3.2983	1.06380				
服务回应性	从不参加	3.1083	1.29560	2.000	2127.000	1.425	0.241
	偶尔参加	3.4581	1.17588				
	经常参加	3.4145	1.18112				
服务民主性	从不参加	2.3016	1.08915	2.000	2127.000	11.348	0.000**
	偶尔参加	3.2236	1.09965				
	经常参加	3.2805	1.06805				
总体绩效水平	从不参加	2.5155	0.82514	2.000	2127.000	14.176	0.000**
	偶尔参加	3.3064	0.87004				
	经常参加	3.3830	0.89657				

注：*表示 P<0.05；**表示 P<0.01。

同时，采用 LSD 法（Least-significant Difference）对不同体育参与锻炼人群的全民健身公共服务的"服务效率""服务质量"和"服务民主性"绩效得分做了事后两两比较。研究发现，"从不参加"体育锻炼的居民对于"全民健身公共服务"绩效水平的评定都处于较低水平，均值都没有超过 2.5 分（见表 6-7）。与"偶尔参加""经常参加"体育锻炼的居民之间的差异均具有统计学意义，而"偶尔参加"和"经常参加"体育锻炼的居民之间除了在服务民主性方面差异不显著外，在服务效率、服务质量之间存在显著差异。

表 6-7 不同参与体育锻炼人群的全民健身公共服务绩效两两多重比较

因变量	（I）Q8	（J）Q8	均值差（I-J）	标准误	显著性	95% 置信区间	
						下限	上限
服务效率	从不参加	偶尔参加	-0.99691*	0.24174	0.000	-1.4710	-0.5228
		经常参加	-1.19027*	0.24172	0.000	-1.6643	-0.7162
	偶尔参加	从不参加	0.99691*	0.24174	0.000	0.5228	1.4710
		经常参加	-0.19336*	0.05507	0.000	-0.3014	-0.0854
	经常参加	从不参加	1.19027*	0.24172	0.000	0.7162	1.6643
		偶尔参加	0.19336*	0.05507	0.000	0.0854	0.3014
服务质量	从不参加	偶尔参加	-0.82613*	0.20673	0.000	-1.2316	-0.4207
		经常参加	-0.92011*	0.20672	0.000	-1.3255	-0.5147
	偶尔参加	从不参加	0.82613*	0.20673	0.000	0.4207	1.2316
		经常参加	-0.09397*	0.04710	0.046	-0.1863	-0.0016
	经常参加	从不参加	0.92011*	0.20672	0.000	0.5147	1.3255
		偶尔参加	0.09397*	0.04710	0.046	0.0016	0.1863
服务民主性	从不参加	偶尔参加	-0.92203*	0.20757	0.000	-1.3291	-0.5150
		经常参加	-0.97894*	0.20756	0.000	-1.3860	-0.5719
	偶尔参加	从不参加	0.92203*	0.20757	0.000	0.5150	1.3291
		经常参加	-0.05691	0.04729	0.229	-0.1496	0.0358
	经常参加	从不参加	0.97894*	0.20756	0.000	0.5719	1.3860
		偶尔参加	0.05691	0.04729	0.229	-0.0358	0.1496

注：* 表示均值差的显著性水平为 0.05。

此次研究的结果也印证了此前很多科学研究的结论，即有规律的体育活动可以抵御个人的焦虑、孤独和抑郁等负能量情感[1]，可以促进居民自身身心健康，提升生命质量，并进一步促进居民生活满意度和幸福感的提升。数据基本上显示出，随着居民体育活动参与频率的升高，其对于全民健身公共服务的"服务效率""服务质量"和"服务民主性"的绩效评分也就越高。

四 居民全民健身公共服务知晓度对其绩效评定的影响

从表6-8来看，居民知晓度因素对全民健身公共服务的总体绩效评价没有显著性影响。而地方政府全民健身公共服务的"服务质量"和"服务民主性"两个维度的绩效水平分布有显著性差异（P值分别为0.011和0.000）。在"服务效率"和"服务回应性"两个维度的绩效水平差异分布没有统计学意义。

表6-8 不同知晓度居民对评定全民健身公共服务绩效的比较

结构绩效	知晓度	Mean	SD	组间 df	组内 df	F	显著性
服务效率	非常熟悉	3.5832	1.18691	4.000	2125.000	0.571	0.683
	比较熟悉	3.4853	1.25023				
	一般熟悉	3.4420	1.30738				
	不熟悉	3.4455	1.27543				
	很不熟悉	3.4135	1.30272				
服务质量	非常熟悉	3.2796	1.02299	4.000	2125.000	3.273	0.011*
	比较熟悉	3.2604	1.12904				
	一般熟悉	3.5071	0.98423				
	不熟悉	3.1868	1.05996				
	很不熟悉	3.2099	1.12864				

---

[1] 赵淑英、郑澜、周艳：《体育活动在老年人生活质量中的作用》，《福建体育科技》2000年第1期。

续表

结构绩效	知晓度	Mean	SD	组间 df	组内 df	F	显著性
服务回应性	非常熟悉	3.4793	1.18770	4.000	2125.000	0.394	0.813
	比较熟悉	3.4063	1.17279				
	一般熟悉	3.5224	1.10279				
	不熟悉	3.4184	1.19945				
	很不熟悉	3.4375	1.17874				
服务民主性	非常熟悉	3.2973	1.03456	4.000	2125.000	5.140	0.000**
	比较熟悉	3.4191	1.04477				
	一般熟悉	3.2644	1.08991				
	不熟悉	3.1779	1.10418				
	很不熟悉	3.1377	1.10383				
总体绩效水平	非常熟悉	3.4013	0.79019	4.000	2125.000	1.868	0.113
	比较熟悉	3.3930	0.85239				
	一般熟悉	3.4233	0.87603				
	不熟悉	3.2968	0.90540				
	很不熟悉	3.2872	0.92276				

注：表示 *$P<0.05$；**表示 $P<0.01$。

可以推断，由于居民对地方政府全民健身公共服务政策和内容等信息有了了解与认知，减少了社会体育组织与地方政府、公众与地方政府之间的信息不对称，有利于居民在全民健身公共服务过程中形成科学的行为判断，而居民积极的心理感受提升了他们对于地方政府全民健身公共服务的"服务质量"绩效的满意度。

此外，丰富的全民健身公共服务知识和充足的信息，能够有效提升居民参与全民健身公共服务的效率，使居民主动地参与地方政府全民健身公共服务，实现了居民参与全民健身的体育权利，维护了自身的体育健身利益，也使居民对于全民健身公共服务"服务民主性"的评价显著提升。

第三节 关键因素对地方政府全民健身公共服务绩效的影响路径

模型解释的意义在于对前文的实证数据和假设检验的结果进行分析，然后汇总得出本研究的结论，并能根据相关结论为未来我国地方政府全民健身公共服务的发展提供理论参考。基于本书第三章提出的地方政府全民健身公共服务绩效影响因素的研究假设，本节内容旨在对实证分析后所得到的地方政府全民健身公共服务绩效结构要素与影响因素的关系路径模型（如图6-1所示）进行探讨。

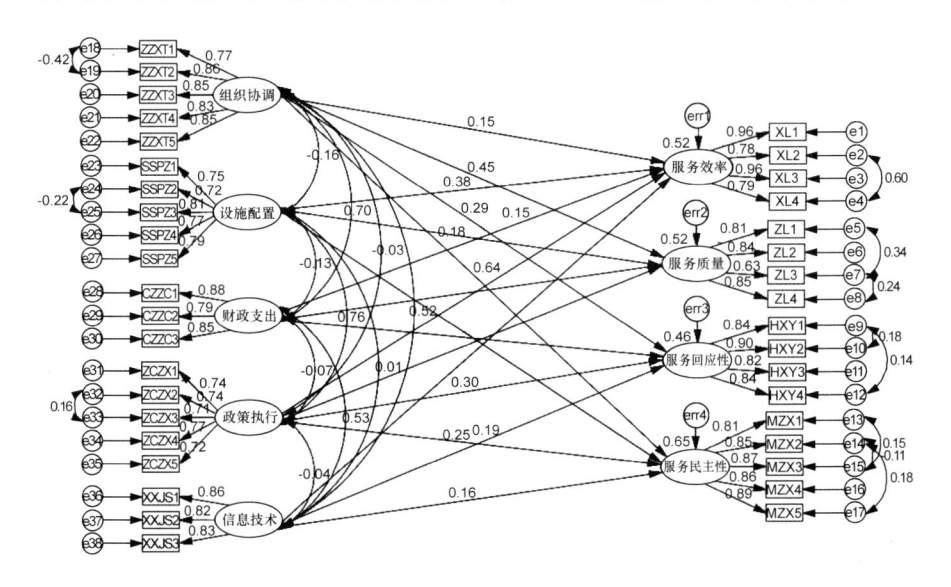

图6-1 地方政府全民健身公共服务绩效结构要素及其影响因素
修正关系路径模型

一 "服务效率"与关键影响因素结果分析

（一）检验输出结果

直接效应是指由原因变量（外生变量或内生变量）到结果变量

(内生变量）的直接影响，使用原因变量到结果变量的路径系数来衡量直接效应的大小。根据前文的理论假设，我国地方政府全民健身公共服务效率分别受到组织协调、设施配置、财政支出、政策执行力以及信息技术能力因素的正向影响。经过本研究的结构方程的模型检验，AMOS 输出的地方政府公共服务效率绩效与不同影响因素之间的标准参数估计结果如表 6-9 所示。

表 6-9　全民健身公共服务效率与不同影响因素间的实证检验参数

研究假设	模型路径	标准路径值	实证结果
（假设 1-1）组织协调因素直接正向影响全民健身公共服务效率	服务效率 < - - - 组织协调	0.153	通过
（假设 2-1）财政支出因素直接正向影响全民健身公共服务效率	服务效率 < - - - 财政支出	0.183	通过
（假设 3-1）设施配置因素直接正向影响全民健身公共服务效率	服务效率 < - - - 设施配置	0.377	通过
（假设 4-1）政策执行因素直接正向影响全民健身公共服务效率	服务效率 < - - - 政策执行	0.244	通过
（假设 5-1）信息技术能力因素直接正向影响全民健身公共服务效率	服务效率 < - - - 信息技术能力	0.220	通过

结合表 6-9、图 6-1 的检验数据可以发现，不同影响因素对地方政府公共服务绩效结构要素中"服务效率"维度的影响均为正向，影响程度从高到低依次为"设施配置""政策执行""信息技术能力""财政支出"和"组织协调"。因此，假设 1-1、假设 2-1、假设 3-1、假设 4-1 和假设 5-1 通过了模型验证。其中，设施配置对地方政府公共服务绩效中"服务效率"的影响系数标准化估计值最大，达到 0.377。组织协调对"服务效率"的影响系数标准化

估计值最小，为 0.153。

(二) 检验结果讨论与问题审思

公共服务效率本质上是一种公共资源的投入产出效率[①]，我国地方政府全民健身公共服务效率就是指全民健身公共服务绩效的投入产出关系反映出的效率。国内外对于公共服务效率的影响机制已经有很多理论成果[②]，诸如地区城市化水平、人口密度、财政自主权、人均GDP、地理环境、地区社会发展水平、信息技术进步以及政府行为等因素都会影响地区公共服务的效率。[③④⑤]

其中，部分研究的理论判断与本研究的实证结果保持一致。在"财政支出"影响因素方面，国内学者骆永民就认为我国的财政分权制度有效提高了地方政府的效率[⑥]，这与本研究财政支出正向影响地方政府全民健身公共服务效率的结果不谋而合。此外，研究结果也进一步证实信息技术能力对全民健身公共服务效率与其对一般公共服务的影响相同，即信息技术治理机制可以实现政府部门效率和效率最大化，对公共服务定制化和商品化有所促进，且可以加强政府行政部门之间的沟通效率。[⑦] 在政策执行方面，由于政府行为的内部

[①] 王伟同：《中国公共服务效率评价及其影响机制研究》，《财经问题研究》2011年第5期。

[②] 孙德梅、王正沛、孙莹莹：《我国地方政府公共服务效率评价及其影响因素分析》，《华东经济管理》2013年第8期。

[③] 竞秦、杨永恒：《地方政府基本公共服务供给效率及其影响因素实证分析——基于修正的DEA两步法》，《财贸研究》2011年第6期。

[④] 张蕊、王楠、冯鑫鑫：《中国地方政府公共服务成本效率的地区差异研究——基于多产出随机成本前沿模型》，《天府新论》2012年第4期。

[⑤] 祁毓、郭均均：《FDI会影响地方政府效率吗?》，《数量经济技术经济研究》2010年第2期。

[⑥] 骆永民：《财政分权对地方政府效率影响的空间面板数据分析》，《商业经济与管理》2008年第10期。

[⑦] Janssen Marian, Joha Anton, "Understanding IT Governance for the Operation of Shared Services in Public Service Networks", *International Journal of Networking and Virtual Organizations*, No. 4, 2007, pp. 20–34.

性、天然扩张性及缺乏监管和约束机制等直接造成了政府公共服务效率低下的后果①，这在一定程度上也解释了本研究结果中政策执行与全民健身公共服务效率的正向影响关系。

而值得一提的是，研究发现在所有影响因素中，"设施配置"对地方政府全民健身公共服务绩效中的"服务效率"影响程度最大。全民健身公共服务"设施配置"主要从设施布局、规模及运营管理等方面对全民健身公共服务绩效产生影响。产生这一结果可能存在的原因是：第一，目前地方政府在全民健身公共服务设施的布局和规划方面存在严重失衡现象，由于在全民健身公共服务设施的建设实践中缺乏优先考虑、整体设计，造成了设施建设在城乡、不同地区、不同人群之间的不均等化，导致重复建设、重复布局现象，造成全民健身公共服务资源的巨大浪费；第二，由于现有全民健身公共服务设施存在利用率低的问题，且场地缺乏有效管理，造成现有全民健身公共服务设施维护成本不断升高；第三，长期以来，全民健身公共服务设施的配置是由政府这一单一主体进行的，不可避免地会出现大量政府信息与公众体育健身需求的不对称问题，地方政府行政部门出现机会主义和腐败行为，无疑增加了运营风险成本。可以看出，全民健身公共服务的低效在某种程度上就意味着设施配置的高成本，因此如何节约设施配置成本就成为当前我国地方政府提升全民健身公共服务效率绩效的首要考虑因素。

二 "服务质量"与关键影响因素结果分析

（一）检验输出结果

AMOS 输出的地方政府全民健身公共服务质量绩效与不同影响因素之间的标准参数估计结果如表 6-10 所示。

---

① 赵勇：《政府效率研究的一个视角——公共选择理论的政府效率观及其启示》，《前沿》2008 年第 10 期。

表6-10 全民健身公共服务质量与不同影响因素间的实证检验参数

研究假设	模型路径	标准路径值	实证结果
（假设1-2）组织协调因素直接正向影响全民健身公共服务质量	服务质量<---组织协调	0.435	通过
（假设2-2）财政支出因素直接正向影响全民健身公共服务效率	服务质量<---财政支出	0.187	通过
（假设3-2）设施配置因素直接正向影响全民健身公共服务质量	服务质量<---设施配置	0.298	通过
（假设4-2）政策执行因素直接正向影响全民健身公共服务质量	服务质量<---政策执行	0.211	通过
（假设5-2）信息技术能力因素直接正向影响全民健身公共服务质量	服务质量<---信息技术能力	修正删除	不通过

由表6-10的检验数据可以发现，地方政府全民健身公共服务绩效中"服务质量"维度受"组织协调"因素的影响强度最大，路径系数标准化估计值为0.435。即组织协调变量每增加或减少一个单位，那么服务质量变量将会沿着同样的变化方向增加或减少0.435个单位。因此，理论假设1-2被验证通过。同理，依据影响强度从高到低排列，"设施配置""政策执行"和"财政支出"对全民健身公共服务的"服务质量"维度影响路径系数标准化估计值依次为0.298、0.211和0.187，因此研究假设3-2、假设4-2、假设2-2也同样被模型验证通过。

而结合第五章的表5-15的初始模型路径关系，"信息技术能力"对地方政府全民健身公共服务绩效中"服务质量"维度的估计标准化误差（S.E.）为0.022，临界比值（C.R.）为1.840，小于一般数理统计推荐的标准值1.96，路径系数的显著性P值为0.066>0.05，未达到5%的统计显著性水平，表明"信息技术能力"对地方政府全民健身公共服务绩效中"服务质量"维度的正向影响理论假设并不存在，即假设5-2被证伪。

（二）检验结果讨论与问题审思

国内外学者对于组织管理、资源配置和政策执行对公共服务质量的改善作用已经有很多探讨。本研究实证结果显示，地方政府全民健身公共服务绩效结构要素维度中，对"服务质量"影响程度最大的是"组织协调"因素，其次是"设施配置""政策执行"和"财政支出"因素。虽然"财政支出"的影响程度较其他几个因素略低，但依然不能忽视财政支出对于地方政府全民健身公共服务质量绩效的影响。

我国地方政府财政支出是保障当地全民健身公共服务均等化供给的物质基础，政府财政支出的规模水平、方式手段和结构特征均可以反映其对于地方政府全民健身公共服务质量的影响情况，其中财政支出对居民全民健身公共服务感知和全民健身公共服务预期差距等具体指标的影响尤为突出。

首先，公众对于地方政府全民健身公共服务财政支出的结构特征，存在感知上的不公平性。地方政府全民健身公共服务职能部门能否按照公众的体育健身需求将全民健身公共资源以相对平等的方式进行资金投入也同样成为影响因素之一。尽管不同类型公共服务、不同部门的公众以及不同服务体验的公众感知服务质量有所差异[1]，但研究发现，公众对于地方政府全民健身公共服务财政支出结构是否具有差异的平均得分不到3分，其中在不同收入人群之间对于地方政府全民健身公共服务绩效的总体感知水平也存在显著差异。结果显示，低收入人群对于地方政府全民健身公共服务绩效的满意度相对较低。

其次，公众对于地方政府全民健身公共服务财政支出的实际规

---

[1] 吕维霞：《论公众对政府公共服务质量的感知与评价》，《华东经济管理》2010年第9期。

模水平，与预期支出水平存在感知差距。充足的财政资金是全民健身公共服务绩效提升的物质基础和财力保障，支出水平的合理性和适宜性将直接促进全民健身公共服务质量的改善。但是随着我国经济水平不断提高，人民生活质量不断改善，公众对于地方政府在全民健身公共服务领域的资金投入预期越来越高。与此同时，由于目前市场上大量资本流向体育健身、体育用品、赛事服务等产业，也促使公众对地方政府全民健身公共服务的财政投入提出新的要求。虽然我国地方政府一般公共预算文化体育与传媒支出持续增加，如2016年我国地方一般公共预算文化体育与传媒支出2917亿元，比2012年增长40.6%，但与国际标准相比，我国地方政府用于全民健身公共服务的财政支出规模明显偏低。

此外，我国地方政府用于全民健身公共服务的经费占国家体育事业财政支出的比重没有出现明显上升，占地方政府GDP的比重也没有相应扩大，全民健身公共服务在地方政府一般公共服务领域的地位还较低。[①] 因此，财政支出已成为地方政府制定全民健身公共服务政策必须要着重考虑的因素，要认识到在全民健身公共服务均等化的建设中，财政支出是政策和宏观调控的主要经济手段。

值得一提的是，本研究结果还显示"信息技术能力"对地方政府全民健身公共服务绩效中"服务质量"维度的正向影响理论假设不成立，表明地方政府信息技术能力并不直接对全民健身公共服务的"服务质量"产生影响。

三 "服务回应性"与关键影响因素结果分析

（一）检验输出结果

AMOS输出的地方政府全民健身公共服务回应性绩效与不同影响因素之间的标准参数估计结果如表4-11所示。

---

① 李丽、杨小龙、兰自力等：《我国群众体育公共财政投入研究》，《首都体育学院学报》2015年第3期。

表6-11 全民健身公共服务回应性与不同影响因素间的实证检验参数

研究假设	模型路径	标准路径值	实证结果
（假设1-3）组织协调因素直接正向影响全民健身公共服务回应性	服务回应性<---组织协调	0.167	通过
（假设2-3）财政支出因素直接正向影响全民健身公共服务回应性	服务回应性<---财政支出	0.303	通过
（假设3-3）设施配置因素直接正向影响全民健身公共服务回应性	服务回应性<---设施配置	修正删除	不通过
（假设4-3）政策执行因素直接正向影响全民健身公共服务回应性	服务回应性<---政策执行	0.304	通过
（假设5-3）信息技术能力因素直接正向影响全民健身公共服务回应性	服务回应性<---信息技术能力	0.258	通过

由表6-11的检验数据得出，"政策执行"对地方政府全民健身公共服务绩效中"服务回应性"的影响系数标准化估计值最大，达到0.304；第二大的是"财政支出"的影响路径系数标准化估计值，为0.303；"信息技术能力"路径系数标准化估计值（Estimate）为0.258；最小的是"组织协调"因素，路径系数标准化估计值为0.167。因此，前述理论假设4-3、假设2-3、假设5-3和假设1-3均通过了模型数据验证。

同理，结合第五章内容的表5-15的初始模型路径关系，设施配置对地方政府公共服务绩效中"服务回应性"维度的估计标准化误差（S.E.）为0.045，临界比值（C.R.）为1.833，同样小于一般数理统计推荐的标准值1.96，路径系数的显著性P值为0.067＞0.05，也未达到5%的统计显著性水平，表明设施配置对地方政府公共服务绩效中"服务回应性"维度的正向影响理论假设并不存在，即假设 3-3 被证伪。

(二) 检验结果讨论与问题审思

在地方政府全民健身公共服务绩效结构要素维度中,"服务回应性"受"政策执行"因素影响最大。"服务回应性"是地方政府在供给全民健身公共服务过程中,对百姓体育健身需求和所提出的意见问题及时、灵敏地反应和回馈的过程。"服务回应性"因此成为地方政府在全民健身公共服务过程中连接公众、连接服务需求,并决定全民健身公共服务是否有效的桥梁。地区经济发展水平、传统文化氛围以及居民的个体属性差异(诸如受教育程度、经济收入)都会造成社会公众对地方政府全民健身公共服务需求的不同,这些因素从外部影响着地方政府的"服务回应性"。然而,本研究站在地方政府的角度,发现地方政府在全民健身公共服务方面的"政策执行"工作同样在内部机理方面影响着其"服务回应性"。

全民健身公共服务的回应性主要体现在政策信息的透明性和对公众体育健身需求的满足上。由于地方政府是贯彻执行上级政府制定的全民健身公共服务政策的重要责任主体,而全民健身公共服务政策执行目标的确定、政策的执行宣传以及政策的执行监督都与实现和维护百姓体育健身利益、保证政务信息的公开透明息息相关。首先,明确各自全民健身公共服务政策执行目标,是衡量地方政府政策执行能力与水平的依据和前提。如果从一开始全民健身公共服务政策执行目标就偏离了公众健身需求,那么地方政府的全民健身公共服务就不具有"服务回应性"。其次,在政策执行宣传过程中,如果地方政府隐瞒全民健身公共服务相关的真实信息,不接受公众的监督和投诉,那么地方政府的全民健身公共服务的"服务回应性"也同样会下降。目前,我国地方政府在全民健身公共服务政策的执行效果与政策设计的预期还有很大差距,除全民健身计划制定和出台、全民健身"三纳入"、全民健身公共服务场地建设等少数几项可操作性强、中央比较重视的政策外,很多政策的执行效果并不理想。全民健身公共服务执行中的问题,不仅制约了全民健身公共服务绩效水平的提升，而且往往使负责全民健身公共服务政策落实的基层政府（省、市、县）成为百姓诟病的对象，使地方政府全民健身公共服务的"服务回应性"受到质疑。

四 "服务民主性"与关键影响因素结果分析

（一）检验输出结果

AMOS 输出的地方政府全民健身公共服务民主性绩效与不同影响因素之间的标准参数估计结果如表 6-12 所示。

表 6-12 全民健身公共服务民主性与不同影响因素间的实证检验参数

研究假设	模型路径	标准路径值	实证结果
（假设1-4）组织协调因素直接正向影响全民健身公共服务民主性	服务民主性 <--- 组织协调	0.636	通过
（假设2-4）财政支出因素直接正向影响全民健身公共服务民主性	服务民主性 <--- 财政支出	修正删除	不通过
（假设3-4）设施配置因素直接正向影响全民健身公共服务民主性	服务民主性 <--- 设施配置	0.265	通过
（假设4-4）政策执行因素直接正向影响全民健身公共服务民主性	服务民主性 <--- 政策执行	0.187	通过
（假设5-4）信息技术能力因素直接正向影响全民健身公共服务民主性	服务民主性 <--- 信息技术能力	0.158	通过

由表 6-12 的检验数据得出，"组织协调"因素对地方政府全民健身公共服务绩效中"服务民主性"的影响系数标准化估计值最大，达到 0.636。即组织协调变量每增加或减少一个单位，服务民主性变量都将会沿着同样的变化方向增加或减少 0.636 个单位，因此假设 1-4 被数据证明通过检验。此外，"设施配置"变量对"服务民主

性"维度的影响路径系数标准化估计值为 0.265，之后依次为"政策执行"和"信息技术能力"因素，对全民健身公共服务的"服务民主性"的影响路径系数标准化估计值分别为 0.187 和 0.158。因此，假设 3-4、假设 4-4、假设 5-4 也被模型数据验证通过。

而结合第五章的表 5-15 的初始模型路径关系，财政支出对地方政府公共服务绩效中"服务民主性"维度的估计标准化误差（S. E.）为 0.028，临界比值（C. R.）为 1.250，小于一般数理统计推荐的标准值 1.96，路径系数的显著性 P 值为 0.211＞0.05，未达到 5% 的统计显著性水平，表明财政支出对地方政府公共服务绩效中"服务民主性"维度的正向影响理论假设并不存在，即假设 2-4 被证伪。

（二）检验结果讨论与问题审思

在地方政府全民健身公共服务绩效结构要素维度中，"服务民主性"受"组织协调"因素影响最大，它也是所有影响因素中对于地方政府全民健身公共服务绩效四个维度中影响路径系数标准化估计值最大的，数值达到 0.636。可以说，"组织协调"因素通过全民健身公共服务行政部门的内部协调机制（机构设置、组织结构、人员沟通等）以及外部关系（全民健身公共服务部门与社会公众、社会体育组织之间的关系）的利益协调，对地方政府全民健身公共服务的"服务民主性"施加影响。新时期全民健身公共服务领域的新情况、新变化和新需求，多元化的利益主体和凸显的利益格局矛盾，都使地方政府体育主管部门的组织协调工作困难重重。加之任何情况下，民主与利益都密不可分，只有建立合适的民主机制，才能合理调整多方利益关系①，最终提升全民健身公共服务绩效。因此，想要提升全民健身公共服务的民主化程度，就要明确地方政府在推进全民健身公共服务民主建设过程中组织协调工作的困境。

---

① 徐勇：《民主：一种利益均衡的机制——深化对民主理念的认识》，《河北学刊》2008 年第 2 期。

首先，地方政府外部利益协调存在制度障碍，导致全民健身公共服务权力缺乏有效制约。我国现有行政科层等级结构和职能条块分割的特征，决定了地方政府全民健身公共服务事务高度集中在地方体育主管部门，在面对全民健身公共服务事务时，地方政府权力过于集中，很长一段时间都在扮演"全能政府"的角色，包揽了全民健身公共服务的一切事务，因此地方政府全民健身公共服务缺乏公众的参与，社会体育组织与社会公众对地方政府及其行为的制约和监督也有待加强。

其次，现有地方政府全民健身公共服务职能部门的机构设置和组织结构不合理，导致地方政府内部利益协调失衡。地方政府作为独立的国家层面的全民健身公共服务政策执行单位，同时接受国家体育总局和地方政府的双线领导，其政策执行呈现出纷繁复杂的网格化特征。因此，中央与地方、地方省际的权利分割和利益分配存在突出矛盾，利益博弈过程中的权责不分、行政程序不规范等问题，很容易造成地方政府在处理全民健身公共服务事务时面临信息稀缺或者信息不对称的难题，这也必然会侵害到公众的全民健身公共利益。

最后，全民健身公共服务人员民主行政文化建设滞后，导致沟通协调不畅。受计划经济体制影响，地方政府体育主管部门长期以来作为供给全民健身公共服务的单一、垄断主体，其工作人员很容易形成"集权意识""政绩观念"以及"官本位"等不良工作风气。地方政府官员和工作人员责任意识、服务意识、民主意识、合作意识不强。在部门人员协调方面也常常发生相互扯皮、推诿等现象，轻视社会公众的体育健身需求，对公众所反映的问题视而不见，对于全民健身公共服务工作动力更多体现在彰显政绩、干部聘任等方面，从而使地方政府全民健身公共服务民主化建设缺少基本的文化氛围。

值得注意的是，本研究结果显示，财政支出对地方政府全民健身公共服务绩效中"服务民主性"维度的正向影响理论假设不成立，表明地方政府财政支出并不直接对全民健身公共服务的"民主性"产生影响。然而从理论角度来分析，财政与民主从一开始就应该有很大关联。财政主义认为，一个国家的财政事项决定权应该属于人民，人民按照一定的程序和方法参与国家财政支出管理，即所谓以民主之法则，理国家之财政①。本研究结果和理论观点之所以存在出入，从实际效果看，可能是由于长期以来受经济体制的影响，全民健身公共服务财政支出主要是由政府职能部门内部主导，与普通百姓的全民健身利益缺乏直接制衡机制。近年来，我国以建立公共财政为导向的财政体制改革进程日渐加快，但是如果地方财政依然忽视公众对财政支出的自主决定权，无论怎样强调财政支出的公平性、强调财政支出与全民健身公共服务绩效的联系，在理论上都很难令人信服。

本章小结

本章进一步运用实证数据对地方政府全民健身公共服务绩效的各个结构要素变量和影响因素变量进行赋值，构建了地方政府全民健身公共服务绩效指数，并对我国地方政府全民健身公共服务总体绩效水平做了描述性分析。在此基础上，运用单因素方差分析比较了不同地区、不同调查个体属性（受教育程度、经济收入、参与体育锻炼强度、全民健身公共服务知晓度等）对地方政府全民健身公共服务绩效水平的内部差异情况。此外，本章内容还对组织协调、财政支出、设施配置、政策执行和信息技术能力五个因素对全民健身公共服务绩效的影响路径进行了分析。研究发现，在前文所提出的 20 组假设中，有 17 组假设通过了实证检验，3 组理论假设未通过。具体为"信息技术能力"对于全民健身公共服务的"服务质

---

① 阳永恒：《财政民主主义的基本精神研究》，《求索》2010 年第 12 期。

量"不产生直接正向影响、"设施配置"对于全民健身公共服务的"服务回应性"不产生直接正向影响、"财政支出"对于全民健身公共服务的"服务民主性"不产生直接正向影响。最后,笔者对结果产生的原因进行了理论解释和问题审思,为后一章提出改善我国地方政府全民健身公共服务绩效的措施路径提供实证依据。

第七章

地方政府全民健身公共服务绩效的提升路径

全面深化改革全民健身公共服务是适应国际体育形势变化、实现地方政府绩效民主化、法治化，不断提高地方政府全民健身公共服务效率和质量，提升全民健身公共服务整体供给绩效的必然选择。因此，面对当前我国全民健身公共服务供给领域的诸多问题，采取客观科学、合理可行的全民健身公共服务对策措施对于支撑体育产业发展、保障群众参与体育权利、实现社会公平正义、改善民生服务质量、建设服务型政府都有着关键性作用。

本书第六章对地方政府全民健身公共服务绩效结构要素与影响因素关系路径模型的解释和分析，为本章提升地方政府全民健身公共服务绩效的措施路径的提出提供了研究视角和理论依据。据此，本章分别从组织协调、财政支出、设施配置、政策执行与信息技术能力五个关键影响因素入手，以拓宽民主渠道、实现公平正义、回应公众关切和提高行政效率为目标，提出今后提升地方政府全民健身公共服务绩效的优化路径，以期对我国全民健身公共服务事业的持续发展提供理论帮助。

第一节　拓宽民主渠道：构建地方政府全民健身公共服务组织协调机制

如前文所述，地方政府全民健身公共服务的组织协调工作直接影响着其"服务民主性"，以利益关系协调为基础的全民健身公共服务民主建设是一项复杂、浩大的民生工程。因此，地方政府应多管齐下、多方联动，构建完善的组织协调机制，为各方有效而有序地参与全民健身公共服务民主化建设提供必要的渠道和路径。

一　优化行政组织结构，破除全民健身公共服务沟通障碍

从体育管理体制的组织机理分析，目前我国全民健身公共服务在不同层级政府和政府不同部门的职能界限不清，"职责同构"现象普遍存在，"部门主义"特征显著，对公共服务责任的回应能力不足[①]，严重降低了政府供给全民健身公共服务的整体效能。因此，从长远发展来看，想要彻底解决全民健身公共服务供给过程中的权力分割、机构重叠等问题，必须优化地方政府全民健身公共服务行政组织结构，进一步调整地方政府体育主管部门的机构设置。具体可以考虑从以下方面入手。

首先，从纵向行政组织来看。第一，中央与地方要做到"合理分权"，即要尽快制定相关标准，区分全民健身公共服务的地方特殊性和全国普遍性，明确全民健身公共服务供给的责任主体。凡具有全国普遍性的全民健身公共服务内容，由中央政府及国家体育总局有关部门负责，而具有地区特殊需求的全民健身公共服务则由地方政府和当地体育主管部门负责。第二，中央政府相关部门要做到

---

① 马玉华、王莉、林俐：《政府转型背景下我国公共体育服务协同供给研究——基于整体政府理论的视角》，《山东体育学院学报》2014年第5期。

"适度放权",这要求负责全民健身公共服务的中央级职能部门要进一步整合,即要求在中央层级构建"宽职能、少机构"的专门性行政组织机构。地方政府的全民健身公共服务组织结构应更多地由当地居民参与反馈,并通过地方立法机构来设计。第三,地方政府要做到"有效用权",即以中央政府适度放权给地方政府为前提,科学调整中央全民健身公共服务职能部门和地方政府全民健身公共服务组织机构设置,尽量避免同一事务由不同层级体育主管部门共同管理,从而提升行政效率。

其次,从横向行政组织来看。要以强化全民健身公共服务职能为动力,优化地方政府同级行政组织结构。国内外行政体制改革的一条有效经验即政府职能转变可以使政府放弃不该管的事务,缩减不必要的人员和部门,从而使政府规模得到有效控制[①]。因此,进一步强化地方政府全民健身公共服务职能,相对应的就是地方政府要弱化微观管理职能,加强服务职能,进一步合理调整地方体育主管部门的机构设置和人员编制结构,诸如减少原本专门负责群众赛事审批环节、体育健身指导等微观具体工作的部门和人员,以达到优化行政组织结构的目的。

二 建立部门协同机制,实现全民健身公共服务多元共治

党的十八大以来,我国行政体制改革迎来了一个新的阶段,即从党的十七大后注重行政机构设置或者组织结构改革转为更加关注行政机构和组织管理方式与具体运行机制的改革。[②] 其中,政府机构和组织之间的部门协同机制成为所有公共管理和公共行政领域改革的重要组成部分。新时期,虽然我国在全民健身公共服务领域初步形成了"政府主导、部门协同、全社会共同参与"的发展格局,但

---

① 史记:《政府规模理念与我国政府机构改革》,《国家行政学院学报》2001年第3期。

② 周志忍:《中国政府跨部门协同机制探析——一个叙事与诊断框架》,《公共行政评论》2013年第1期。

此项工作还需不断深化推进。未来我国地方政府全民健身公共服务部门协同机制的构建主要可以从以下几个方面进行考虑。

首先，从宏观层面，要致力于优化全民健身公共服务决策协同的顶层设计。第一，中央层级全民健身公共服务职能部门，要着眼于全民健身国家战略的总体要求，强调全民健身事业在国家"五位一体"和小康社会建设中的重要作用，为地方政府的全民健身公共服务事业制定统一规划。第二，国务院及国家体育总局应该尽快出台专门性的全民健身公共服务职责分工协调制度规定，明确各职能部门的基本职责，并对每项工作的任务和要求做出明确的定义。第三，地方政府全民健身公共服务职能部门要与中央政府全民健身公共服务实现决策协同。地方政府应当抓紧设立专门的协调机构或安排专门的协调工作责任人，确保能够及时传达中央政府全民健身公共服务政策信息，准确反馈地方政府全民健身公共服务的问题和需求，在不同层级的全民健身公共服务职能部门建立及时畅通的信息交流渠道，保证全民健身公共服务决策信息共享。

其次，从中观层面，构建全民健身公共服务多元参与主体的争端协调机制。具体而言，就是地方政府与社会体育组织、社会公众之间要强化利益协同意识，就全民健身公共服务领域的政策议题加强交流，转变利益博弈的传统思维。建立地方政府全民健身公共服务职能部门、社会体育组织和公民体育健身利益表达机制，不断增强社会体育组织和公众自身在全民健身公共服务过程中的参与意识。只有建立不同主体在供给全民健身公共服务过程中的协作机制，突破不同层级、不同地区、不同主体的身份限制，才能解决当前全民健身公共服务政策实施过程中相互孤立的现状，从而使地方政府全民健身公共服务不同参与主体的利益追求异化行为得以削弱。

最后，从微观层面，继续充分发挥"全民健身公共服务工作联席会议"的调度协调作用。体育主管部门应扮演整合资源、牵线搭桥的角色，在上级部门下发有关全民健身公共服务的政策之后，及时召集相关同级部门，及时沟通和交换对于政策执行的不同意见和想法，以顺利推进地方政府全民健身公共服务工作的落实。值得欣喜的是，2017 年 5 月，"国务院全民健身工作部际联席会议"首次在北京召开。此次会议共有 29 个成员单位，会议的主要职能是贯彻落实党中央、国务院关于实施全民健身国家战略的相关决策内容。这为我国各地方政府"全民健身公共服务工作联席会议"制度的建立提供了参照和借鉴。

三 落实人员责任分工，树立全民健身公共服务意识

应当明确，在所有公共服务供给过程中，制度建设是提升公共服务质量的基础，而人员是则是制度的最终执行者。地方政府全民健身公共服务工作者的责任意识、服务意识是全民健身公共服务整体组织协调的前提和动力。

首先，努力培育地方政府全民健身公共服务行政人员的职业素养。当前，在我国体育领域，地方政府各职能部门行政人员依然受传统行政文化的影响，存在"官僚主义"和"本位主义"，"重权轻责"和"唯上慢下"等固有思想，工作人员很难与当地群众建立很好的联系，忽视听取百姓健身需求，"为人民服务"沦为一种口号。加之我国传统文化崇尚含蓄和内敛，行政工作人员之间缺少正面沟通，这些因素都导致了组织内部的人员之间的全民健身公共服务信息不对称、认知理解差异化明显等严重问题。因此，必须加强全民健身公共服务行政人员的教育培训力度，发挥社会媒体监督作用，共同营造"崇尚实干""尽职尽责""为民服务"的现代文化体育服务氛围，使行政人员认识到全民健身公共服务工作不仅是人民赋予自身的一种权力，更是一种责任与担当。

其次，强化对地方政府全民健身公共服务工作人员的制度约束。应该认识到，只有实现制度化管理，服务者和工作者才能赋予地方政府全民健身公共服务工作热情，最终提升自身工作绩效表现。要通过建立健全地方政府全民健身公共服务行政人员的行为规范，由体育主管部门牵头，建立工作绩效考核体系，将地方政府全民健身公共服务

工作的绩效评估结果与每一位工作人员的利益密切联系，从而调动他们参与全民健身公共服务工作的积极性。

第二节 实现公平正义：推进地方政府全民健身公共服务资源均衡配置

本书第六章的实证分析结果显示，地方政府财政支出、设施配置均对全民健身公共服务绩效的"服务效率"和"服务质量"维度产生直接正向影响。而无论是财政支出还是场地设施配置，都是地方政府对于全民健身公共服务资源分配的管理活动。然而如前文所述，无论是从财政支出的角度考虑，还是从场地设施配置的角度考虑，我国地方政府全民健身公共服务都存在严重的非均等化问题，主要表现为不同收入人群、不同地区之间的差异。这些非均等问题违背了我国地方政府全民健身公共服务促进社会公平正义的价值追求，严重影响了地方政府全民健身公共服务总体绩效水平的提升。因此，若想解决我国地方政府在全民健身公共服务中的非均等化问题，就需要地方政府在全民健身公共服务的财政支出和场地设施配置方面加强制度建设和整体规划。

一 加强财政资金投入和设施建设力度，夯实资源均衡配置基础

首先，继续完善地方政府财政支出预算管理制度，持续加大全民健身公共服务投入力度和资金支持。必须明确地方政府全民健身公共服务财政支出规模不足，是影响地方政府全民健身公共服务总体绩效的重要因素。目前，我国98%的县级以上地方人民政府已将全民健身工作所需经费列入本级财政预算[①]，但是在全民健身公共服

[①] 刘国永、杨桦：《中国群众体育发展报告蓝皮书（2014）》，社会科学文献出版社2014年版。

务纳入地方政府财政专项预算的同时，部分地方政府全民健身财政资金存在利用效率低下的问题。因此，需要进一步细化落实地方政府全民健身公共服务专项资金分配工作，应避免地方政府在财政支出方面的"形象工程"，确保专项经费能够及时、准确地分配到有关部门。地方政府全民健身公共服务职能部门要加强预算执行管控、绩效评估和问责激励制度的落实工作，确保各地方政府完成全民健身事业发展预期目标。

其次，加强地方政府全民健身公共服务财政支出立法，完善地方政府全民健身公共服务财政法律体系。加大研究探讨地方政府有关全民健身公共服务资金使用合法化问题，即地方政府是否能够通过专门性立法，结合本地区全民健身公共服务特点，通过地方性税种保证地方政府对全民健身公共服务专项资金投入力度。此外，还应增强地方政府财力对于全民健身公共服务的统筹能力，逐步修改全民健身专项资金等内容在地方财政支出中的比例要求，为全民健身公共服务提供足够的资金支持，为地方政府全民健身公共服务资源均衡配置提供财力基础。

最后，要进一步拓展地方政府全民健身公共服务设施建设空间。在全面建成小康社会、建设健康中国的关键时期，加大全民健身公共服务基础设施建设力度，是"十三五"时期我国全民健身事业的一项重大基础性任务。一方面，要划定任务红线，即到2020年实现我国人均全民健身体育场地面积达到1.8平方米。继续加大力度落实农民体育健身工程，立体开发农村"四荒"资源，不断提升全民健身公共服务设施的整体覆盖率。继续推进现有城市基础设施的复合利用，增加建设嵌入式健身设施，在城市屋顶、轨道交通站、公园绿地、社区广场等闲置场所增建健身设施。另一方面，按照"配置均衡、规模适当、方便实用、安全合理"的原则，完善覆盖城乡的全民健身公共服务场地设施集约化建设标准体系，努力落实新建居住区和社区按"室内人均建筑面积不低于0.1平方米或室外人均用地不低于0.3平方米"① 的政策标准，充分发挥场地设施用地标准在城市规划中的作用，进一步加强对标准实施的监督和管理，为地方政府全民健身公共服务资源均衡配置提供物质基础。最后，有必要进一步加大地方政府全民健身公共服务场地设施的财政投入，不断优化场地设施建设的经济环境。通过财政政策倾斜和其他财政措施，帮助全民健身公共服务场地设施发展薄弱的地区和职能部门，使当地群众不会因为经济原因而无法分享地方政府全民健身公共服务的设施建设成果。同时，鼓励当地政府投入形式多样的全民健身公共服务场地设施建设发展基金，对落后地区（尤其是村镇一级的地区）和低收入人群进行资金补贴，保障百姓的全民健身公共服务设施共享权利。

二 优化财政支出结构和设施空间布局，提升资源均衡配置水平

第一，明确地方政府全民健身公共服务资源均衡配置的基本原则。首先，从目的论的角度来讲，地方政府全民健身公共服务资源均衡配置的最终诉求，是满足当地社会公众体育健身需求。"公共性"是公共财政的本质特征，"公共化"一直是我国财政制度改革与发展进程的方向②。因此，要求地方政府立足当地实际情况深入调查，充分了解公众需求变化趋势，以满足公众体育健身需求为终极目标，将居民是否满意作为评价地方政府全民健身公共服务财政支出和设施建设的价值标尺。其次，从功能论的角度出发，全民健身公共服务财政支出和设施建设是其服务的资源基础，是资源向服务的过渡环节。财政支出结构均衡、设施布局均等是全民健身公共服务均等化的前提和基础，有利于促进公众公平地享受到全民健身公共服务。

---

① 国务院：《国务院关于印发全民健身计划（2016—2020年）的通知》，http://www.yq.gov.cn/art/2016/6/24/art_21761_740620.html，2016年6月15日。
② 高培勇：《公共财政：概念界说与演变脉络——兼论中国财政改革30年的基本轨迹》，《经济研究》2008年第12期。

第二，完善与财政能力差异相吻合的财政转移支付机制。一方面，按照中央财政税制改革的总要求，中央政府要继续加强对于地方政府全民健身公共服务财政支出的法制化管理，细化地方政府全民健身公共服务财政资金转移支付的方式、内容和数量的标准。中央政府要根据各地、各级政府的人口数量、GDP水平、自然资源禀赋等客观因素，建立科学的数学评估模型，确定纵向转移支付力度。此外，还可以通过制定和颁布优惠政策，鼓励和扶持财政能力较差的地方政府建立全民健身公共服务专项资金。另一方面，在公共财力资源有限的前提下，地方政府应该适当地增加对弱势群体、低收入群体以及经济落后地区的全民健身公共服务的横向转移支付和补贴力度，以维护低收入者参与体育健身的权利。

第三，完善地方政府全民健身公共服务设施网络布局，形成设施均衡发展结构。一方面，地方政府要强化顶层设计工作，整合资源，完善省市和区县全民健身公共服务设施的统一布局，将全民健身公共服务设施配置纳入到地区基础设施建设的总体布局之中。科学合理的设施规划和布局是实现全民健身公共服务资源均衡配置的前提和基础，地方政府要因地制宜，综合考虑全民健身公共服务设施在区域、人口规模、经济发展水平、受众人群等方面的配置差异情况，制定统一的设施配置标准，建立完善的全民健身公共服务设施结构体系，保证设施种类丰富、功能齐全。另一方面，要考虑全民健身公共服务的空间布局地理特征，保证全民健身公共服务设施服务半径和居民设施使用的可获得性。通过运用先进的信息技术手段和计量分析模型，进一步细化全民健身公共服务设施的选址布局。

三 创新财政支出方式和设施运营机制，丰富资源均衡配置模式

第一，建立与市场经济发展水平相适应的资金投入机制。在公共财政领域，早在19世纪末，德国经济学家瓦格纳就通过实证研究，提出了著名的以他名字命名的"瓦格纳法则"。他认为一个国家的公共财政支出占GDP的比例会随着一国居民的收入水平增加而相

应地增加。随着我国经济持续稳定发展，居民收入水平不断提高，公众对于属于发展型和享受型的体育健身需求也会迅速增加。也就是说，全民健身公共服务的财政支出占 GDP 的比重也应当相应地增加。然而，由于历史原因，我国现行体育管理体制存在缺陷，市场社会力量融资在地方政府全民健身公共服务领域因长期缺乏利益驱动而一直处于低增长状态。因此，结合我国经济新常态和建设"健康中国"的大背景，"十三五"时期面临经济下行压力的挑战，地方政府一定要以社会公众需求为出发点，尊重市场规律、不断创新全民健身公共服务财政支出方式，制定有针对性的公益性社会体育组织进行财政补贴和税收减免优惠政策，吸引和鼓励市场和社会力量投资全民健身公共服务事业，拓宽地方政府全民健身公共服务经费来源。

第二，继续推进地方政府全民健身公共服务场地设施市场化供给。当前，在我国地方政府全民健身公共服务设施供给过程中，中央政府和地方政府之间的权力和责任不清晰，各级政府的财权和事权不匹配，是导致设施供给失衡的原因之一。此外，尤其在城市全民健身公共服务设施供给方面，随着人民生活水平的提高、科学技术进步、生活方式的改变，会在一定程度上改变全民健身公共服务设施的产品性质。很大一部分基础设施从公益类设施转为经营性设施，市场机制的介入在很大程度上提高了全民健身公共服务设施供给的效率。然而，在我国经济较为落后的农村地区、偏远山区，全民健身公共服务设施供给市场化程度还不高，部分设施的种类、内容、功能方面的产品性质还有待进一步厘清，所以导致了城乡之间、不同地区之间全民健身公共服务设施配置的不均等问题。因此，有必要通过制度设计改变农村落后地区的全民健身公共服务设施的运营机制，继续推广一些市场化供给设施较为成功的地区经验，建立多元融资机制，进一步厘清全民健身公共服务设施的经营性内容和非经营性内容，在对居民设施使用的收费过程中采取差别对待的方式，利用价格机制平衡市场与政府、城市与乡村、社会公众与设施供给方的利益关系，从而对地方政府全民健身公共服务资源的均衡配置起到积极作用。

第三节　回应公众关切：加强地方政府全民健身公共服务政策执行力度

近年来我国有关全民健身公共服务的政策的制定和颁布呈现出快速增长的态势，但从执行实践来看，地方政府还存在选择性执行、替代性执行、象征性执行等全民健身公共服务政策执行不到位的问题。[①] 因此，针对当前我国地方政府在执行全民健身公共服务政策实践中存在的各种问题，需要从执行目标任务、执行方式手段，以及执行过程监督等方面寻找推动政策有效执行的路径。

一　明确全民健身公共服务政策执行目标，对接公众需求

全民健身公共服务政策执行的基本出发点和根本落脚点，是最大限度地实现和维护百姓体育健身利益、回应百姓体育健身需求。

首先，地方政府要建立健全政策创新的决策机制，高度重视和不断加强智库建设。地方政府的全民健身公共服务政策创新必须注重发挥社会方方面面的力量。以政府购买全民健身公共服务的政策为例，目前在全国范围内，上海市体育局已经率先在购买市民体育大联赛的过程中，引入第三方体育机构，对赛事效益、赛事服务质量、政府绩效等内容进行专业、客观、科学的评估，并将评估结果反馈给上海市体育局，为上海市体育局购买全民健身公共服务政策的制定提供智力支撑。因此，要扭转以往全民健身公共服务体育部门"一手抓"的思想，整合地方政府其他相关部门（财政部门、教

---

① 戴健：《我国公共体育服务体系建设》，上海交通大学出版社2015年版，第275—305页。

育部门、民政部门等)的政研力量,尽量统筹体制内与体制外、专业研究部门与高校的研究资源,加快构建由专家学者组成的多学科现代智库系统。

其次,地方政府要建立健全不同层级政府在执行全民健身公共服务政策过程中的利益平衡机制,即如何处理好政策执行过程中"整体"和"局部"的关系。当前,地方政府全民健身公共服务政策依然受制于自上而下的传统政策执行逻辑。从政策的颁布与实施顺序来看,全民健身公共服务的改革政策基本上都是从国务院、财政部、民政部、国家体育总局,再到各级政府体育主管部门逐级推行和实施。也就是说,我国现有关于全民健身公共服务的相关政策都与上级部门公共服务的行政意图基本吻合,而很少考虑到基层民众健身需求的实际情况。因此,地方政府既要反对地方主义,坚持认真贯彻中央有关全民健身公共服务政策,维护中央权威,也要坚持把中央精神与地方全民健身公共服务的实际结合起来,不断探索具有时代特征、地方特色的政府全民健身公共服务的新政策和新举措,改变以往为了降低政治风险,坐等观望跟进移植的立法工作态度,改变原本的缺乏对政策法规的主动供给和创新[①]的"政策二传手"角色。

二 加大全民健身公共服务政策执行宣传,将其纳入公众视野

公共政策的有效执行依赖于政策信息的传播渠道和传播效果。[②]此次研究发现,各地群众对于地方政府全民健身公共服务政策制定、政策执行情况的知晓率普遍较低,对于地方政府全民健身公共服务没有切身感受。为此,地方政府要从以下两个方面进行政策宣传调整,以便将全民健身公共服务政策的相关信息准确、及时地传递至

[①] 刘峥、戴健、程华:《全民健身公共服务的立法需求、供给与法治策略》,《上海体育学院学报》2016年第1期。

[②] 周仁标:《论地方政府政策执行的困境与路径优化》,《政治学研究》2014年第3期。

普通公众。

首先，要创新地方政府全民健身公共服务政策执行宣传体制。目前，我国体育主管部门的政策信息传播渠道比较单一、宣传手段比较传统、宣传链条比较封闭，导致全民健身公共服务政策执行宣传的失真度较高。例如，我国公益体育彩票发行机构就存在否认彩票博彩属性、忽视彩民不健康心理、渲染彩票中奖收益等不当宣传行为[①]，从而使百姓不能正确地将公益体育彩票视为国家社会福利和体育事业的工具。因此，在建设健康中国和全面建成小康社会的关键时期，我国全民健身公共服务政策宣传必须通过体制创新，创新政策宣传主体的运行机制和运作方式，为有效传播全民健身公共服务政策信息提供可靠的制度保障。

其次，要丰富地方政府全民健身公共服务政策执行宣传方式。打破传统的横幅标语、平面媒体、电话、电视和广播等政策宣传方式，积极利用现代信息网络技术尽快建立全民健身公共服务的信息共享平台，做好实时的全民健身公共服务政策信息的公布、反馈等相关工作。在此基础上，要大力提倡包括广大健身群众在内的社会公众参与监督，这些监督信息被信息共享平台广泛传播，可以有效减少监管者和被监管者的政策信息不对称现象。

最后，要优化地方政府全民健身公共服务政策执行宣传环境。要积极开展各类全民健身公共服务政策培训班，重视各级政府的政策宣传会议，加大各级领导有关全民健身公共服务讲话的宣传力度。由于健身群众是全民健身公共服务最终的"消费者"，因此应尽可能使健身群众代表参与到全民健身公共服务政策的宣传过程中，确保公众的知情权和表达权，创造出有利于全民健身公共服务政策执行的社会舆论环境。

---

① 李刚、汤景泰：《当前我国彩票发行机构不当宣传的表现形式及其改进措施》，《首都体育学院学报》2010年第1期。

三 完善全民健身公共服务政策执行监督，开展公众评议

在全民健身公共服务政策执行的过程中，地方政府被赋予了较大的自由裁定权力。如前文所述，这种情况下不仅为地方政府灵活地执行中央政策提供了有利条件，同时也为地方政府出现"地方主义"的权力滥用提供了温床。如果缺乏有效的监督机制，无法对地方政府在执行全民健身公共服务政策时进行跟踪检查、及时调整，那么就可能造成地方政府政策执行成本的增加，降低政策执行效率。

为此，首先要构建一套行之有效、有序、有力的全民健身公共服务政策执行监督机制。在我国现行的监管体制下，地方政府在全民健身公共服务政策执行过程中，还是"多头管理、分散监管"的局面。由于全民健身公共服务涉及范围较广，在政策落实和执行过程中经常与其他部门产生交集，如地方政府市政建设、规划等部门负责各类公共体育设施修建项目的监督执法，市政公安、交通部门负责群众性体育赛事的监管和保障工作，而财政部门负责监督体育主管部门在招投标过程中的经费预算等工作。所以，要进行政策执行监督的整体规划，改变目前地方政府全民健身公共服务监督主体各自为政的状况，从制度上确立负责全民健身公共服务监督的机构的独立地位，以此来确保政策执行的有效性和权威性。

其次，建立地方政府全民健身公共服务政策执行问责制度。一是要将政策执行的主体和对象与问责的主体与对象有机结合起来。通过将体育主管部门政策执行内部的监管与社会公众监管以及专门性机构监管相结合，促进同体问责与异体问责相结合，避免行政问责主体的单一化[①]。重视开发单项体育协会和体育企业的监管能力和监管辐射范围，在大多数情况下，单项体育协会和专业体育企业比地方体育行政部门更加了解各项具体赛事和活动的管理运作流程，

---

① 陈巍、盛明科：《政府绩效评估与行政问责的制度整合》，《湖南师范大学社会科学学报》2012年第2期。

能够及时发现全民健身公共服务生产和提供过程中的问题，并可以较快反馈给体育主管部门，提高整个服务的监管效率。二是将政府全民健身公共服务政策执行信息与问责透明化、公开化有机结合起来。通过建立健全地方政府全民健身公共服务政策执行的公民民主评议机制与平台，主动听取人民群众有关全民健身公共服务工作的意见，接受人民群众的监督。对于百姓反映的全民健身公共服务政策执行中的问题行为要及时地予以矫正。

第四节 提升行政效率：开发地方政府全民健身公共服务信息技术能力

目前在我国，"互联网＋全民健身公共服务""大数据＋全民健身公共服务"以及"全民健身公共服务电子化"等概念在政府信息化浪潮的推动下，各地政府在全民健身网站建设、全民健身政务微博和微信平台建设、全民健身公共服务 App 开发等方面取得了一定的成果。但是，随着社会网络化和移动互联的异军突起，当前全民健身公共信息服务依然严重滞后于群众日益增长的健身需求的发展。[1] 我们应该认识到信息技术在我国地方政府全民健身公共服务领域的应用还处于起步探索阶段，与其在世界先进国家大众体育服务和国内其他公共服务领域（如医疗、国防、教育等）的应用还存在着较大差距。因此，只有有效利用信息技术，才能整合地方政府全民健身公共服务信息资源、了解百姓健身需求、有效地提高地方政府的全民健身公共服务效率，从而促进地方政府向服务型政府转变，实现地方政府全民健身公共服务组织机构变革和业务流程的再造。

---

[1] 王定宣、易世君、刘中强等：《全民健身公共服务网络化：一站式信息资源服务平台建设研究》，《山东体育学院学报》2015 年第 4 期。

一　加强信息技术基础设施建设，推动全民健身公共服务信息公开

进入 21 世纪以来，以互联网、大数据、云计算、人工智能为代表的信息技术的发展，为我国地方政府全民健身公共服务提供了更多发展机会。如果想要满足百姓多样化健身需求，不断推进我国现有地方政府全民健身公共服务政务创新，就必须加强地方政府全民健身公共服务信息技术供给侧结构性改革，而这一改革进程很大程度上需要从加强全民健身公共服务信息技术基础设施建设开始。

首先，积极开发和运用新一代通信技术、云计算和大数据、互联网络资源，不断优化信息技术基础设施的技术环境。进一步更新全民健身公共服务信息技术硬件设施，打造高速、安全、便捷的新一代信息基础设施，并按照不同地区、不同人群设计开发适合地方政府全民健身公共服务实际情况的信息技术基础设施。要积极推动电信网络、计算机网络和有线电视网络的融合发展，通过运用新技术实现全民健身公共服务不同业务领域的融合。做好现有信息技术基础设施的深化升级工作，避免信息技术基础设施的重复建设，提升信息技术基础设施"存量"的服务效率。

其次，建立和完善地方政府全民健身公共服务信息数据共享平台，不断优化信息技术基础设施的网络支撑环境。部门业务系统数据资源是部门数据的重要来源①，就全民健身公共服务领域而言，目前各地政府都有自己独立的市民体质监测数据系统、学校体育场地设施数据系统、体育指导员注册数据系统等，部门业务数据系统的使用大多集中于不同的职能部门。但是，随着当前全民健身公共服务业务的不断扩展，各类业务交叉现象越来越多，不同地区、不同行业之间的全民健身公共服务业务数据也没有统一标准和规范。因此，需要进一步优化现有全民健身公共服务网络系统硬件和软件设

---

① 鲍静、张勇进：《政府部门数据治理：一个亟需继续回应的基本问题》，《中国行政管理》2017 年第 4 期。

施,加快组建地方政府全民健身公共服务互联网络中心,推进信息技术基础设施集约化建设。以各地政府现有的全民健身公共服务网络通信设施为基础,如体育局官方网站、官方微博、微信等,推进全民健身公共服务信息的互联互通。在此基础上,搭建全民健身公共服务业务信息数据存储、开放平台。加强信息数据资源共享渠道和模式的研究,培育和扶持独立的第三方信息数据专业服务机构。全民健身公共服务信息数据共享平台的搭建,可以及时准确地将各种数据信息资源传输到地方政府全民健身公共服务互联网络中心,凭借网络平台向百姓公开全民健身公共服务信息,同时还可以提高全民健身公共服务的社会关注度,进而有助于提升地方政府全民健身公共服务行政效率。

二 重视信息技术人才队伍培养,规范全民健身公共服务信息决策

一支得力的信息技术人才队伍是政务工作和现代信息技术之间的桥梁。[1] 新时期,地方政府全民健身公共服务的工作人员不仅要熟悉传统的行政工作,还必须能够将合适的信息技术引入各自全民健身公共服务的具体工作中。虽然随着信息技术的普及,信息技术人才逐渐增多,但既懂体育又懂信息技术的人才的缺乏依然是我国体育信息化发展的瓶颈问题[2],造成了我国大多数地区体育主管部门不能满足本单位信息处理的需要的问题,由此降低了全民健身公共服务决策的科学性和部门工作效率[3]。因此,考虑到我国目前全民健身公共服务领域信息技术人才匮乏的问题,建议从以下几个方面入手解决。

---

[1] 李立明、刘建平、刘琨:《电子政府与政府管理创新》,《城市管理与科技》2001年第4期。

[2] 叶强、李明华、丁锴等:《体育信息化发展路径的分析研究——基于江苏省体育信息化现状的实证调查》,《南京体育学院学报》(自然科学版)2015年第1期。

[3] 廖慧平、谈群林、戴永冠:《影响我国体育政务信息网络化建设的因素》,《上海体育学院学报》2005年第1期。

第一，建立和完善全民健身公共服务信息技术人才培育机制。高校要明确教育目标，创新体育信息技术课程体系，加强校、研、企三方合作，加强高素质体育类信息技术复合型人才的培养，从源头上解决体育信息技术专门人才紧缺问题。一方面，必须明确合格的全民健身公共服务信息技术人才应该是以具备公共行政、计算机应用和体育运动知识为基础，既能从事全民健身公共服务数据库研发、全民健身公共服务信息分析研判工作，又能从事全民健身公共服务行政管理、文秘工作，而且熟悉运动锻炼、体育教学等内容的应用性、复合型人才。另一方面，要尽快调整高校体育信息技术专业层次，给予体育领域信息技术人才培养高度的重视。再次，建立健全体育类院校与科研机构、体育企业的合作机制，积极创办体育信息技术专业学生的实习实践基地，加大体育信息技术教学实验室建设力度，提升学生信息技术应用和实践能力。

第二，尽快出台专门针对体育领域信息技术人才培养和使用的相关激励政策。努力创造优惠条件吸引高级信息技术人才到地方政府全民健身公共服务职能部门，使高层次信息技术人才具备推动全民健身公共服务信息化的素质和能力，最终成为地方政府进行全民健身公共服务科学决策的执行主体。一方面，要制定科学、规范的信息技术人才引进政策，建立健全公平公正、择优录取的人才选拔机制，在地方政府全民健身公共服务职能部门形成跨地区、跨部门、跨学科、跨领域选拔的优秀人才任用格局。另一方面，要有组织、有步骤地制定地方政府全民健身公共服务信息技术人员的培训标准，对现有工作人员进行信息技术知识和技能培训，努力使他们掌握与全民健身公共服务岗位密切相关的专业信息技术理论和实践操作技能。

三 利用新兴信息技术关系资源，促进全民健身公共服务信息共享

当前，我国部分经济发展水平较高的地区，如北京、上海、浙江、江苏和广州等地，已经在全民健身公共服务中新一代信息通信

技术，如大数据、云计算和移动终端甚至是人工智能等的应用做出了初步尝试，包括体育局官网、全民健身公共服务政务微信、微博以及移动手机端 App 开发等。但是，目前大城市和小城市之间、城市和乡村之间、不同层级政府之间（省市一级和县、乡、村一级）信息技术应用于全民健身公共服务领域的水平差异还较为明显，体育信息资源联网互通程度还比较低[1]，信息技术在提升全民健身公共服务绩效方面的作用还没有充分发挥。因此，今后地方政府在全民健身公共服务领域应用新兴信息技术之时，要努力做到"两个协同治理"，最终提升地方政府全民健身公共服务的行政效率。

第一，运用新兴信息技术关系资源，实现地方政府全民健身公共服务职能部门内部协同治理。地方政府如果能够积极树立协同合作观念，就可能在地方政府内部形成良好的服务氛围，从而提升公共服务绩效。信息技术在全民健身公共服务过程中推广应用的主要责任主体还是当地政府全民健身公共服务职能部门，该机构主要对全民健身公共服务的信息技术管理工作进行总体规划，统筹协调不同部门之间有关全民健身公共服务数据信息资源的搜集记录、处理分析、反馈发布等工作。因此，建立综合性的全民健身公共服务信息技术管理机构，有利于破除部门、地区、层级之间的全民健身公共服务数据信息互通障碍，改变以往地方政府以"经验"为主的全民健身公共服务管理习惯，逐渐过渡到以"数据"说话的科学决策习惯，最终提高地方政府全民健身公共服务效率。

第二，利用新兴信息技术关系资源，积极探索地方政府与社会体育组织、社会公众之间的外部协同治理模式。信息技术改变了政府的服务对象——社会组织和公民——的工作方式和生活方式，他们已经或即将具备通过网络与政府打交道的能力。[2] 各地方政府应尽

---

[1] 张阳、宋旭：《信息技术在全民健身公共服务体系中的应用研究》，《南京体育学院学报》（自然科学版）2015 年第 5 期。

[2] 侯卫真：《电子政务系统建设与管理》，中国人民大学出版社 2004 年版，第 1—14 页。

快建立专门负责全民健身公共服务信息技术工作的综合管理机构，并应该尽快制定和出台符合地方实际的信息技术应用在全民健身公共服务领域的相关政策，推动全民健身公共服务数据信息的公开共享。信息数据公开共享蕴含着极大的经济社会价值，因此，在企业方面，要与地方政府合作提供协同数据信息资源公共服务，依据数据信息资源的排他性、竞争性，实现部分数据信息的经济价值。而在社会公众方面，地方政府可以通过新兴信息技术所搭建的数据共享平台，使全民健身公共服务工作人员的活动透明化，倒逼全民健身公共服务人员提高自身工作效率，提升公众对全民健身公共服务的监督能力，实现全民健身公共服务信息数据公开共享的社会价值，拓宽社会公众参与地方政府全民健身公共服务治理的渠道。

本章小结

本章依据第五章和第六章地方政府全民健身公共服务绩效评估模型的构建及实证分析结果，分别从组织协调、财政支出、设施配置、政策执行和信息技术能力五个关键影响因素入手，以拓宽民主渠道、实现公平正义、回应公众关切和提高行政效率为目标，提出了今后我国地方政府全民健身公共服务绩效的提升路径。

第八章

研究结论、局限与未来展望

经过前七章的梳理，本书对我国地方政府全民健身公共服务绩效模型的理论构建和实证分析做了较为系统和深入的探讨。本章内容主要是对前文研究发现进行归纳与总结，并进一步指出研究的不足之处以及客观存在的局限，最后提出对未来研究的一些思考和展望。

第一节　研究的主要结论

本研究的主要结论如下。

第一，在"健康中国"建设和全民健身上升为国家战略的大背景下，地方政府全民健身公共服务被赋予了新的时代特征，并进一步决定了其绩效评估模型构建所应遵循的价值取向。研究认为，新时期我国全民健身公共服务的时代特征包含三个方面：（1）全民健身公共服务的核心理念是共建共享、以人为本；（2）全民健身公共服务的改革逻辑是多元供给、合作治理；（3）全民健身公共服务的前沿路向是科技创新、提升绩效。与此相适应，新时期地方政府全民健身公共服务绩效评估模型的构建应该彰显"权利共享、以人为本"的公共性本质，应该坚持"效率优先、兼顾公平"的有效性原则，应该追求"公众满意、民主参与"的回应性目标。

第二，本研究构建了我国地方政府全民健身公共服务绩效的结构要素模型。经过问卷发放、数据统计、实证检验和模型修正等程序，对地方政府全民健身公共服务绩效进行评估，得出了地方政府全民健身公共服务绩效的结构要素包括服务效率、服务质量、服务民主性和服务回应性四个维度。

第三，本研究构建了我国地方政府全民健身公共服务绩效与影响因素的关系路径模型。通过实证分析发现：（1）影响地方政府全民健身公共服务绩效的因素是多维度的，其中主要包括组织协调、财政支出、设施配置、政策执行和信息技术能力五个方面；（2）在地方政府全民健身公共服务结构绩效维度中，"服务民主性"受"组织协调"因素影响最大；（3）地方政府全民健身公共服务结构绩效维度中，对"服务质量"影响程度最大的是"组织协调"因素，其次是"设施配置""政策执行"和"财政支出"因素；（4）在地方政府全民健身公共服务结构绩效维度中，"服务回应性"受"政策执行"因素影响最大，全民健身公共服务的"服务回应性"主要体现在政策信息的透明性和对体育健身需求的满足；（5）在所有影响因素中，"设施配置"对地方政府全民健身公共服务绩效中的"服务效率"影响程度最大；（6）在所有理论假设中，发现"信息技术能力"因素对地方政府全民健身公共服务的"服务质量"不产生直接正向影响，"设施配置"因素对地方政府全民健身公共服务的"服务回应性"不产生直接正向影响，"财政支出"因素对地方政府全民健身公共服务的"服务民主性"不产生直接正向影响。

第四，本研究提出了提升地方政府全民健身公共服务绩效的路径措施。在对地方政府全民健身公共服务结构绩效与影响因素关系模型解释和分析的基础上，研究分别从拓宽民主渠道、实现公平正义、改善民生质量、回应公众关切和提高行政效率等目标出发，认为构建地方政府全民健身公共服务组织协调机制、推进地方政府全民健身公共服务资源均衡配置、加强地方政府全民健身公共服务政策执行力度以及开发地方政府全民健身公共服务信息技术能力，是今后提升地方政府全民健身公共服务绩效的主要路径。

第二节 研究的局限性与未来展望

地方政府全民健身公共服务绩效结构要素与影响因素关系模型的构建，可以揭示和反映地方政府全民健身公共服务绩效不同水平所产生的深层原因，可以为改善全民健身公共服务管理工作提出意见和建议。尽管在导师的指导和帮助下，本研究得出了一些有益结论，但仍然存在明显的不足与局限，有待后续研究进一步完善和探索。

第一，样本数据收集方面的问题。本研究数据搜集采用便利抽样的方法，且调查城市没有涉及全国所有省份，可能在一定程度上会导致所选样本代表性的降低，影响部分结论的普适性。在今后的研究中，在财力、精力和人力允许的前提下，应尽可能提高样本的数量和质量，扩大调查范围，保证结论更加科学合理。

第二，地方政府全民健身公共服务绩效评估主体的选择问题。已经有学者证明公共服务绩效的公众评价在整体层面上是有效的，但在具体层面（服务性质、服务内容和服务流程）和非服务性因素方面存在差异和影响。[1] 本研究采用结构方程方法对地方政府全民健身公共服务绩效水平进行公众主观评价，这种方式受限于被试者的主观性判断以及对所在地区全民健身公共服务了解的片面性，由于目前学界在全民健身公共服务领域探讨绩效公众评价有效性的研究还很少，所以今后研究中还要加强对这方面的探讨。

第三，不同层级地方政府全民健身公共服务绩效评估的差异问

---

[1] 曾莉：《公共服务绩效主客观评价的吻合度研究》，人民出版社2016年版，第223—225页。

题。构建一套适用于不同层级地方政府的全民健身公共服务绩效的评估模型需要攻克的关键问题非常多。本研究仅仅是区别了中央政府与地方政府之间的不同，并没有区分地方政府中省级政府、（市）区级政府、县级政府以及乡镇政府全民健身公共服务绩效评估的不同。因此，如何构建一个能综合反映不同层级地方政府全民健身公共服务绩效的评估模型，是后续研究应该努力的方向。

参考文献

中文文献

［美］克利福德·科布、克雷格·里克斯福德：《社会指标的历史教训》，宾建成编译，《经济社会体制比较》2011年第5期。

［美］罗伯特·B. 丹哈特、珍妮特·V. 丹哈特：《新公共服务：服务而非掌舵》，《中国行政管理》2002年第10期。

［奥地利］哈耶克：《经济、科学与政治——哈耶克思想精粹》，冯克利译，江苏人民出版社2000年版。

《马克思恩格斯全集》，中央编译局译，人民出版社1979年版第42卷。

［美］格罗弗·斯塔林：《公共部门管理》，常健等译，上海译文出版社2003年版。

［美］乔治·伯恩：《公共管理改革评价：理论与实践》，张强等译，清华大学出版社2008年版。

鲍静、张勇进：《政府部门数据治理：一个亟需继续回应的基本问题》，《中国行政管理》2017年第4期。

毕红星：《体育财政公共属性及政策选择》，《体育文化导刊》2009年第10期。

蔡立辉：《西方国家政府绩效评估的理念及其启示》，《清华大学学报》（哲学社会科学版）2003年第1期。

曹可强、俞琳：《公共体育服务体系构建、机制创新与制度安排》，北京体育大学出版社2013年版。

曹可强：《服务型政府建设背景下我国体育行政部门的转变》，《上海体育学院学报》2011年第1期。

曾凡军：《基于整体性治理的政府组织协调机制研究》，武汉大学出版社2013年版。

曾莉：《公共服务绩效主客观评价的吻合度研究》，人民出版社2016年版。

常毅臣、魏争光：《我国群众体育发展失衡的主要原因与对策研究》，《西安体育学院学报》2007年第5期。

陈昌盛、蔡跃洲：《中国政府公共服务：体制变迁与地区综合评估》，中国社会科学出版社2007年版。

陈颢：《公共治理与和谐社会构建》，《武汉大学学报》2009年第1期。

陈华伟、丁聪聪、陈金伟：《全民健身公共体育资源配置效率评估及影响因素分析》，《西安体育学院学报》2016年第6期。

陈天祥：《美国政府绩效评估的缘起和发展》，《武汉大学学报》（哲学社会科学版）2007年第2期。

陈巍、盛明科：《政府绩效评估与行政问责的制度整合》，《湖南师范大学社会科学学报》2012年第2期。

陈宪、康艺凡：《中国城市公共服务指数2010》，《科学发展》2011年第2期。

陈晓萍、徐淑英、樊景立：《组织与管理研究的实证方法》，北京大学出版社2008年版。

陈旸：《基于GIS的社区体育服务设施布局优化研究》，《经济地理》2010年第2期。

陈元欣、王健：《我国公共体育场（馆）发展中存在的问题、未来趋势、域外经验与发展对策研究》，《体育科学》2013年第1期。

陈振明：《公共服务导论》，北京大学出版社2011年版。

陈振明：《政策科学——公共政策分析导论》，中国人民大学出版社2003年版。

程华、戴健、赵蕊：《发达国家大众体育政策评估的特点及启示——以美国、法国和日本为例》，《沈阳体育学院学报》2016年第3期。

迟福林、方栓喜、匡贤明等：《加快推进基本公共服务均等化（12条建议）》，《经济研究参考》2008年第3期。

丛树海等：《公共支出绩效评价指标体系的构建》，《财贸研究》2005年第3期。

戴健、沈佳：《我国公共体育服务绩效考核体系构建与运行初探》，转引自刘国永等《中国群众体育发展报告（2014）》，社会科学文献出版社2014年版。

戴健：《公共体育服务体系建设》，上海交通大学出版社2015年版。

丁秀诗、姚绩伟、刘彬华等：《信息化建设对提升我国城市社区体育公共服务质量的作用探析》，《哈尔滨体育学院学报》2014年第5期。

董新光：《全民健身公共服务体系建设的几个问题》，《福州：2012年全国群众体育工作会议暨群众体育干部培训班讲课稿》2012年。

范春辉：《绩效管理的美国纪事：评〈更快更好更省？——美国政府的管理绩效〉》，《公共行政评论》2015年第3期。

房斌：《全民健身公共服务体系构建的发展路径及对未来发展趋势的探究》，《体育与科学》2011年第5期。

高培勇：《公共财政：概念界说与演变脉络——兼论中国财政改革30年的基本轨迹》，《经济研究》2008年第12期。

高小平、贾凌民、吴建南：《美国政府绩效管理的实践与启示——"提高政府绩效"研讨会及访美情况概述》，《中国行政管理》2008年第9期。

国家体育总局：《体育发展"十三五"规划》，http://www.sport.gov.cn/n10503/c722960/content.html，2016年5月5日。

国务院：《关于印发〈全民健身计划（2011—2015年）〉实施情况评

估标准（试行）的通知》，2011 年 7 月 11 日，http：//www. sport. gov. cn/n16/n33193/n33208/n33418/n33598/2046496. html，2011 年 7 月 21 日。

国务院：《国家基本公共服务体系"十二五"规划的通知》，http：//www. gov. cn/zwgk/2012－07/20/content_ 2187242. htm，2012 年。

国务院：《国务院关于印发全民健身计划（2016—2020 年）的通知》，http：//www. yq. gov. cn/art/2016/6/24/art _ 21761 _ 740620. html，2016 年 6 月 15 日。

国务院：《中共中央关于全面深化改革若干重大问题的决定》，http：//news. xinhuanet. com/2013－11/15/c _ 118164235. htm，2013 年。

何晓柯：《顾客导向在英国政府绩效评估中的实践及其经验借鉴》，《管理现代化》2009 年第 1 期。

贺刚、江玮：《关于传媒发展促进全民健身的思考》，《新闻战线》2015 年第 3 期。

侯卫真：《电子政务系统建设与管理》，中国人民大学出版社 2004 年版。

胡科：《作为权利的体育》，《体育学刊》2007 年第 2 期。

胡伟、程亚萍：《实现体育公共服务均等化：公共财政制度之作用与对策》，《上海体育学院学报》2013 年第 3 期。

胡新丽：《信息技术对政府环境决策的影响研究》，博士学位论文，华中科技大学，2012 年。

胡正昌：《公共治理理论及其政府治理模式的转变》，《前沿》2008 年第 5 期。

黄良进、曹立锋：《英国政府绩效评估法治化历程对我国的启示》，《福建论坛》（人文社会科学版）2008 年第 11 期。

黄良进、肖松：《美国政府绩效评估法治化：历程、特点与启示》，《学术界》2009 年第 7 期。

黄薇：《"新公共服务"：理论认可及其现实困境》，《中共郑州市委党校学报》2007 年第 1 期。

黄兆生：《城市社区体育设施规划与设计策略研究》，硕士学位论文，重庆大学，2010 年。

江易华：《当代中国县级政府基本公共服务绩效评估指标体系的理论构建与实证研究》，中国社会科学出版社 2010 年版。

靳永翥：《乡（镇）政府公共服务能力：理论基础与要素构建》，《中共贵州省委党校学报》2013 年第 6 期。

景维民等：《制度转型与国家治理模式的重构：进程、问题与前景》，《天津社会科学》2009 年第 1 期。

续竞秦、杨永恒：《地方政府基本公共服务供给效率及其影响因素实证分析——基于修正的 DEA 两步法》，《财贸研究》2011 年第 6 期。

敬志杰：《对多元主体参与我国政府绩效评估的研究》，硕士学位论文，河南大学，2008 年。

蓝志勇、胡税根：《中国政府绩效评估：理论与实践》，《政治学研究》2008 年第 3 期。

李刚、汤景泰：《当前我国彩票发行机构不当宣传的表现形式及其改进措施》，《首都体育学院学报》2010 年第 1 期。

李军鹏：《公共服务型政府》，北京大学出版社 2004 年版。

李立明、刘建平、刘琨：《电子政府与政府管理创新》，《城市管理与科技》2001 年第 4 期。

李丽、杨小龙、兰自力等：《我国群众体育公共财政投入研究》，《首都体育学院学报》2015 年第 3 期。

李丽、杨小龙：《论我国体育事业财政制度的变迁》，《体育文化导刊》2012 年第 11 期。

李丽、张林：《体育事业公共财政支出研究》，《体育科学》2010 年第 12 期。

李延均、杨光焰：《公共财政学》，立信会计出版社 2011 年版。

廖慧平、谈群林、戴永冠：《影响我国体育政务信息网络化建设的因素》,《上海体育学院学报》2005 年第 1 期。

林琼、凌文铨:《试论社会转型期政府绩效的价值选择》,《学术研究》2002 年第 3 期。

刘国永、杨桦:《中国群众体育发展报告蓝皮书(2014)》,社会科学文献出版社 2014 年版。

刘国永:《全面深化群众体育改革的思考》,《体育科学》2015 年第 8 期。

刘国永:《实施全民健身战略,推进健康中国建设》,《体育科学》2016 年第 12 期。

刘红建:《群众体育政策执行阻滞问题及其治理路径研究》,博士学位论文,南京师范大学,2013 年。

刘鹏:《认真谋划"十三五"推进健康中国建设》,http://sports.people.com.cn/n1/2015/1228/c22155-27986199.html,2015 年 12 月 29 日。

刘秋燕、范春晶:《中国群众体育政策执行偏差的表现及原因分析》,《经济研究导刊》2013 年第 15 期。

刘尚希、杨元杰、张洵:《基本公共服务均等化与公共财政制度》,《经济研究参考》2008 年第 40 期。

刘少枫:《论新公共管理运动对公共部门绩效评估的影响》,《四川行政学院学报》2005 年第 3 期。

刘淑妍、王欢明:《国外公共服务绩效评价的研究发现及对我国的启示》,《国外社会科学》2013 年第 2 期。

刘峥、戴健、程华:《全民健身公共服务的立法需求、供给与法治策略》,《上海体育学院学报》2016 年第 1 期。

刘峥、唐炎:《公共体育服务政策执行阻滞的表现、成因及治理》,《体育科学》2014 年第 10 期。

龙献忠、杨柱:《治理理论:起因、学术渊源与内涵分析》,《云南师范大学学报》(哲学社会科学版)2007 年第 4 期。

娄峥嵘:《我国公共服务财政支出效率研究》,博士学位论文,中国矿业大学，2008 年。

楼静：《改进财政支出方式：理论分析与政策建议》，硕士学位论文，浙江大学，2007 年。

卢志成：《政府体育公共财政支出政策公平研究》，《体育科学》2014 年第 8 期。

罗正清、方志刚：《常用客户满意度研究模型及其优缺点分析》，《贵州财经学院学报》2002 年第 6 期。

骆永民：《财政分权对地方政府效率影响的空间面板数据分析》，《商业经济与管理》2008 年第 10 期。

吕树庭、王菁：《体育公共服务，还是公共体育服务——概念间关系的梳理与辨析》，《广州体育学院学报》2016 年第 1 期。

吕维霞：《论公众对政府公共服务质量的感知与评价》，《华东经济管理》2010 年第 9 期。

马宝成：《试论政府绩效评价的价值取向》，《中国行政管理》2001 年第 5 期。

马庆国：《管理统计》，科学出版社 2002 年版。

马玉华、王莉、林俐：《政府转型背景下我国公共体育服务协同供给研究——基于整体政府理论的视角》，《山东体育学院学报》2014 年第 5 期。

毛劲歌、刘伟：《公共政策执行中的政府绩效评估探析》，《湖南大学学报》（社会科学版）2008 年第 5 期。

孟蓓：《社区配套体育设施规划、建设和管理模式创新研究》，博士学位论文，首都经济贸易大学，2010 年。

孟华：《论美国政府绩效评估中的公众意志表达——以三项调查为基础》，《北京行政学院学报》2004 年第 6 期。

倪星、余凯：《试论中国政府绩效评估制度的创新》，《政治学研究》2004 年第 3 期。

倪星、余琴：《地方政府绩效指标体系构建研究——基于 BSC、KPI 与绩效棱柱模型的综合运用》，《武汉大学学报》（哲学社会科学版）2009年第5期。

潘心纲：《地方政府公共服务合作治理研究——以武汉城市圈为例》，博士学位论文，武汉大学，2013年。

彭国甫：《对政府绩效评价几个基本问题的反思》，《湘潭大学学报》2004年第3期。

祁毓、郭均均：《FDI会影响地方政府效率吗?》，《数量经济技术经济研究》2010年第2期。

邱旭东、刘文浩、梁效平等：《我国体育信息化建设现状及对策研究》，《中国体育科技》2013年第49卷第5期。

桑助来等：《政府绩效评估研究》，中国人事出版社2005年版。

邵伟钰：《基于DEA模型的群众体育财政投入绩效分析》，《体育科学》2014年第9期。

沈佳：《公共体育服务绩效考核引入第三方评估的探索与实践》，第十届全国体育科学大会论文，2015年。

沈政：《论分级政府财政体制下的我国公共体育服务体系构建》，博士学位论文，北京体育大学，2014年。

史记：《政府规模理念与我国政府机构改革》，《国家行政学院学报》2001年第3期。

史小强、戴健：《北欧大众体育治理透视：制度环境、核心理念与运行机制——兼论对我国群众体育治理改革的启示》，《天津体育学院学报》2016年第3期。

孙德梅、王正沛、孙莹莹：《我国地方政府公共服务效率评价及其影响因素分析》，《华东经济管理》2013年第8期。

谭融、杨淳：《论美国政府绩效评估体系的建构》，《中共天津市委党校学报》2011年第4期。

唐立成、唐立慧、王笛：《我国公共体育场馆服务管理绩效评估模式与对策研究》，《北京体育大学学报》2010年第1期。

唐任伍：《2002年中国省级地方政府效率评估》，《中国行政管理》2004年第6期。

唐晓辉、李洪波、孙庆祝：《城市社区公共体育资源配置的政府绩效评价体系研究》，《天津体育学院学报》2012年第5期。

唐兴军、齐卫平：《国家治理现代化视阈下的政府职能转变》，《晋阳学刊》2015年第2期。

王爱学：《公共产品政府供给绩效评估理论与实证分析》，博士学位论文，中国科学技术大学，2008年4月。

王定宣、易世君、刘中强等：《全民健身公共服务网络化：一站式信息资源服务平台建设研究》，《山东体育学院学报》2015年第4期。

王枫云：《从新公共管理到新公共服务——西方公共行政理论的最新发展》，《行政论坛》2006年第1期。

王景波：《加强体育行政部门体育公共服务职能的研究》，《沈阳体育学院学报》2009年第1期。

王俊霞、鄢哲明：《农村公共服务绩效评价指标的维度选择与体系构建》，《当代经济科学》2012年第4期。

王凯、殷宝林、王正伦等：《公共服务视域政府体育工作绩效异体评估研究》，《体育科学》2011年第9期。

王莉、孟亚峥、黄亚玲等：《全民健身公共服务体系构成与标准化研究》，《北京体育大学学报》2015年第3期。

王伟同：《中国公共服务效率评价及其影响机制研究》，《财经问题研究》2011年第5期。

王雁红：《英国政府绩效评估发展的特点分析》，《管理现代化》2005年第4期。

魏琳、廉涛、黄海燕等：《上海市大型体育场馆公共体育服务质量评价——基于公益开放时段的实证分析》，《武汉体育学院学报》2016年第6期。

吴明隆：《SPSS统计应用实务：问卷分析与应用统计》，科学出版社2003年版。

习近平：《以改革创新为动力推进健康中国建设》，http：//zqb.cyol. com/html/2016 - 08/22/nw. D110000zgqnb _ 20160822 _ 1 - 03. htm，2016 年 8 月 22 日。

夏青、秦小平：《经济社会转型期"体育公共利益"的界定和保护》，《河北体育学院学报》2012 年第 6 期。

肖伟、田媛、夏成前：《我国全民健身公共服务的发展困境及对策分析》，《河北体育学院学报》2015 年第 5 期。

徐邦友：《试析政府绩效评价的新取向》，《浙江省委党校学报》2000 年第 3 期。

徐勇：《民主：一种利益均衡的机制——深化对民主理念的认识》，《河北学刊》2008 年第 2 期。

闫晓丽：《大数据时代的个人信息及隐私保护立法研究》，《保密科学技术》2015 年第 9 期。

阳永恒：《财政民主主义的基本精神研究》，《求索》2010 年第 12 期。

叶强、李明华、丁锴等：《体育信息化发展路径的分析研究——基于江苏省体育信息化现状的实证调查》，《南京体育学院学报》（自然科学版）2015 年第 1 期。

于善旭：《保护公民体育权利：全民健身计划的法制透视》，《天津体育学院学报》1995 年第 4 期。

于永慧、卢元镇：《中国体育行政体制改革的政府角色》，《体育与科学》2010 年第 3 期。

岳建军：《美国〈国民体力活动计划〉研究及启示》，《中国体育科技》2015 年第 2 期。

臧乃康：《政府绩效的复合概念与评估机制》，《南通师范学院学报》（哲学社会科学版）2001 年第 3 期。

张大超、李敏：《我国公共体育设施发展水平评价指标体系研究》，《体育科学》2013 年第 4 期。

张峰筠、肖毅、吴殷：《城市社区公共体育设施场地的空间布局——以上海市杨浦区为例》，《上海体育学院学报》2014 年第 38 卷。

张红艳：《我国政府绩效评估中开展公众满意度评价的障碍及解决途径》，《学习论坛》2005年第1期。

张蕊、王楠、冯鑫鑫：《中国地方政府公共服务成本效率的地区差异研究——基于多产出随机成本前沿模型》，《天府新论》2012年第4期。

张瑞林、王晓芳、王先亮：《我国全民健身公共服务体系动力机制建设》，《上海体育学院学报》2013年第1期。

张瑞林、王晓芳、王先亮：《我国全民健身公共政策执行阻滞分析》，《上海体育学院学报》2013年第4期。

张阳、宋旭：《信息技术在全民健身公共服务体系中的应用研究》，《南京体育学院学报》（自然科学版）2015年第5期。

赵淑英、郑澜、周艳：《体育活动在老年人生活质量中的作用》，《福建体育科技》2000年第1期。

赵勇：《政府效率研究的一个视角——公共选择理论的政府效率观及其启示》，《前沿》2008年第10期。

郑方辉、喻锋、覃事灿：《政府整体绩效评价：理论假说及其实证检验——以2008年度广东省为例》，《公共管理学报》2011年第3期。

郑皓、华宜、彭锐：《数字公共服务设施系统的简易实现途径》，《苏州科技学院学报》（工程技术版）2004年第1期。

郑娟：《基于DEA方法的体育公共财政支出效率分析》，《重庆行政》2015年第12期。

中国行政管理学会课题组：《政府公共政策绩效评估研究》，《中国行政管理》2013年第3期。

中国社会科学院语言研究所词典编辑室：《现代汉语词典》（第6版），商务印书馆2012年版。

周凯：《政府绩效评估导论》，中国人民大学出版社2006年版。

周仁标：《论地方政府政策执行的困境与路径优化》，《政治学研究》2014年第3期。

周三多：《管理学原理与方法：第四版》，复旦大学出版社 2007 年版。

周志忍：《我国政府绩效管理研究的回顾与反思》，《公共行政评论》2009 年第 1 期。

周志忍：《中国政府跨部门协同机制探析——一个叙事与诊断框架》，《公共行政评论》2013 年第 1 期。

朱毅然：《我国体育部门实施绩效管理的多维困境和路径选择》，《商丘师范学院学报》2012 年第 12 期。

朱志刚：《财政支出绩效评价研究》，中国财政经济出版社 2003 年版。

诸大建、王欢明：《公共服务绩效评价的价值取向、评价方法和评价指标》，《上海市经济管理干部学院学报》2013 年第 2 期。

卓越：《公共部门绩效评估》，中国人民大学出版社 2004 年版。

卓越：《公共部门绩效评估初探》，《中国行政管理》2004 年第 2 期。

外文文献

A. Afonso, L. Schukencht and V. Tanzi, "Public Sector Efficiency: Evidence for New EU Members States and Emerging Markets", *European Central Bank Working Paper*, 2006.

Andersen T. J., "Information Technology Strategic Decision Making Approaches and Organizational Performance in Different Industrial Settings", *The Journal of Strategic Information Systems*, Vol. 10, No. 2, 2001.

Association for Public Service Excellence, Performance Indicators, http://www.apse.org.uk/apse/assets/File/Documents/ALL% 20performance% 20indicators.pdf.

Beaulieu, J., "Content and Criterion Validity Evaluation of National Public Health Performance Standards Measurement Instruments", *Public Health Reports*, No. 6, 2003.

Bernardin, H. J. & Beatty, R. W., *Performance Appraisal: Assessing Human Behavior at Work*, Noston: Kent Publishers, 1984.

Campbell J. P., McCloy R. A., Oppler et. al, *A Theory of Performance in Personnel Selection in Organizations*, SanFranciseco: Jossey-Bass, 1993.

Chad Seifried, "An Alternative View of Public Subsidy and Sport Facilities Through Social Anchor Theory: City, Culture and Society, No. 4, 2013.

Chema, T., "When Professional Sports Justify the Subsidy: A Reply to Robert A. Baade", *Journal of Urban Affairs*, Vol. 18, No. 1, 1996.

Cumberford John, Guy Gordon, N., "The Creation of a National Citizen Satisfaction, Quality Congress", ASQ's Annual Quality Congress Proceedings, *ABI/INFORM Global*, 1999.

Devaraj S., Kohli R., "Performance Impacts of Information Technology: is Actual Usage the Missing Link?" *Management Science*, Vol. 49, No. 3, 2003.

Donald S. Van Meter and Carl E. Van Horn, "The Policy Implementation Process: A Conceptual Framework", *Administration & Society*, No. 6, 1975.

Duncan, Nancy Bogucki, "Capturing Flexibility of Information Technology Infrastructure: A Study of Resource Characteristics and Their Measure", *Journal of Management Information Systems*, Vol. 12, No. 2, 1995.

E. Bardach, *A Practical Guide for Policy Analysis: The Eight fold Path to More Effective Problem Solving*, Washington D. C. : CQ Press College, 2011.

Emmanuel Bayle, Alberto Madella, "Development of a Taxonomy of Performance for National Sport Organizations", *European Journal of Sport Science*, Vol. 2. No. 2, 2002.

Eyler A. A. , Vest J. R. , "Environmental and Policy Factors Related to Physical Activity in Rural White Women", *Women Health*, Vol. 366, No. 2, 2002.

Fiona C. Bull, Karen Milton, Sonja Kahlmeier, "National Policy on Physical Activity: The Development of a Policy Audit Tool", *Journal of Physical Activity and Health*, No. 11, 2014.

Frisby W. , "The Organizational Structure and Effectiveness of Voluntary Organization: The Case of Canadian Sport Governing Bodies", *Journal of Park and Recreation Administration*, No. 3, 1986.

G. A. Boyne, " Concepts and Indicators of Local Authority Performance", *Public Money & Management*, Vol. 22, 2002.

Gottschalk, "Implementation of Formal Plans: The Case of Information Technology Strategy", *Long Range Planning*, Vol. 32, No. 3, 1999.

Gratton, C. , & Taylor, P. , *Sport and Recreation: An Eeconomic Analysis*, London: E. &F. N. Spon, 1987.

Gratton, C. , Shibli, S. , & Coleman, R. , "Sport and Economic Generation in Cities", *Journal of Urban Studies*, Vol. 42, No. 5/6, 2005.

Gregg G. Van Ryzin, "Douglas Muzzio, Stephen Immerwahr, Lisa Gulick, Eve Martinez, Drivers and Consequences of Citizen Satisfaction: An Application of the American Customer Satisfaction Index Model to New York City", *Public Administration Review*, Vol. 64, No. 3, 2006.

H. G. Frederickosn, "Social Equity and Public Administration: A Symposium", *Public Administration Review*, No. 3, 1974.

H. G. Frederickson, *Classics of Public Administration*, Hart Court Brace College Publishers, Fort Worth: Texas, 1997.

Hatry P. Harry, "How Effective are Your Community Service? Procedures for Monitor the Effectiveness of Municipal Service", Ph. D. dissertation, Washington, D. C. : Urban Institute, 1997.

HehuiJin, YingyiQian, Barry R. Weingast. " Regional Decentralization and Fiscial Incentives: Federalism, Chinese Style", *Journal of Public Economics*, Vol. 89, 2005.

Hofinan, JohnYusef, *Public Participation in Public Decisions*, SanFrancisco, Jossey-Bass, 1995.

J. Downe, C. Grace, S. Martin and S. Nutley, "Theories of Public Service Improvement: A Comparative Analysis of Local Performance Assessment Frameworks", *Public Management Review*, Vol. 12, 2011.

J. L. Brudney and R. E. England, "Urban Policy Making and Subjective Service Evaluation: Are They Compatible?" *Public Administration Review*, Vol. 42, 1982.

Janssen Marian, Joha Anton, "Understanding IT Governance for the Operation of Shared Services in Public Service Networks", *International Journal of Networking and Virtual Organizations*, No. 4, 2007.

K. D. Witte and B. Geys. "Evaluating Efficient Public Good Provision: Theory and Evidence from A Generalized Conditional Efficiency Model for Public Libraries", *Journal of Urban Economics*, Vol. 69, 2011.

K. E. Newcomer, *Meeting the Challenges of Performance-oriented Government*, Washington D. C. : American Society for Public Administration, 2002.

Kano N. et al. "Attractive Quality and must be Quality", *The Journal of Japanese Society for Quality Control*, 1984.

Katz, D. & Kahn, *The Social Psychology of Organization*, New York: John Wiley Publishers, 1987.

Keen P., "Shaping the Future: Business Design through Information Technology", *MIT Sloan Management Review*, Vol. 32, No. 4, 1991.

Koski P, "Organizational Effectiveness of Finish Sports Clubs", *Journal of Sport Management*, No. 9, 1995.

Litwick, Eugene Meyer, Henry, "A Balance Theory of Coordination between Bureaucratic Organizations and Community Primary Groups", *Administrative Science Quarterly, No. 11, 1966.

McQuiitty, Shaun, "Statistical Power and Structural Equation Models in Business Research", Journal of Business Research, No. 57, 2004.

Nassis, P. P., "Remove from Marked Records an Analysis of Sports Policy in Greece (1980 – 92)", Leisure in Industrial and Post-industrial Societies, 1996.

Osborne, D. and T. Gaebler, Reinventing Government: How the Entrepreneurial Spirit is Transforming the Public Sector from the School House to State House, Mass: Addison-Wesley, 1992.

Paberza Kristine, "Towards Assessment of Public Library Value: Statistics on Policy Maker's Agenda", Performance Measurement and Metrics, No. 11, 2010.

Parasuraman A., V. A. Zeithaml, L. L. Berry, "SERVQUAL: A Multiple-Item Scale for Measuring Consumer Perception of Service Quality", Journal of Retailing, Vol. 64, No. 1, 1988.

Peter Taylor, Ashley Godfrey, "Performance Measurement in English Local Authority Sports Facilities", Public Performance & Management Review, Vol. 26, No. 3, Mar. 2003.

Richard C. Kearney, Public Sector Performance: Management, Motivation and Measurement, Colorado: Westview Press, 1999.

Ross J. W. Beathcm. Dalelg., "Develop Long-term Competitiveness through it Assets", Sloan Management Review, 1996.

Sallis J. F., Bauman A., Pratt M., "Environmental and Policy Interventions to Promote Physical Activity", American Journal of Preventive Medicine, Vol. 15, No. 4, 1998.

Sarah Nicholls, "Measuring the Accessibility and Equity of Public Parks: A Case Study Using GIS", Managing Leisure, No. 6, 2001.

Shia Ping Kung, Peter Taylor, "The Effect of Management Types on the Performance of English Public Sports Centres", International Journal of

Sport Policy and Politics, No. 2, 2010.

Shleifer, A., & Vishny, R. W., *The Grabbing Hand: Government Pathologies and Their Cures*, Cambridge, MA: Harvard University Press, 1998.

Stone, G. P., *Sport as a Community Representation in G. R. F. Luschen & G. H. Sage*, Handbook of Social Sciences of Sport, Champaign, E Stipes, 1981.

Sugawara M., *Community Mental Health Service*, Social Work Activity and *Clinical Ethics*, Seish in Shinkei gaku Zasshi, Vol. 15, No. 12, 2003.

Susan E. Vail, "Organizational Effectiveness and National Sport Governing Bodies: A Constituency Approach", Ph. D. dissertation, Université d'Ottawa, 1985.

Thersa Heintze, Stuart Bretschneider, "Information Technology and Restructuring in Public Organizations: Does Adoption of Information Technology Affect Organizational Structures, Communications, and Decision Making?" *Journal of Public Administration Research and Theory*, Vol. 10, No. 4, 2000.

Thomas R. Gulledge Jr. and Rainer A., Sommer, "Business Process Management: Public Sector Implications, Business", *Process Management Journal*, Vol. 8, No. 4.

Tseng M. L., "Implementing and Evaluating Performance Measurement Initiative in Public Leisure Facilities: An Action Research Project", *Computers and Education*, Vol. 55, No. 1, 2010.

Tsou K., Hung Y., Chang Y., "An Accessibility-based Integrated Measure of Relative Spatial Equity in Urban Public Facilities", *Cities*, Vol. 22, No. 6, 2005.

Vestmark Christiansen N., Kahlmeier S., Racioppi F., *Promoting Sport and Enhancing Health in European Union Countries: A Policy Content Analysis to Support Action*, Copenhagen, WHO Regional Office for Europe, 2011.

William N. Dunn, *Public Policy Analysis: An Introduction*, Beijing: China Renmin University Press, 2002.

Wilson W., The Study of Administration, *Political Science Quarterly*, No. 2, 1987.

Xie X. M., "How does Cooperative Innovation Affect Innovation Performance? Evidence from Chinese Firms", *Technology Analysis & Strategic Management*, Vol. 25, No. 8, 2013.

Yi-De Liu, "Sport and Social Inclusion, Evidence from the Performance of Public Leisure Facilities", *Social Indicators Research*, Vol. 90, No. 2, January 2009.

附　　录

附录1　专家访谈提纲

"地方政府全民健身公共服务绩效：评估模型构建、实证分析与提升路径"研究专家访谈提纲

【访谈基本信息记录】

访谈编号：_____　　被访谈人员姓名：_____

访谈日期/时间：_____　　访谈地点：_____

职务：_____　　联系方式：_____

所属机构/部门名称：_____

1. 您认为全民健身公共服务与公共体育服务有何异同、有何联系，有何特殊性？其内涵和发展目标应该包括哪些内容？

2. 您认为当前绩效评估工作对于全民健身公共服务有什么积极意义？

3. 请您谈谈目前我国全民健身公共服务发展现状，存在哪些特征和问题？

4. 目前国内学者对于全民健身公共服务绩效评估主要存在哪些不足，您有何建议？

5. 目前提升评估的科学性、客观性和准确性对于全民健身公共服务效率的提高、服务意识的增强以及公众满意度的提高有着重要作用，那么在具体实施过程中又会遇到哪些棘手的问题呢？您对这些问题的破解有何见解？

6. 绩效评估离不开一套科学合理的评估工具，它对绩效评估起着很好的导向作用，您认为全民健身公共服务评估指标体系要设计得科学、合理并具有较强的可行性和可操作性，需要考虑并注意哪些问题？

7. 您认为当前地方政府全民健身公共服务的绩效评估有什么特殊性？不同层级政府的全民健身公共服务绩效评估有什么异同，应当注意哪些问题？

附录2 问卷隶属度专家咨询表

"地方政府全民健身公共服务绩效：评估模型构建、实证分析与提升路径"问卷隶属度专家咨询表

尊敬的专家：

您好！我是上海体育学院经济管理学院体育管理专业博士研究生，目前正在进行博士学位论文《全民健身公共服务绩效模型构建与实证研究》的撰写工作。在对目前地方政府全民健身公共服务绩效评价文献研究总结的前提下，结合我国全民健身公共服务的基本内涵和时代特征，遵循全民健身公共服务绩效模型设计的价值取向，本研究主要构建了我国全民健身公共服务绩效的结构要素模型和其影响因素之间的关系路径模型。

久知您在全民健身工作领域的突出成就，为进一步保证本研究所构建的全民健身公共服务绩效的结构要素模型和其影响因素之间的关系路径模型的科学性和实用性，特邀请您对初步设计的各项指

标进行认可程度的打分。由于经验和能力的不足，竭诚欢迎您提出修改意见和建议，谢谢您的合作！

2016 年 5 月

第一部分　专家基本情况

1. 您的性别：

A. 男　　B. 女

2. 您的年龄：

A. 35 周岁及以下　　B. 36—45 周岁　　C. 46—55 周岁

D. 56—65 周岁　　E. 66 周岁及以上

3. 您的职称：

A. 中级及以下　　B. 副高级　　C. 正高级

4. 您的学历：

A. 大专及以下　　B. 大学本科　　C. 硕士　　D. 博士

5. 您目前的身份：

A. 教育工作者　　B. 体育行政管理

C. 全民健身组织或机构从业人员

D. 科研、技术类人员　　E. 其他_____（请填写）

6. 您的职务为：

A. 厅局级正职　　B. 厅局级副职　　C. 处级正职

D. 处级副职　　E. 科级正职及以下

7. 您对全民健身公共服务的熟悉情况：

A. 非常熟悉　　B. 比较熟悉　　C. 一般熟悉

第二部分　地方政府全民健身公共服务绩效结构要素隶属度咨询表

以下是关于地方政府全民健身公共服务绩效结构要素的相关内容表述，请结合您自身的专业知识、实践经验以及对全民健身公共服务了解的实际情况，在您认为最适合的位置打"√"，谢谢您的配合！

题号	绩效结构要素的内容表述	不符合	需修改及修改建议	符合
1	全民健身公共服务资金使用较为合理、高效			
2	全民健身公共服务设施利用情况良好			
3	全民健身公共服务组织活动丰富多彩			
4	全民健身公共服务组织活动参与率较高			
5	组织活动负责人受尊敬程度			
6	全民健身公共服务人员配置充足、结构合理			
7	期望全民健身公共服务质量能够满足需求			
8	全民健身公共服务质量有所提升			
9	全民健身公共服务质量与预期水平相符			
10	全民健身公共服务覆盖范围不断扩大			
11	全民健身公共服务质量整体令人满意			
12	全民健身公共服务信息公开			
13	全民健身公共服务均等化程度			
14	全民健身公共服务分层供给水平			
15	全民健身公共服务公众需求回应度			
16	全民健身公共服务政策调整较为及时			
17	了解全民健身公共服务相关情况			
18	经常参与全民健身公共服务赛事、培训等活动			
19	经常参与全民健身公共服务评议活动			
20	鼓励公众提供全民健身公共服务反馈信息			
21	全民健身公共服务过程存在腐败行为			
22	全民健身公共服务建立了完善的问责机制			

第三部分 地方政府全民健身公共服务绩效影响要素隶属度咨询表

以下是关于地方政府全民健身公共服务绩效影响要素的相关内容表述，请结合根据您自身的专业知识、实践经验以及对全民健身公共服务的实际情况的了解，在您认为最适合的位置打"√"，谢谢您的配合！

题号	绩效影响要素的内容表述	不符合	需修改及修改意见	符合
1	地方政府各职能部门之间配合紧密、协调有序			
2	地方政府机构设置较为合理			
3	地方政府的职能分工明确			
4	地方政府体育行政人员建立良好的合作氛围			
5	地方政府体育行政人员之间主动交流、沟通			
6	地方政府内部具备完善的全民健身公共服务惩戒机制			
7	全民健身公共服务设施数量较为充足			
8	全民健身公共服务设施规划科学、布局合理			
9	全民健身公共服务设施占地面积能够最大限度满足居民使用需求			
10	全民健身公共服务设施能够得到及时的补充和维护			
11	全民健身公共服务设施开放时段有所加长			
12	全民健身公共服务设施开放频率有所提升			
13	全民健身公共服务公共财政支出制度较为合理			
14	全民健身公共服务公共财政支出经费较为充足			
15	全民健身公共服务公共财政支出经费适度			
16	全民健身公共服务支出结构较为均衡			
17	全民健身公共服务相关政策外部环境良好			
18	全民健身公共服务相关政策目标明确			
19	全民健身公共服务相关政策宣传比较到位			
20	全民健身公共服务相关政策落实坚决			
21	全民健身公共服务政策的监督程序较为严格			
22	全民健身公共服务拥有完善的信息共享传递平台			
23	工作人员具备处理相关信息问题所需要的IT技术能力			
24	体育主管部门与其他信息技术部门或业务部门联系和合作紧密			

附录3 研究正式调查问卷

"地方政府全民健身公共服务绩效：评估模型构建、实证分析与提升路径"研究调查问卷

尊敬的先生/女士：

您好！我是上海体育学院经济管理学院体育管理专业博士研究生，目前正在进行博士学位论文《全民健身公共服务绩效模型构建与实证研究》的撰写工作。本研究的目的在于收集相关信息，为进一步探究地方政府全民健身公共服务绩效的结构要素模型和其影响因素之间的关系路径模型提供实证素材。

烦请您拨冗填写本问卷。本问卷为匿名填写，无所谓对错，调查的结果仅供学术研究之用。笔者承诺严格保守秘密，请认真填写，表达您真实的想法、意见和建议，请您放心填写，衷心感谢您的配合！

2016年7月

第一部分 个人基本信息情况

1. 您的性别：

   A. 男　　B. 女

2. 您的年龄：

   A. 25周岁及以下　　B. 26—35周岁　　C. 36—45周岁

   D. 46—55周岁　　E. 56—65周岁　　F. 66周岁及以上

3. 您的居住地：＿＿＿＿省（直辖市）＿＿＿＿市（区）

4. 您的学历：

   A. 高中及以下　　B. 大专　　C. 大学本科

   D. 硕士研究生　　E. 博士研究生

5. 您目前的身份：

A. 公务员　　　　B. 企业工作人员　　C. 离退休人员

D. 教育工作者　　E. 学生　　　　　　F. 自由工作者

G. 其他　　　　　（请填写）

6. 您的家庭人均月收入为：

A. 1500 元及以下　　B. 1501—2500 元　　C. 2501—3500 元

D. 3501—5000 元　　E. 5001—7000 元　　F. 7000 元以上

7. 您参加全民健身活动或身体锻炼的频率如何：

A. 从不参加　　B. 偶尔参加（每周两次以下）

C. 经常参加（每周两次及以上）

8. 您对本地区的全民健身公共服务状况的熟悉情况：

A. 非常熟悉　　B. 比较熟悉　　C. 一般熟悉

D. 不熟悉　　　E. 很不熟悉

第二部分 地方政府全民健身公共服务绩效结构要素及影响因素关系测评

以下是关于地方政府全民健身公共服务绩效结构要素和其影响因素的相关内容表述，请结合您自身的专业知识、实践经验以及对全民健身公共服务的实际情况的了解，在您认为最适合的位置打"√"，"1"表示"极不符合"，"2"表示"不太符合"，"3"表示"基本符合"，"4"表示"比较符合"，"5"表示"非常符合"，谢谢您的配合！

题号	绩效结构要素的内容表述	极不符合—不太符合—基本符合—比较符合—非常符合				
1	地方政府能够合理高效地使用全民健身公共服务经费	1	2	3	4	5

续表

题号	绩效结构要素的内容表述	极不符合—不太符合—基本符合—比较符合—非常符合				
2	全民健身公共服务设施利用情况良好	1	2	3	4	5
3	全民健身公共服务组织活动丰富多彩、特色突出	1	2	3	4	5
4	全民健身公共服务拥有稳定、充足的管理人员	1	2	3	4	5
5	全民健身公共服务可能会令您失望	1	2	3	4	5
6	全民健身公共服务与政府所承诺的质量水平基本吻合	1	2	3	4	5
7	全民健身公共服务覆盖区域越来越广泛	1	2	3	4	5
8	地方政府全民健身公共服务状况整体令人满意	1	2	3	4	5
9	全民健身公共服务信息越来越公开	1	2	3	4	5
10	全民健身公共服务均等化水平逐渐提高	1	2	3	4	5
11	地方政府全民健身公共服务积极回应了居民的健身需求	1	2	3	4	5
12	地方政府可以迅速调整政策，有效解决全民健身公共服务过程中存在的问题	1	2	3	4	5
13	您对全民健身公共服务的相关情况比较了解	1	2	3	4	5
14	您可以自由地参与全民健身公共服务相关活动	1	2	3	4	5

续表

题号	绩效结构要素的内容表述	极不符合—不太符合—基本符合—比较符合—非常符合				
15	您经常参与全民健身公共服务的评议活动	1	2	3	4	5
16	您认为全民健身公共服务过程中政府存在腐败行为	1	2	3	4	5
17	地方政府全民健身公共服务建立了完善的行政和民主问责制度	1	2	3	4	5
18	全民健身公共服务与教育、卫生、文化、财政、旅游等部门间的配合紧密、协调有序	1	2	3	4	5
19	体育主管部门负责全民健身公共服务的机构设置较为合理	1	2	3	4	5
20	体育主管部门的职能分工有利于开展各项全民健身公共服务活动	1	2	3	4	5
21	全民健身公共服务的工作人员具有良好的合作氛围	1	2	3	4	5
22	体育主管部门内部具备完善的全民健身公共服务惩戒机制	1	2	3	4	5
23	全民健身公共服务设施数量较为充足，规模合适	1	2	3	4	5
24	全民健身公共服务设施规划科学、布局合理	1	2	3	4	5
25	全民健身公共服务设施占地面积能够最大限度满足居民使用需求	1	2	3	4	5
26	全民健身公共服务设施能够得到及时的补充和维护	1	2	3	4	5

续表

题号	绩效结构要素的内容表述	极不符合—不太符合—基本符合—比较符合—非常符合				
27	全民健身公共服务设施开放程度有所提升	1	2	3	4	5
28	全民健身公共服务公共财政支出制度较为合理	1	2	3	4	5
29	全民健身公共服务的公共财政支出经费较为充足	1	2	3	4	5
30	全民健身公共服务在不同人群、不同地域、不同项目间的支出结构较为合理	1	2	3	4	5
31	全民健身公共服务相关政策的颁布与实施具有良好的外部环境	1	2	3	4	5
32	全民健身公共服务相关政策目标具有一定的稳定性和连贯性	1	2	3	4	5
33	全民健身公共服务相关政策的宣传形式和力度较为深入完善	1	2	3	4	5
34	全民健身公共服务相关政策在落实过程中存在较少阻碍和偏差	1	2	3	4	5
35	全民健身公共服务相关政策的监督程序较为完整	1	2	3	4	5
36	全民健身公共服务拥有完善的信息共享传递平台	1	2	3	4	5
37	工作人员具备处理全民健身公共服务相关信息问题所需要的IT技术能力	1	2	3	4	5
38	体育主管部门与其他信息技术部门或业务部门联系和合作紧密	1	2	3	4	5

修订意见或建议：

索　引

符号

"3E"准则　93
"服务型"政府　1
《冰岛国家健康计划2010》　26
《促进健康、预防疾病,健康公民1990》　25
《国家儿童运动计划2004》　26
《国家基本公共服务体系"十二五"规划的通知》　3
《国家绩效评估和结果法案》　68
《国家健康促进战略(2000—2005)》　26
《国家骑行计划》　26
《国民体力活动计划》　25
《活跃"澳大利亚"计划》　26
《健康公民2000》　25
《健康公民计划2020》　25
《健康公民计划2010》　25
《健康生活2002—2010》　26
《全民健身计划2010—2015年》　76
《全民健身计划(2011—2015年)》　3,4
《全民健身计划(2016—2020年)》　2,4,51,163
《上海市全民健身发展公告》　5
《体育立国战略2010年》　28
《体育推进计划》　25
《体育振兴基本计划2000年》　28
《体育自主模式与责任框架》　25
《政策执行过程:概念性框架》　112
《中共中央关于全面深化改革若干重大问题的决定》　3
《中华人民共和国体育法》　125

B

Bartlett 球形检验　153,156,171,177

C

CR 值　145,149

G

Gamma 参数值　192

索　引

I
IOO 模型　92

K
KANO 模型　10
KMO 值　153,155,156,158,171,177

P
PSR 模型　92

Q
QUADRANT 模型　10

S
SE-DEA 模型　38,108

T
Tobit 模型　42,43

A
奥博托·曼德拉　18,130

B
巴里·温盖斯特　106
标准化估计值　205,206,208,211,
　213,214

C
层次分析法　39—41,43
差异性 t 检验　145

D
德尔菲法　39—43
多元回归模型　10

F
法约尔　8,135
非参数方法　9
非营利性体育组织　16—19

G
公共服务绩效指数　7,12,49,76,
　192,216
公共服务综合绩效指数　34
公共文化服务指数　36
公民权理论　82
公平至上　126
观测变量　129,138,139,152,155,
　158—161,167—169
国际竞争力指数　15
国家公民满意度指数模型　11
国家体育治理机构　16,17
国家治理理论　81,83—85,87

H
哈林顿·埃默　93
赫伯特·西蒙　8,93
回应性　11,12,56,91,92,94,105,
　108,109,112,116,120,121,127,
　132,133,155,160,162,169,170,
　172,174,175,183—185,188,189,

192—200,202,203,210—213,217,239

J

健康中国 2,37,48,54—56,58,64,65,67,80,87,107,224,227,230,238
结构方程模型 10,11,33,41,43,53,129,143,144,168,169,172,182
结构绩效模型 56
结果变量 204,205

K

卡方统计量 175,176,182
开放系统理论 17
克拉伦斯·里德 8,93
克朗巴哈系数 142,144,145,159,170

L

李克特量表 143
罗伯特·丹哈特 82

M

马赫·博伊斯兰得 18
美国国际开发署 12,90
美国会计标准委员会 12,91
美国联邦政府责任总署 12,91

P

帕帕季米特里乌 18

Q

契约理论 19
钱勒迪莱 18
潜变量 88,129,138,139,143,159—161,168,172,174,181
全民健身300指数 46,49

R

人类发展指数 14

S

萨拉·尼古拉斯 109
上海高校都市文化E-研究院 36
世界发展指数 15
市场失灵 83
适配度检验 53
数据包络分析法 9,34,40
随机前沿分析 9

T

泰勒 8,111
探索性因子分析 55,142,152—156,158,162,167,168,170,171,177,178,190

W

维特 10

X

效率至上 126

新公共服务理论 23,81—83,87,133
新公共行政学 8,93,126
修正指数 186

Y

验证性因子分析 55,167,168,170,172,175,176,179,190
英国公共服务卓越协会 21,23,28
英国体育理事会国家标准管理服务中心 20,23
影响因素关系模型 56,94,239,240
原因变量 204,205

Z

载荷系数 154,155,157,158,172—174,178,180,181,183
政府绩效评估理论 8,29—31,85—87
政府失效 83
《政府业务评价基本法》 27
政府再造 8,29,83
政府质量指数 13,14
中国城市公共服务指数 35
自由度 153,155,156,158,171,175—177,182
最佳价值审计 20,27

后　　记

年难留，时易损，距离自己博士毕业已两年有余，两年的时间里自己从一名青涩呆板的博士研究生，到如今100多名大学生的老师和朋友，欣慰之余感慨万千。

本书是在我的博士学位论文的基础上修改、完善而成的，在此过程中也总会情不自禁地回忆起自己在读博期间的人与事，以及当时为博士学位论文挑灯夜战、苦思冥想的自己。时间花在哪里，收获就在哪里，本来抱着试试看的心态，在2019年申报了国家社科基金后期资助项目，不曾想自己居然如此幸运，拙文居然得到了专家学者们的认可和肯定，最后获得了此次"国家社科基金博士论文出版项目"的资助，诚惶诚恐。

本书从选题、结构安排、实证调研、数据分析直至最后定稿，我的博士生导师戴健教授都给予了耐心细致的指导。博士毕业后，戴健教授依然时常会与自己就当前体育领域的理论研究、前言课题以及重大事件交换看法，积极鼓励自己在研究中要永葆独立思考，追求真理的学术初心。书稿的最终完成凝结着戴老师的心血和智慧，学生谨向导师致以最为真挚的谢意。

本书是我的第一本学术专著。在书稿修改过程中，得到了许多专家学者以及老师同行们的悉心指导，并得到了中国社会科学出版社各位编辑的大力支持，在此一并致谢。

此外，还是要把最多的感谢送给我的家人。博士毕业之后最终决定留在当初求学的城市工作和生活，从此与家人聚少离多，但家人的关爱始终伴随着我。父母虽说对自己所研究的内容知之甚少，但每次在我离家求学的时候，总少不了对我生活各方面的细语叮咛。家人平安健康是我能够更加专注地进行学习研究的坚强后盾，也是我不忘前行的动力。

　　由于我国体育领域的公共服务绩效评估实践探索和理论研究刚刚起步，加之笔者知识水平有限，论文出版时间仓促，书中瑕疵之处在所难免，内容上有很多不太成熟的地方，恳请广大读者、专家批评指正，唯愿这份愧疚能在今后的工作和研究中，以加倍努力而补偿！

史小强
上海体育学院
2020 年 2 月